JN408762

새는 왜 아침에 파티를 여는가

새는 왜 아침에 파티를 여는가

박홍식 수필집

해암

| 책을 내면서 |

수필집을 낸다는 것은 자신의 족적을 남긴다는 것이다. 흘러온 삶과 심안에 숙성시켜 두었던 사연들을 문장으로 형상화하여 세상에 들어내 놓는 것이다.

그래서 책은 자신의 현세에도 사후에도 남아서 그의 자취를 회상하면서 평가를 하고 가치를 부여할 수 있는 것이라 생각한다.

나는 이 책을 내면서 마음의 옷을 훌훌 벗고 속살을 들어냈다. 세상에 그 누구도 속마음을 내보이는 이는 없다. 가만히 있으면 중이라도 될 것을 긁어 부스럼을 내는 꼴이나 되지 않을까? 염려스럽다.

수필이란 알게 모르게 자신을 행적을 표현한 문학이다. 글을 보면 생명부지라 할지라도 그 사람의 심성과 됨됨이가 떠오르게 된다. 어쩌다 실수로 속내를 들킬 때에는 수치심에 얼굴이 빨개지고 가슴이 콩콩거리며 본심이 소용돌이를 친다. 그러듯이 감추어 두었던 글을 모아 한 권의 책을 내려니 속마음을 내보이는 것 같아 부끄럽다.

생활 속에 있었던 삶을 필연적인 것으로 미화하여 화장을 했다. 글 가운데는 좋은 인연도 실수한 부끄러움도 후회스러운 회한도 노출되게 마련이다. 이것이야말로 삶의 편린들을 그대로 펴내는 유일한 나의 흔적이다.

특히 나의 글에는 토속적인 말을 그대로 표현하기도 했다. 그러다보니 문장이 매끄럽지 않은 곳도 있으리라 생각한다. 하나하나의 나무의 생김새나 풀의 모양을 보지 말고, 숲과 풍경을 보며 경치를 즐기듯 글 속에 담긴 의도를 음미해 주었으면 한다.

잔뜩 흐린 먹구름에도 비를 싣지 않은 하늘도 있고, 햇빛이 반사되는 얇은 구름에도 여우비가 내린다. 또 그런 비가 내리는 반대쪽에는 빛이 아롱지는 아름다운 무지개가 열린다. 내면 천착한 그런 심오한 문장은 없지만 진실을 기반으로 한 사실에 바탕을 둔 글이다. 공감으로 읽어 주신다면 나의 생에 영원한 선물로 고맙고, 부족한 부분에 지적을 하시면 지도의 거울을 삼겠다.

잊을 뻔한 일상과 마음의 의중들을 문학이라는 언어로, 선생님과 동료들이 나에게, 수필로 심어주어, 삶에 활력소가 되어 무한히 기쁘다.

모두에게 감사드린다.

이 책을 펴내기까지 믿음으로 뒷바라지를 해준 아내에게 너무나 감사하고, 우리 가족에게도 진정한 사랑을 전한다.

2015년 11월 **박 홍 식**

| 차 례 |

1장 | 나의 꽃

2장 | 새는 왜 아침에 파티를 여는가

3장 | 길 5년

4장 | 나만의 상아탑

5장 | 차라리 만나지나 않았더라면

제1장

나의 꽃

나의 꽃

별들이 잔치를 하는 그믐밤에도 내 별은 보이지 않는다. 은하를 건너 검푸른 별밤을 돌아다보아도 내 별은 없었다. 수많은 꽃들이 지천으로 피어 있어도 나에게 손짓하는 꽃은 없었다. 행여나 윙크를 하고 웃어주면 손잡아 줄까! 눈을 찡긋해도 나보고는 웃지 않고 있다. 그래도 구름 덮인 칠흑 같은 밤보다는 희망의 빛이 반짝이는 별밤이 좋았고 다정한 손 내밀지 않아도 미소 짓는 꽃이 좋아 청춘을 다 바쳐 찾은 지 26년 만에 나의 꽃을 찾았다.

바로 그 꽃은 나의 아내였다. 강산이 변하고 철이 바뀌어도 낙하되지 않고 언제나 아침이면 새로운 꽃으로 피어난다. 세파속의 풍진에 퇴색은 되었지만 나에게는 항상 필요한 꽃으로 우리 집 가보가 되어 늘 피어 있다.

요즘 아내는 거울 앞에서 얼굴에 비쳐진 잔주름에 신경을 많이 쓴다. 옷을 입어도 보기 싫게 불룩 나온 뱃살에 탄식을 한다. 왜 이럴까. 불어나는 몸무게에 걱정이 태산이다. 안 되겠다 운동을 하여 살을 빼야 된다고 하루는 수영장에 다음에는 에어로빅 또 다음에는 헬스에 간다고 말로만 벼른 지가 몇 년이 지나갔지만 맨손체조 한 번 하지 않고 오늘도 걱정만 하고 있다.

부지초면의 상면으로 결혼하여 한배를 타고 망망대해를 헤쳐 왔다. 어렵고 괴로울 때마다 아내는 변신을 하며 나를 도왔다. 내가 삶에 지쳐 낙망할 때 밤하늘에 별이 되어 희망의 빛을 주었고 기분이 울적할 때는 미소 짓는 꽃이 되어 나를 즐겁게 했다. 힘이 부칠 때는 사공이 되어 노를 저으며 우리의 생활을 멈추지 않게 힘을 모아 지금까지 살아왔다. 참으로 고된 인생역경의 항해였지만 그런대로 우리는 만족했다. 이런 운명을 안겨다준 추억 속의 결혼식을 상기해 본다.

나는 예식장으로 결혼식을 올리러 간 것이 아니고 처갓집으로 장가를 갔다. 참으로 어리둥절했다. 경험 없는 일이라 많은 사람들 속에서 예식을 하기란 어려운 일이다. 물론 시키는 사람의 지시대로 따라하면 되지만 잘못하면 웃음거리가 되기 때문이다. 지금 생각하면 실수도 약간씩 하면서 보는 사람들을 즐겁게 했으면 하는 생각도 든다.

옛날 우리 조상들은 비록 가난 속에서 어렵게 살아왔지만 여유로움과 풍자와 낭만이 있었다. 결혼식장이 신부 집 마당이다. 덕석을 깔아 놓고 병풍을 치고 대례상을 놓는다. 상 위에는 두루미에 대나무와 솔가지를 꽂아 놓고 바른쪽에는 살아 있는 붉은 수탉을 묶어 놓았다. 정한수 쌀 등등을 차려놓고 촛대에 불을 밝히면 준비는 다 된다.

신랑의 의관은 사모관대를 쓰고 관례복을 입는다. 일반평민은 처음이자 마지막으로 입는 옷이다.

신랑입장이 아니고 "주인영서우문외主人迎婿于門外(주인은 문밖에 나가 사위를 영접함.)" 라고 하면 장인은 사위를 식장으로 인도한다.

다음에는 신부입장이 있다. 그때는 신부 출이다. 이때 신부가 나서는 시간은 더디다. 바로 방 안에 있으면서도 왜 그렇게 꾸물대는지 신부가 변소 갔나, 겨울인데 뽕 따러 갔나, 하고 왁자지껄 풍자 섞인 농담이 오고 간다. 한파가 심할 때에는 신랑의 몸은 언다. 말이 어룽어룽하고 손가락이 곧을 지경이다. 이럴 때 신랑의 마음을 떠보는 익살꾼도 간간이 있다.

신부를 기다리는 신랑은 추위를 참고 주먹을 꼭 쥐고 두 무릎 위에 얌전히 놓고 앉아있으면서 혹시나 실수나 하지 않나 하고 긴장하고 있는데 웃기기를 잘하는 처객(집안의 사위)이, 내가 아는 아무개가 사위를 보았는데 사위가 늘씬하고 인물도 좋고 말도 잘해요. 그런데 손이 보기에는 멀쩡한데 손가락을 못 편다고 안하나? 오늘 저기에 얌전히 앉아 있는 저 새신랑도 신수는 훤한데 혹시 아무개 그 사위처럼 손가락이 오그라들어서 주먹을 꼭 쥐고 있는 것은 아닌가? 하였더니 새신랑이 쥐었던 손가락을 쫙 펴는 것이다. 이 모습을 본 많은 화객들이 폭소를 하며 즐겼다고 한다. 하지만 이 신랑은 떳떳한 이미지를 구겼다. 자신의 심지를 떠보는 말인데 굳이 그렇게 행동으로 보여야 되는지 아이러니하다. 우리네 구식 결혼식은 퍽 재미가 있다.

이렇게 떠들고 즐기고 있을 때 인기 있는 배우가 관객을 비집고 무대에 나타나듯 드디어 신부가 하객을 비집고 혼례식장으로 나온다. 양쪽에 웃 각시가 껴 잡고 우아하게 미를 장식하고 등장한다. 신부는 정말 아름답다. 일생에 최고의 멋지고 우아한 순간이다.

신랑신부 마주서서 첫 대례를 하는 그 모습은 일생에 가장 고귀한 순간이고 만발한 한 쌍의 아름다운 꽃이다. 이 한 쌍의 활짝 핀 꽃을 가꾸기 위해 부모님들은 얼마나 수고가 많았을까. "한 송이의 국화꽃을 피우기 위해 봄부터 소쩍새는 그렇게 울었나보다"라는 시구와 같이 부모님 은혜는 가없다.

이렇게 하여 우리는 신랑과 각시가 되었다.

세월은 흘러서 피고 지는 사랑 속에 아내는 두 옥동자와 딸을 낳았다. 갓 낳은 첫아기의 새근새근 잠자는 모습은 천사와 같았다. 젖살이 올라 포동포동한 두 다리를 바둥거리며 고사리 주먹을 움켜쥐고 쪽쪽 빨아대는 모습은 귀엽다 못해 꼭 깨물어 주고 싶다. 낯을 가리고 얼굴을 알아볼 때는 옆에만 스쳐가도 해맑은 동공을 굴리며 이슬 먹은 꽃처럼 방긋이 웃으면서 좋아라. 깔깔거린다. 때론 알아듣지 못할 소리로 옹알거리며 나를 부른다. 우리 옥동자의 귀여움에 웃음 가득 집 안에 환하게 꽃을 피운다.

아이들을 보면 힘이 솟는다. 노력하여 훌륭한 사람으로 길러야지, 다짐을 한다. 몸이 고단해 하루 쉬고 싶을 때도 아이들의 초롱 같은 눈동자를 보면 내가 쉬어서는 안 된다. 나는 배우지 못해 무지하여 일생을 이름 없는 무명초로 가슴에 한을 안고 살고 있지만 나의 자식들에게는 나와 같은 가난의 전철을 밟지 않도록 해야 한다. 풍요롭고 멋진 새로운 비전을 꿈꾸는 자식을 만들고 싶다.

나는 행락도 버린 지 오래다. 오직 삶을 위해 옆도 볼 사이 없이 숨이 턱에 헐떡거리도록 뛰어왔다. 뒤돌아본 그 세월은 너무나 속절없이 지나갔다. 하지만 사랑하는 두 아들과 예쁜 딸이 있지 않는가. 이 세상에 무엇에 비하랴. 꽃같이 아름답고 보석보다 귀하다. 그런 마음으로 아내와 나는 지금까지 열심히 살아왔고 그 삶을 후회하지 않는다.

문득 하늘을 쳐다본다. 속절없이 흘러간 세월의 이끼들이 창공을 끝없이 푸르게 했다. 허공의 겨울 하늘에 기러기 시공의 흔적을 어루만지며 북으로 날아가고 있다. 저처럼 투명하게 흘러가는 세월의 진도를 그 어느 누가 거역하랴 어느덧 아들과 딸들은 기르고 가꾸는 예쁜 화초가 아닌 오는 사람 가는 사람 누구라도 쳐다보며 향기를 느끼는 한 떨기 사랑스런 꽃이 되어 피었다. 오늘에 저 꽃을 피우기 위해 얼마나 정성을 드려 애지중지 길렀는지 모른다. 아직은 성숙한 활짝 핀 꽃은 아니지만 저 속성을 드러내어 남의 시선을 은근히 들여다보며 스스로 숙성을 시켜야 할 때가 왔다.

아름다운 꽃처럼 많은 사람에게 즐거움을 주고 가정과 사회에 상큼한 향기를 풍기는 사람이 되기를 기대하면서 나는 자식들에게 이런 말을 전하고 싶다. 화려한 꽃일수록 열매가 부실하다는 것을….

액자 속의 호랑이

맹수라는 이름이 무색할 정도로 인상이 유순해 보인다. 달려들 기색도 먹이사슬을 좇아 용맹을 부릴 생각은 더더욱 없는 가장 얌전한 자세로 앉아 있다. 그러나 그 속에는 범접 못할 맹위가 위용을 부릴 듯한 느낌이 들기도 한다. 사나운 맹수가 어쩌면 저렇게 근엄해 보일까? 넉넉하면서도 인자스런 저 상이 산중에 왕 호랑이인가. 타원형으로 동그랗게 생긴 면상, 코와 입의 움직임이 토끼처럼 입 모양이 귀엽다. 턱수염보다 콧수염이 더 무섭다. 침같이 빳빳한 수염이 듬성듬성 양옆으로 뻗쳐 나 있어 맹수의 운치를 풍기는 듯하다.

저 인자스런 상도 배가 고프면 다물었던 드라큘라 같은 입을 벌리고 포효하면 수많은 동물이 혼비백산하고 털 속에 감추었던 갈고리 같은 발톱은 짐승 잡는 비수로 변한다. 그 위용을 떨치면 산천초목도 떨고 우는 아이도 울음을 그칠 것이다.

산중의 영물이라는 저 맹수가 고맙게도 액자 속에서 근엄한 자세로 우리 집 거실을 지키고 있다. 언제 보아도 든든해 즐거운 마음으로 얼굴에 웃음을 담고 호랑이를 본다. 맹수의 유순한 인상에 또 다른 얼굴이 상상되어 떠오른다.

그 얼굴은 항상 다정하면서도 근엄한 표정을 하신 나의 아버지시다. 매사에 빈틈이 없으시고 언제나 당당하셨다. 유비무환의 정신이 투철하며 구차해도 남에게 자존심 굽히지 않는 대쪽 같은 성정을 가진 상이었다. 지적인 감각이 뛰어나 대중 앞에 바른말과 유머를 잘 하시던 아버지 근엄하시어 자식들에게 다정다감하면서도 불의에는 불 칼 같은 분이었다. 눈동자가 호랑이같이 노랗고 음성이 커서 화가 나 소리를 크게 지르면 산이 쩡쩡 울렸다. 어릴 때는 겁이 나고 무섭고 미웠지만 나는 그런 아버지가 존경스럽다.

아들의 자존심을 건드리지 않고 약점을 파고들어 무안을 주지 않은 아버지가 지금 생각해 봐도 너무 존경스러워 눈물이 나올 것만 같다.

나에게는 비밀이 있다. 지금까지 어느 누구에게도 밝히지 않은 수치스런 과거다. 내 나이 열일곱 살 때 시골에 있기 싫고 지게 지고 일하기가 엄청 싫었다. 뼈가 으스러지도록 일을 해도 희망이 없었기 때문이다. 기약 없는 꿈을 찾아 도망을 가기로 작정을 했다.

어느 날 부모님이 돼지 한 마리를 팔아 농 안에 깊숙이 넣어놓은 돈을 몰래 훔쳐서 친구 집에 잠을 자고 야간도주를 했다. 찬바람이 뼛속까지 스며드는 새벽이었다. 참담한 신세다. 전송하는 이 하나 없고 오직 허공을 벽인 양 의지해 서서 밤을 새우는 동구 앞 정자나무만이 외롭고 쓸쓸한 내 모습을 침묵으로 지켜보고 있을 뿐이다.

일찍 나와 정류장인 읍내까지 왔는데도 주위는 깜깜하고 하늘에는 별이 총총했다. 어찌나 추운지 턱이 달달 떨렸다. 도망 나온 얼굴이 떨고 기다렸던 기억이 지금도 생생하다.

하늘과 땅이 맞닿고 앞산 뒷산의 골이 좁아 긴 대나무를 걸치면 걸릴 듯 한 곳에서 자랐다. 제일 넓고 먼 세상이라고는 이곳 면사무소 읍내에 온 것이 전부인데 이제 어디 가서 무엇을 하며 먹고살까? 하는 걱정이 되어 몸은 떨렸지만 추위 따위는 생각할 여지가 없었다.

첫차를 탔다. 머리털 나고 생전처음 버스에 몸을 실었다. 덜컹거리는 자갈길에 뽀얀 먼지를 달고 새벽에 출발한 차는 해가 질 무렵에야 도착했다. 말만 듣던 부산, 차도 많고 사람도 많았다. 얼떨떨했다. 시골 닭 시장에 갖다 놓은 격이다. 아무도 반겨줄 사람 없는 쓸쓸한 타향이다. 지나는 사람들 옷깃에 찬바람이 쌩쌩하였다. 눈을 마주쳐 줄 사람 하나 없다. 고향이 원망스럽고 미워서 스스로 택한 타향이기에 외면하는 서러움을 탓 할 때가 아니었다.

며칠을 돌아다니며 일자리를 찾았지만 춥고 배고픈 그 시절에 백 없고 줄 없는 나에게 취직이 되기는 하늘에 별 따기다. '고생 끝 행복 시작이다' 하고 고향을 떠나온 지 엊그제인데 부모님 정이 그립고 후회가 밀려왔다. 일자리는 없고 방황하던 중 유원지 구경이나 해볼까 하고 용두산에 올라간 것이 사건은 거기에서 터졌다.

그때도 용두산을 오르내리는 장사치나 구경꾼들은 많았던 것 같다. 계단을 오르는 후미진 곳에 야바위꾼들이 돈 따먹기를 하고 있었다. 화투장 같은 카드 세 장에 한 장에만 붉은 동그라미가 그려져 있었다. 눈을 속이는 빠른 손놀림으로 붉게 표시된 한 장을 슬쩍슬쩍 보여주며 좌우로 왔다 갔다 하다가 엎어놓는다. 석장의 카드 속에 붉은 동그라미를 맞추면 놓은 돈의 세 배를 따먹는다. 허욕에 끼를 불어넣는 군침 도는 놀음이었다. 세 배를 준다는 유혹에 마음이 끌린 것이다. 멀리서 유심히 보았다. 여러 사람이 돈을 놓고 따먹기도 하고 가끔은 잃는 사람도 눈에 띄었다. 내가 찍은 대는 백발백중 맞았다. 은근히 마음이 끌리게 되었다. 조금 놓고 하니 맞았다. 두 번째도 따먹었다. 순순히 돈을 주고 잘 대해 주었다. 돈을 따먹는 재미는 말 그대로 기분이 좋았다. 하면 내 돈이다 하고 마음에 자신이 붙었다.

세 번째에는 속이지 못하게 화투장을 운동화 발로 밟고 주머니에 들어 있는 돈을 있는 대로 몽땅 놓았다. 한 몫 잡았을 것이라고 돼지 한 마리 값을 다 털어놓은 것이다. 순간 마음이 떨리기도 하고 한편으로는 이제는 내 돈이다 하고 얼굴에 즐거운 미소까지 짓기도 했다. 그래 이 돈은 내 돈이다. 한탕하자 하는 심정으로 발을 떼어보니 빨간 동그라미는 없고 하얀 화투장만 허탈하게 뒤집혀져 있었다. 자기 패거리끼리 바람 잡는 것을 모르고 작전에 말린 것이다. 참으로 어처구니없는 하늘이 꺼지는 분통이었다.

돈을 따서 한몫을 챙기겠다고 수중에 있는 밑천을 전부 걸었는데 야바위꾼의 속임수에 차비도 없이 내 손으로 몽땅 잃었으니 울고 싶었다. 결국 돈에 유혹이 되어 실패를 했다. 야바위꾼이 속인 것이 아니라 내가 내 스스로 허욕의 진흙 구렁텅이에 빠진 것이다. 그 중에 나이 많은 아저씨가 터벅터벅 걸어가는 나에게 다가와서 차비를 하라고 몇 푼 넣어주었다. 목을 떨어뜨리고 가는 촌놈의 몰골이 측은해 작은 동정을 베푼 것이다.

그렇게 하여 젊은 날의 나의 꿈은 산산이 깨지고 후회의 눈물을 삼키며 집으로 돌아올 수밖에 없었다.

부모님께 사죄하고 집으로 귀가하기란 죽기보다 힘들었지만 미우나 고우나 나를 받아 줄 곳은 집밖에 없는 것을, 부끄러워서 낮에는 못 들어가고 밤이 이슥한 시간에 죽어 가는 목소리로 엄마하고 들어갔더니 나를 부르며 반가워 어쩔 줄 모르는 엄마, 그렇게도 엄하시던 아버지도 "잘 왔다. 그 동안 고생 했지" 하며 저녁을 주는데 먹으려니 미안해서 목이 메였다. 내가 한 행동이 너무 바보스럽고 원망스러웠다.

물에 말아 입에 넣으면 목구멍에 걸릴 것 같은 꽁보리밥과 평생을 업어주어도 희망이라고는 눈곱만치도 없이 어깨를 압박해 올 지게의 덫을 피할 길이 없구나 생각하니 눈물이 쏟아졌다. 나의 실수 현실의 처지인 것을 어찌할까, 다시는 농땡이 치지 않고 열심히 일할 것을 스스로 맹세했다. 그렇지만 내 마음은 불안했다. 많은 돈을 어디 썼으며 무엇을 하다왔나 남은 돈 내 놓으라고 다그치면 할 말이 없다. 그렇다고 사실대로 말 할 수도 없다.

하루는 잠결에 아버지와 어머니의 이야기하는 소리를 들었다. "작은 아가 그 동안 돈을 다 '쓰지는 안했을 것인데 안매(아마) 서리꾼한테 빼인(빼앗긴) 모양이여' 말을 안 하니 알 수도 없고"하며 이야기를 하는 것이다. 못 들은 척 했지만 전전긍긍이었는데 그러나 그 이후로는 일체 그 일에 대해서는 묻지도 않고 일언반구 언급도 없었다. 예감으로 잘못됨을 짐작하시고 애정으로 봐 주셨음이라.

"……."

할 말은 많아도 말 없음의 따옴표를 찍은 것이다.

성인군자라도 행하기 힘든 철없는 자식의 소행에 관대한 사랑으로 용서를 한 것이다. 잘 대해 주어 너무 고마웠다. 나 역시 죄밑이 되어 열심히 일을 했다. 산기슭 많은 산을 파전을 일구어 그 밭에 담배를 심어 매년 논도 사고 집의 살림을 불리는 기틀을 닦아 놓았다. 돌아가실 때까지 아버지는 함구하셨고 나 역시 지금까지 그때 야바위를 해서 많은 돈을 날렸노라고 어느 누구에게도 입을 연 적이 없다.

오늘 비로소 내 10대의 꿈과 희망이 산산이 깨어진 치부를 들어내 놓은 것이다. 그때 나 또한 큰돈을 잃었지만 크게 깨달은 바가 있었다. 노력하지 않고 얻고자 하는 불로소득은 이 세상 어느 곳에도 없다는 것과 요행을 바라고 사는 것은 스스로 자멸의 길을 걷는다는 진리를 일찍 체험으로 터득한 것이었다.

나는 그것을 평생 나의 좌우명을 삼고 살아왔고 나의 자식들에게도 "거짓 없이 성실히" 라는 가훈을 가지고 실천해 살아가고 있다. 소탐대실小貪大失 적은 것을 탐내다 큰 것을 잃게 되기 십상이니 언제나 공것을 바라지 마라 남의 것은 길가에 떨어져 있어도 줍지 마라라. 임자가 다시 와서 찾아가게 하는 식으로 가르쳐 왔기에 모두 다 정직하게 남을 속이는 일 없이 잘 자라고 있다.

세월의 길목 하늘을 바라본다. 생의 길이 멀고 멀어 파랗게 물던 허공에는 삶의 흔적이 투명으로 잠겨있으리라. 생전의 아버지의 얼굴이 비친다. 저승에서나 행복을 누리며 잘 계시는지 간간이 생각나 보고 싶다. 나의 이팔청춘의 꿈을 앗아간 야바위꾼 그들은 지금도 정신 못 차리고 이래도 한세상 저래도 한세상으로 살고 있는지. 그때를 생각하면 지금도 아찔하다.

아버지의 교훈은 달랐다. 비행의 길을 걷는 자식에게 무언의 용서로 바른길을 가도록 하는 지혜는 아무나 하는 것이 아니다. 가만히 생각해본다. 그때 아버지가 그 일을 다그치고 바보 같은 놈 돈 가져와 하며 여느 아버지처럼 그런 식으로 나의 자존심을 상하게 했다면 지금의 나는 이렇게 존속하지 않았을 것이다.

지금과 같이 풍족한 세월도 아닌 궁핍한 때 큰 돼지 한 마리 값을 자식에게 당하고도 말 한마디 없이 자식의 약점을 건드리지 않고 자존심을 살려주신 아버지께 항상 감사를 드리며 존경한다.

언제나 인자하시고 근엄하셨던 아버지….

화가의 혼으로 그려진 저 호랑이가 아버지를 연상케 해 나는 항상 우리 집 거실에 걸려 있는 액자 속에 호랑이를 좋아한다.

수박

수박은 과일 중에 열매가 가장 크고 또 인물이 훤하다. 슈퍼모델 아가씨처럼 미끈하게 잘 빠졌다. 속은 물 먹은 설탕 같아 더위에 지친 피로를 풀어주고 생기를 돋게 한다.

오늘 같은 복더위에 잘 익은 수박을 냉장실에 넣어 차게 하여 칼로 한 도막 툭 잘라 입에 넣으면 체증이 쑥 내려가는 것 같고 온 전신이 시원하며 간에 새 바람을 느끼게 한다.

수박은 얼굴값을 못한다. 겉과 속이 다르니까. 그래서 수박은 속지 않으려면 잘 골라야 한다. 전문가도 비전문가도 똑 부러지게 익은 수박을 감지하기란 어렵다. 그날의 재수도 작용한다. 요놈 고를까 저놈 가져갈까? 꼭지도 만져보고 똑똑 두들겨 보아도 그게 그 소리다. 의심이 나지만 믿을 수밖에 없다. 믿지 못하면 사 먹을 수도 없다. 어쩌다 큰맘 먹고 사온 수박을 쪼개는 순간 박속같이 허옇게 되었을 때 황당함과 허망함을 느낀 적이 누구나 한 번쯤은 있었을 것이다.

믿는 친구에게 사기당한 느낌 같기도 하고 철석같이 믿고 사랑했던 애인에게 배신당한 느낌이다. 그러나 누구를 꼬집어 원망하지는 않는다. 이것이 수박의 속성이다.

수박은 내실이 없다. 먹지 못하는 허울 좋은 껍데기로 먹을 거 보다는 버릴 것이 더 많다. 가난에 배고파 허기질 때는 물로 배를 채우기도 했다. 그 때는 수박 껍질의 흰 부분까지 뻐드렁니를 동원해서 파먹고 나중에는 숟갈로 긁어 가지고 사카린을 타서 먹었다. 지금은 말 그대로 수박 겉핥기식으로 붉은 점도 덜먹고 버리다보니 내실이 허하다.

수박은 살림에 전혀 도움이 되지 않는다. 당분과 수분으로 되어있기 때문에 먹어도 배도 부르지 않고 주식은커녕 간식도 되지 않는다. 여름 한 때 깜짝 쇼를 하는 것처럼 반짝하고 따온 즉시 먹어 치우는 빛 좋은 개살구다.

수박은 인물 좋고 덩치가 커도 귀한 대접을 못 받는다. 밤과 대추는 작아도 사또 상에 오르고 각종 제사상에 올라 제일 상석에 배치된다. 덩치 큰 수박은 있어도 그만 없어도 그만이라 모퉁이 한직의 자리에 배당 받는다.

수박의 신세가 처량하다. 그렇다고 보관해 놓고 두고두고 맛맛으로 꺼내 먹을 수도 없으니 쉬 상하는 게 흠 중에 흠이다. 인간도 마찬가지다. 생김새는 뺀질 해 가지고 제 할 일 제대로 못하면서 덩칫값도 못하는 수박 꼴이 된다.

삼복더위가 살을 푹푹 찐다. 여름의 고비 길이다. 장마 구름도 그치고 파란 하늘 사이로 칠월의 이글거리는 태양이 초록의 나뭇잎에도 쏟아지고 오색 파라솔에도 미끄러진다. 현란한 양산의 색상을 뚫지 못하고 피어오르는 아지랑이에 혹서의 더위가 보인다.

그늘도 바람도 푹푹 찌기는 마찬가지다 마냥 좋아라, 꼬리를 살랑대는 누렁이도 혀를 빠질 듯이 길게 늘어뜨리고 헉헉거린다. 무더위를 못

이겨 사지를 축 늘어뜨려 씩씩대는 것을 보니 복더위에 견공의 팔자가 가련하다. 그래도 헐떡거리는 저 놈은 운이 좋은 놈이다. 재수가 없고 운이 불길한 놈은 복날을 넘기지 못하고 저승길 행차다.

더위에 비실대는 허실한 사람은 견공의 보신탕을 먹어야 하절을 무사히 넘긴다고 한다. 그 견공 중에도 어린아이 인분을 먹고 자란 털이 노란 개가 스태미나에 제일이다. 건강에 광적인 사람은 여름에는 보신탕을 큰 보약으로 삼기 때문에 견공이 수난을 당한다.

아무리 몸에 좋다지만 누구나 먹을 수가 없다. 불교를 믿는 사람이나 개를 끔찍이 좋아하는 애견가는 개고기는 말할 것도 없거니와 고기를 먹는 사람까지도 멀리한다.

온 식구들과 더위를 식히며 나눠 먹을 수 있는 것은 수박이 제격이다. 동구 초입에 자리 잡아 버티고 서 있는 리어카에 잘 익은 수박을 가리키며 얼마냐고 물었더니 만오천 원이라 했다. 깜짝 놀랐다. 지금 제 철인데 어째서 이렇게 비쌀까? 복날이라, 바가지요금을 부르는 것 같은 기분이 들었다. 그래서 "만 원에 주면 안돼요?" 했더니 대답도 않고 시선을 다른 곳으로 돌리고 본체만체 비웃는 무응답을 하는 것이다.

"좋다! 그래 수박 안 먹는다고 죽나."

'만오천 원이면 몇십 년 전 같으면 시골 자갈논 한 마지기 값인데 누가 사먹나, 골 비었지.' 하고 중얼거리며 돌아서 오는데 손수레 수박 장사의 모습이 오늘따라 도도해 뒤통수가 부끄러웠다.

'지가 무슨 간으로 만오천 원 하는 수박을 살 거라고, 가다가 말라비틀어진 끝물에 딴 싸구려나 사갈 것이지, 주제 파악을 못해' 하고 비꼬는 것만 같아 머리가 근지럽다. 다시 가서 부르는 대로 주고 사올까. 오기도 난다. 이미 대문 앞에 당도해 다시 돌아가 사오기에는 때가 늦었다.

아내에게 물었다. 요즘 수박 하나 얼마나 하나고 물었더니 만오천 원 정도 한다고 했다. '그래 그렇게 비싸! 그럼 그 사람이 나한테 바가지요금을 부른 것이 아니구나.' 마음속으로 생각했다.

나는 수박이 그렇게 비싼 줄 모르고 아내가 사온 수박을 무심코 먹은 일이 몇 번 있었다. 저 여자(아내) 간이 배 밖에 나왔구나, 만오천 원이나 하는 수박을 무심코 사먹다니 하는 생각이 들었다. 나는 그래도 이 집의 가장이요 나가면 조그만 가게를 운영한다고 사장이란 칭호를 받는다. 그런데도 만오천 원이란 그 숫자의 개념에 놀라 가격만 묻고 등을 돌리고 왔는데 비싸다는 말 한마디하지 않고 자연스럽게 대답하는 폼이 그런 돈 쓰는 씀씀이야 습관화되어 버린 느낌이다.

나의 마음으로 생각하는 수치와 아내가 쓰는 물가의 씀씀이의 오차가 너무 많은 것이다. 한 자리 숫자가 오락가락하니 말이다.

가계지출 대금 때문에 소소한 말다툼이, 생각에는 남을 것 같은데 아내는 항시 모자란다며 돈만 보면 두꺼비 파리 잡아먹듯 꿀꺽 삼킨다. 간혹 어째서 모자라느냐고 따지기라도 하면 콩나물, 두부, 생선, 마늘, 고기 등 등 0000원이라고 깨알같이 써 가지고 눈으로 보라고 턱 앞에 내놓는다. 한동안 계산하다 보니 눈앞이 가물거려 "모르겠다. 맞다. 맞다."하고 내가 항시 패자가 되고 만다.

유행 따라 세대차가 나는 것은 당연한 일이지만 돈에 대한 씀씀이나 숫자에 대한 개념의 폭이 아내와 내가 이렇게 공을 하나 더 붙이고 떼야 하는 차이니, 내가 물가를 몰라도 한참 모르는 것이다. 나는 수박 하나 비싸 보았자 기껏 팔구천 원, 만 원 안쪽인 줄 알고 있었다.

세상 물정 모르면서 따지다 간 식구들에게 옛날 소리한다고 따돌림받겠다. 따돌림받기 전에 구시대적 관념을 버리고 허리띠 조이며 살았던

끈 한 구멍 늦추고 내가 생각했던 가계비에 모르는 척 은근슬쩍 '0' 하나 더 붙여 주어야겠다.

신세대도 좋지만 부작용이나 없는지 잘 생각해 보자. 현재 쓰는 가계비 오십만 원에 '0' 하나 더 붙이면 한 달에 가계비가 오백만 원이 아닌가? 세대 차이 극복하려다 살림살이 들판 나고 지금까지 쌓아올린 공든 탑 뿌리째 흔들리겠다. 사는 대로 살자. 내 생긴 모양 생김새 대로 살자. 팔 속에 콩 섞는다고 팥이 콩 될 일없다. 콩은 콩이요. 팥은 팥인 것이다. 나는 만오천 원 주고 수박 사먹기는 어째 마음이 내키지 않는다.

오늘 귀갓길은 수박 장수와 시선이 마주치지 않는 우회로를 모색해 본다.

보고 싶은 얼굴

아이들 때에는 외갓집 덕에 살고 커서는 처갓집 덕으로 산다는 말이 있다. 그 말이 거짓말은 아닌가 보다 내가 그랬다. 세근이 들기 전에는 산 넘어 외갓집에 수십 번을 다녔다. 외사촌 누나들과 놀기도 하고, 어머니 따라 집안에 인사차 가기도 했다. 외갓집 가는 길은 제법 높은 재를 넘고 또 십여 리를 가야 했기 때문에 혼자는 못 가고 식구들 중에 누가 외갓집에 갈 일이 생기면 한사코 따라갔다. 그러나 장성하고 나서는 외가에 갈 일도 없거니와 내 일이 바빠서 시간이 없다는 핑계로 간 적이 없다.

타간 살이 직장생활에 눈코 뜰 사이도 없는 대다 결혼을 하고 나니 처가라는 큰 산맥이 가로 막고 있으니 자연적으로 외가는 멀어졌다. 외숙모 외사촌 외사촌형수들 다정다감하고 정말로 좋았는데 처족으로 인하여 정이 뚝 끊어진 것이 지금 생각해도 너무나 안타깝다. 그러나 그것은 어쩔 수 없는 세대로 이어받은 수순인 것 같다. 지금의 처갓집이 아들과 딸들의 외갓집이니까, 흘러가는 물처럼 거스를 수 없는 인과관계인 것이다.

유년의 외갓집 가던 그 모습이 떠오른다. 내 나이 7~8세쯤으로 기억된다. 어느 추운 겨울날 나는 엄마 따라 외갓집에 갔다. 혹한이었다. 목과 귀에는 명주수건을 둘러매고 손은 엄마가 꼭 잡아 주었다. 그때의 엄마의 아련한 그 모습은 지금도 생생하여 두 눈에 눈물이 고인다. 막내의 이름을 부르면서 다정히 손잡아 주시며 웃으시던 엄마의 얼굴은 언제 다시 볼 수 있을까? 오늘도 보고 싶은 어머니의 얼굴이 그리워진다.

외갓집 가는 길은 작은 고개를 넘고 한 십 리쯤 걸어가면 기와집이 푸른 대밭에 어우러져 부유 서럽게 보이는 아담한 동네가 있다. 그 동네에는 진양 강씨의 집성촌이다. 우리 엄마도 진양 강씨이다.

집에서 나설 때에는 춥지만 들을 지나고 재를 올라가면 힘이 들어 추위는 가고 심장은 들숨날숨 숨 고르기가 바쁘다. 나는 그래도 팔딱팔딱 뛰면서 오르고 내리지만 엄마는 힘겨워 목구멍에서 휘파람이 나왔다.

엄마는 외가에 가면 외갓집은 잠시 들리기만 하고 온 동네에 인사를 하느라고 바쁘다.

엄마의 유년은 일가가 많아 좋았겠다. 오빠, 동생, 사촌 형제, 삼촌, 오촌 아재, 아지매, 종숙 등 등 촌수를 계산도 못할 정도로 많았다. 들리는 곳마다 오빠 언니 아재들이다.

긴 강담을 돌아가면 종가의 큰 대밭이 있다. 그 대밭에 있는 대는 어린 마음에도 아이들의 몸통만한 굵은 대가 하늘을 찌르고 있었다. 이 골목길과 저 돌담들과 집들은 엄마의 유년의 추억이 묻어 있는 곳이다. 조금 더 돌아가면 종갓집이고 저 종갓집을 조금 더 들어가면 강씨네 제실이 정승 대갓집처럼 우람하게 온 동네를 감시하는 듯 서 있고 동네 앞에는 오고 가는 길손을 대접하는 동사도 잘 지어져 있었다. 그때만 해도 외갓집 집안은 잘 나갔던 것 같았다.

돌아오는 길목에 할머니가 있었다. 그 할머니 댁은 엄마와 가장 가까운 친척이다 반가워서 박실이 오셨는가? 하고 다정하게 인사를 나눈다.

이게 몇 해 만인가 그동안 많이 늙었네, 넉넉지 않는 살림에 양친부모 모시고 대 식솔을 거느리고 살림을 하려니 얼마나 고생이 많았겠나? 색시 때에는 그렇게도 예뻤는데 나이가 먹으니 어쩔 수가 없구나! 나이 앞에 장사가 있나 너나 나나 모두가 마찬가지지 한다. 나도 엄마 덕택으로 이 집 저 집 따라 다니면서, 막내가 저렇게 많이 컸구나 하는 칭찬도 많이 받고 맛있는 음식도 많이 먹었다. 지금 생각해 보아도 외갓집과 외가 동네는 언제나 다정다감한 곳이다.

그때부터 엄마는 나이가 많아 나에게는 엄마의 얼굴은 늘 할머니의 얼굴로 각인되었다. 엄마가 마흔네 살에 나를 낳았으니 그때도 이미 쉰이 넘는 나이였으니 말이다.

우리 집에는 아버지 어머님이 들어 있는 사진첩이 없다. 심신 산골마을에 가난 속에서 살아왔기 때문에 사진도 제대로 찍을 수가 없었던 까닭이다. 특별이 보고 싶은 얼굴은 우리 어머님의 젊을 때 얼굴이 궁금해서이다. 나는 여러 형제자매 중 막내로 태어나서 이성을 알았을 때에는 어머니의 나이는 예순이 가까운 연세였다. 그렇다보니 나는 어머니의 젊은 얼굴은 본 일이 없었다. 엄마의 3~40대의 얼굴은 얼마나 미인이었을까 아니면 그저 그런 평범한 얼굴이었을까? 나의 상상으로는 우리 엄마 색시 때의 얼굴은 마을에서 빼어난 미인이 아니었을까 하고 근친 할머니의 세월 보낸 이야기에서 추측을 해보지만 생각은 정말로 궁금하였다.

우리 동네 부잣집 마루청 벽에 붙은 액자에는 오래된 흑백 사진들이 많이 붙어 있는 것을 보았다. 겨우 반세기 정도인데 사진이 없어서 그리운 얼굴을 볼 수 없다니 못 보는 것도 억울하지만 수치스럽다. 우리 집 외갓집 두 가정 모두가 가난의 수렁이 너무나 깊어 자신들의 족적을 후손에게 남기고 싶은 그런 생각은 못했을까, 염두에도 두지 안하였을까?

보고 싶은 엄마의 얼굴을 생각하면 생각할수록 그립고 안타깝다.

젊은 엄마 손을 잡고 학교에 가는 아이들이 부러웠고, 젊은 부모 밑에서 같이 살면서 엄마에게 어리광을 부리는 친구들을 보면 더욱 부러웠다. 나는 부모님을 인식하고부터 엄마가 할머니로 인식되어 엄마에게 어리광은커녕 측은해 슬픈 마음이 먼저 들었다. 그러나 엄마의 마음은 나에게 너무나 애절했다. 어른이 된 지금에도 저 어린 것을 부모가 되어 도아주지도 못하니 타간 객지에서 고생을 얼마나 하며 어떻게 살아갈까, 하는 걱정 때문에 명절이나 연고가 들었을 때 고향에 가면 나를 보고 엄마는 눈물이 마를 날이 없었다. 그때에는 모자간의 연민의 정으로 위로를 했지만, 지금은 그런 엄마가 한없이 보고 싶다.

노산 이은상 시인의 "한 눈(애꾸눈) 없는 어머니"의 수필이 떠오른다. 수필 속에 김군은 이은상 시인에게 한 눈 없는 자신의 어머니 사진을 꺼내어 선생님이 잘 아시는 화가님께 저희 어머니의 상한 눈을 살려 두 눈이 있는 완전한 얼굴로 그려 주십시오. 하는 요청을 받았다. 시인께서는 철없는 아이도 아닌데 아들이 남에게 잘 보이려고 한 쪽 눈이 없는 것을, 있는 것처럼 그려 넣어 자신의 엄마가 아닌 엄마의 얼굴을 원하는 데 대로하는 꾸지람을 했다. 어머님의 입장에 선 시인의 말씀은 너무나 지당하다.

다른 사람이 애꾸눈의 어머니를 흉을 보아도 자신만은 한 눈 없는 일그러진 어머니의 얼굴을 존경하고 사랑해야 할 것이다. 비록 애꾸눈이지만 자신을 훌륭히 길러낸 어머니가 아니던가 애당초 두 눈을 가진 자신의 어머니는 이 세상에 존재하지 않음을 자식으로서 마땅히 인식하고 만인이 싫어하는 그 불비의 얼굴이지만 자식 된 자신만이라도 인정을 해주어야 구천에 가서라도 눈을 감고 살지 않겠는가? 하지만 김군 편에서 역지사지 하는 마음으로 꿈에도 그리는 어머니의 완전한 얼굴의 보고픔에는 연민의 정은 간다.

「한 눈 없는 어머니」의 수필에서 김군은 어머니의 사진이 있어서 망신을 당했고, 나의 수필에 나는 어머니의 사진을 간직하지 못해 수치를 당한 꼴이다. 그리워서 보고픈 얼굴은 망신이 망신으로 생각되지 않는다. 그 모습이 바로 자식이 그리는 엄마의 얼굴이다.

찍어 놓은 사진도 없고 엄마도 돌아가신 지 오래되었으니 어떻게 엄마 얼굴을 볼까하고 오늘도 쓸쓸한 고민을 하고 있는데 '딩동댕' 하고 초인종이 울리었다. 빠른 걸음으로 나가 문을 열었더니 딸이었다. "아빠 저 왔어요."하면서 얼굴을 쑥 내밀고 들어온다. 그때 내 눈에는 딸의 얼굴이 엄마의 얼굴로 변해 보이는 것이다. 아차, 바로 엄마의 젊음의 얼굴이 바로 너 얼굴이겠다. 너는 내 딸이니까, 네가 할머니를 빼닮았겠지 그래 너 얼굴이 너 할머니 얼굴인 것을 내가 미처 생각지 못했구나! 그래 내 딸아! 고맙구나! 너 얼굴에서 나의 엄마의 젊은 얼굴을 찾았으니, 오늘따라 내 딸의 얼굴이 예쁘구나! 할머니를 닮아서….

긴 세월 동안 잊고 살았던 어머니의 얼굴을 딸의 모습에서 간접적이나 찾고 보니 너무나 감개무량하다. 카메라에 얼굴을 찍어서 뺀 것이 사진이라면 살아 움직이는 얼굴은 동영상이다. 나는 지금부터 날마다. 사진보다 더 선명한 엄마의 소싯적, 얼굴을 딸을 통해 동영상으로 수시로 볼 것이다. 이럴 때는 딸이 있어서 너무나 행복하다.

이사

철새는 해마다 이사를 한다. 아무런 미련도 없이 국경을 넘고 바다를 건너 먼 나그네의 여행을 떠난다. 상비품도 하나 없이 땡전 한 닢 여비도 지니지 않고 양 날개에 몸뚱이 하나만 믿고 창공의 하늘을 날갯짓하며 길을 떠난다.

속세를 버리고 깊은 절간 토굴에 앉아 도를 닦는 스님이 마음을 비웠다지만 청천을 날며 하늘을 나는 새들의 이 허허로운 노정에 비기랴? 인간 삶의 길이 고해라 하지만 북풍한설이 몰아치고 바람이 울부짖는 애달픈 여로, 생각만 해도 가슴이 쓰리다. 그러나 고해라면 눈물이 보일 것인데 새들은 울어도 눈물이 없으니 고해가 아닌 풍류인가?

사투를 가름하는 머나먼 이국땅에 이민을 하여 여독이 풀리지도 않은 채 그들은 또 세상을 열고 삶의 터전을 닦는다. 풀섶에 혹은 나뭇가지 위에 둥지를 틀어 새 보금자리를 만든다. 목수와 잡부가 따로 없다. 새들은 모두 건축가다. 설계도 없이 식구들끼리 지어도 집이 부실하지 않고 양호하다. 이사를 자주해서일까 집을 짓는 재주는 우리 인간보다 능수능란하다. 집은 삶을 윤택하게 함으로 후원자다. 그래서 저들은 언제나 기가 살아있다.

우리들은 한평생에 내 집 장만하기란 하늘에 별 따기처럼 어렵다. 그것도 내가 내 손으로 짓는 것이 아니고 목수의 재주를 빌려 짓는다. 집 없이 떠돌아다니는 나그네 인생은 새들에게 한 수 배워야 할 것 같다.

인간의 속성을 따지고 보면 별 것이 아니다. 목표는 고대광실高臺廣室 좋은 집을 지어 행복하게 사는 것이다. 이것이 부귀영화 누리는 것이다. 그렇게 보면 새들은 우리 인간을 우월하고 있다. 인정에 매이지 않고 돈에 유혹되지 않으면서 계절 따라 거처를 옮기고 풍류 따라 유희하는 새들의 일생, 천국과 극락이 따로 없다. 새들의 낙원이 바로 극락이다. 우리들의 심안의 한유가 바로 새들의 저런 광경들이다. 철 따라 경치 좋은 곳만 찾아다니면서 둥지를 틀어 새끼를 부화시키고 자연과 더불어 희희낙락하면서 물결치는 대로 바람 부는 대로 세월 가는 대로 세상을 원망하지 않고 한가하게 사는 모습에 인간 삶을 초월한다.

우리 인간은 몇 번씩은 고사하고 평생에 단 한 번이라도 개성에 맞는 집을 지어 사는 것이 꿈인 사람도 많지만 그것이 뜻대로 되지 않는다. 결국 사람이 저 하늘을 자유롭게 나는 새들보다 못하다는 말이 되기도 하다.

인간은 새들의 날아가는 형태를 보고 비행기를 만들었고, 물고기의 유영을 보고 잠수함을 만든 것이 불과 100여 년의 역사밖에 되지 않았다. 세상이 혼탁해도 그들의 모습에는 항시 여유가 있고 낭만이 있다. 겨울 하늘에 줄을 지어 알쏭달쏭 수를 놓으며 하늘을 유영하는 기러기 행진, 5월의 하늘을 마음껏 재롱부리는 종달새, 백설보다 희고 신선같이 고결함을 지닌 학들의 운치 있는 춤사위는 우리들은 본을 뜰 수가 없는 우상이다.

저들은 시간의 구애를 받지 않는다. 계절 따라 이사하고 풍류같이 춤추고 노래한다. 땅거미 드리우면 그들은 보금자리에 몸을 뉘고 별들의 속삭임을 꿈꾸며 잠결에 들어간다. 호롱불을 켜고 밤일을 하지 않아도 저들은 부족과 불만도 없이 청순하게 삶을 영위하고 있다.

우리 조상들도 옛날에는 그랬다. 대대로 이어 살던 초가삼간 그런 집에 살 때에는 우리들도 저들처럼 집 없는 사람은 없었다. 천장이 낮아 기어들고 꾸부려 나온 그런 집이지만 누구나 집이 있었다. 천장에 비가 새고 문틈 사이로 황소바람이 들어왔지만 선조들의 혼이 들어 있고 부모 형제들의 끈끈한 정이 있고 내 유년의 손때가 묻어 있었다. 두고 온 그런 집이 있기에 타향살이 집 없는 서러움을 당해, 울적할 때는 고향 하늘을 바라보며 부모 형제의 얼굴을 떠올리며 비애를 삼켰다.

서러움 중에 제일 큰 서러움이 집 없는 서러움이다. 이런저런 사유로 전셋집을 쫓겨 다니다 보면 아이들은 고향도 없다. 고향이 없으니 죽마고우가 있으랴. 부모 잘못으로 인생도 알기 전에 유랑객이 된 셈이다. 어찌 이런 비극이….

가난해 고향 떠나 타향살이하는 것도 서러운 데 자식들에게 고향 없는 오점을 남긴다니 애석하기 그지없다. 고향은 세월이 거듭될수록 그리움이 짙어 가는 곳이다.

고향은 귀소본능의 원천이다. 물고기인 은어도 죽을 때는 모천을 돌아와 생을 마친다고 한다. 하물며 사람이 고향을 찾지 않을까. 모태의 땅 잔뼈가 자란 고향이 없는 저 아이들을 보면 가슴이 아파 온다. 이 모두가 가진 자들이 집을 상품화하여 재산을 늘리는 데 이용했기 때문에 파생된 불행한 사연들이다.

나는 내 팔자에 이사를 많이 다닐 운이 있었는지 지금의 내 집에 이사를 하기까지 10여 회나 이사를 했다. 옮길 때마다 가구가 멍이 들고 단지나 그릇들이 제 수명대로 보존하지 못하고 몇 개씩 깨지고 갖가지 일어난 사연들이 많고 많았다. 이놈의 전세방 신세 언제나 면할까, 보따리를 풀어 방을 정리하면서 푸념도 많았다.

그 중에 평생에 잊지 못하는 돈 없는 서러운 말을 들었다. 월세 돈 낼 기일 며칠 넘겠다고 "돈보고 방 주었지 얼굴보고 방 주었나" 하고 노골적인 무참을 당했을 때 가난이 뼈에 사무치도록 원망스러웠다. 마음속으로 다짐했다. 네가 잘사나, 내가 잘사나, 두고 보자고 피도 눈물도 없는, 돈밖에 모르는 너 같은 인간이 보란 듯이 떵떵거리고 살 것이다. 이 기막힌 돈 없는 수모를 당하고 있지만 그날이 올 때까지 이를 깨물고 살아 보리라 맹세했다.

절치부심切齒腐心 땀에 젖은 노고의 세월이 얼마나 흘렀던가? 나도 꿈에 그리던 내 집을 샀다. 눈물이 날 정도로 기뻤고 하늘을 날 것같이 좋았다.

이사하던 날 짐을 정리하고 이곳이 내 집이다 생각하니 좋아서 큰 대자로 마음껏 팔다리를 펴고 누워 잠을 청하니 기쁨에 한동안 잠이 오지 않았다. 아내도 아이들도 좋아했지만 내 마음에 비하랴! 오늘을 있기 위해 얼마나 수많은 고통과 수모를 감내하며 고대했던가.

소망 하나 이루었다. 나와 아내 아들과 딸, 우리 식구들의 편히 쉬게 할 보금자리다. 집은 침묵해 있어도 나를 항시 즐겁게 해준다. 어떠한 악천후의 고난이 밀려와도 비겁하게 물러서지 않고 꿋꿋이 우리를 보호해주어 가정에 보배다.

모처럼 우리 집에 온 손님이 좋은 집을 가졌다고 칭찬을 할 때면 마음이 흐뭇하여 나의 기는 살아난다. 그래서 집은 언제나 나의 후원자다. 내가 버리지 않으면 나를 외면하지 않을 정직하고 듬직한 안식처 정성으로 손질해서 영원토록 함께할 것이다.

천륜天倫

부모와 자식의 의는 천륜이다.

'오죽했으면….아버지가 20대 패륜아들을 살해' 한 사건이 발생했겠나? 내 마음이 꿈틀했다. 그 원인이 아들이 어머니의 카드로 무분별하게 소비를 하는 것을 막기 위해 어머니가 카드에 지급정지를 시켰다고, 어머니에게 위협과 행패를 부렸다고 한다. 평소에도 아들의 상습적인 술주정 만취 상태에서, 어머니를 폭행도 하고 욕하며 화풀이를 했다고 한다. 참다못한 아버지가 자식을 목 졸라 살해한 사건의 기사다.

가없는 부모의 은혜를 힘과 폭행으로 공포 속에 살게 했으니, 모두들 입이 있어도 할 말이 없다. 이런 상황을 두고 '어안이 벙벙하다' 라고 한다. 신문 기사에 나온 사건이라고 또는 남의 일이라고 불쑥 이야기를 할 수 없는 것이 이런 사건이다. 모두가 남의 이야기라고 하기에는 너무나 마음이 아파온다. 따지고 보면 부모 자식 관계에서 일어난 피치 못할 사건이 아니라 이 아버지는 자신의 목을 스스로 조른 자해행위나 같다. 얼마나 공포에 떨었으면 금이야, 옥이야 하고 애지중지 키운 자식의 목을 조여, 죽게 하여 천륜을 범했을까? 내 집 네 집 할 것 없이 모두가 다 시한폭탄을 가지고 있다고 봐야 할 것이다.

세상에 훌륭한 부모가 그렇게 많은가! 밥에 미처럼 드물고 그저 그렇고 그런 아빠, 엄마이고 그 중에는 모질고 악한 부모도 있다. 자식 역시 마찬가지다. 효도를 하는 아들은 극히 드물다. 부모처럼 그렇고 그렇다. 그 가운데는 부모를 못살게 하는 패륜도 있다. 악질 부모와 패륜의 자식은 50보 100보이다.

남이 볼 적에는 다들 유유히 흘러가는 강물처럼 평화롭고 부럽게 보이지만 인간관계가 언제나 좋은 것은 아니다. 속을 들여다보면 모두가 근심 극정으로 얽히고설키어 있다. 유유히 흐르는 강물에도 사건과 사고는 있다. 익사하는 사건도 물살에 떠내려가 죽었는지 살았는지 모르는 실종 사고도 일어난다. 시냇물에는 돌도 매끌매끌하고 물도 수정처럼 깨끗하다. 하지만 패인 강변이나 도드라진 물웅덩이에는 고인 물이 썩어 악취를 풍기고 그 곳에는 물고기 대신 괴상한 물벌레들이 들끓으며 물귀신이 금시라도 나타날 것 같은 곳도 있다. 이 세상 부모들은 가슴에 넓은 강 하나 품고 산다.

이러하듯이 인간사도 역시 천 가지 만 가지로 사건 사고가 얽히어져 있다. 부모는 자식 때문에 속이 상해도 남에게는 도리어 자식 자랑으로 말을 돌린다. 이것이 부모의 깊은 속내이다. 싫어도 할 수 없고 좋아도 어쩔 수 없는 것이 부모의 마음, 이를 두고 세상에 자식을 이기는 부모가 없다고 한다. 자식을 잘못 둔 것은 자신의 죄로 삼은 것이 이 세상 부모다.

부모와 자식, 자식과 부모는 선한 마음으로 사랑을 하면 아주 말로써 형언할 수 없을 만치 그 사이는 한없이 좋고, 이해관계를 따지고 옳고 그름을 찾으면 이 사이는 무법천지처럼 아주 무질서한 그런 험난한 곳이다. 이 사건이 부모 자식 관계가 아니고 남남의 관계라면 이놈 저놈 이 새끼 저 새끼하고 밀치고 싸우다가 어느 한 편에서 사과하면 될 일이고 상처가 나고 옷이 찢어졌으면 돈으로 보상을 하면 그것으로 끝나고 과거에 알고 지낸 사이라면 새로운 사이로 더욱 돈독해 질 수도 있다. 옛날 말에 절친한 친구가 되려면 세 번을 크게 싸워야 된다는 말도 있지 않던가. 이렇게 피붙이가 아닌 경우에는 돈으로 해결하면 간단하다. 요즘 돈이 흔한 세상이다 보니 부자들은 모든 일을 돈으로 다 해결하려는 몰지각이 많은 세상이라 안타깝다.

확실치는 않지만 천륜을 위반한 이 아버지 역시 자식의 인성교육은 시키지 않고 어린아이 때부터 기 세운다고 무조건 지면 안 되고 이기고 오면 좋아서 오냐 오냐 잘했다 하고 무지 막지하게 키운 그런 아들이 아니기를 바란다. 그렇게 키운 자식이라면 자업자득이라 죽어서도 아버지로서 용서 받을 곳이 없기 때문이다.

부모와 자식 사이는 돈과 같은 이해가 아니라 물보다 더 끈끈한 피가 흐르고 그 핏속에는 이 세상에 보이지 않는 존귀한 정이 흐르고 있다. 부모 자식 간의 정은 그 무엇보다도 강하고 또 진하다. 그렇기 때문에 이 속에는 그 외 물질은 아무도 범접하지 못하는 금지 구역과 같다. 그래서 부모와 자식의 연은 하늘이 내려진 천륜이라고 한다.

작금에는 처부모에게 아버지 어머니라고 칭하는 사람도 있고 며느리가 시부모에게 아빠 엄마라고 칭하는 이도 있고 어떤 사람은 친구의 부모에게 아버지 어머니라고도 하는 이도 있어서 의아해 그 사람을 한 번 더 쳐다보기도 한다. 자신들은 친부모처럼 정성껏 모시겠다는 존칭이겠지만 듣는 사람으로서는 자신의 부모가 엄연히 계시는데 어떻게 그렇게 호칭을 할 수가 있을까? 암만 생각해도 이해가 되지 않는다. 존칭과 호칭은 아무렇게 부르는 것이 아니다. 아빠 엄마는 철모르고 어릴 때 부모를 부르는 이름이고, 아버지 어머니는 이들이 장성하여 친부모에게 부르는 호칭이다. 다른 사람은 아무리 친하고 잘 모셔도 그렇게 불러서는 안된다.

즉 천륜을 무엇으로도 대치를 할 수 없다. 목숨과 맞바꾸는 그러한 운명과 숙명적인 인연이 없이는 아버지 엄마라는 숭고한 고유의 이름은 감히 부를 수가 없다. 아기들도 어느 정도 눈치가 생기면 저희 엄마가 없어서 의지할 때가 없어도 남의 엄마를 엄마라고 부르지 않고 서먹서먹한 표정을 취하다 엄마 생각에 뜨거운 눈물을 흘리는 것이다. 이것이 인지상정이다.

특히 부자간에는 진한 피가 흐르고 있으므로 부모는 자식의 허물을 들어내 흉보지는 않는다. 그런데 오늘 기사에 나온 아버지는 자식의 위협에 대한, 불의에 대한 정당방위로 자식을 살해한 것이다. 그것도 허리끈으로 목을 졸라 살해하였다고 했다. 정과 정의의 싸움에 이 아버지는 정을 버리고 정의를 택한 것이다. 그렇다 정의는 인륜의 총체다. 정은 정의의 총체 안의 개체의 일부분이다. 총체를 무시한 개체는 존재할 필요가 없음을 보여준 것이다. 그래서 정의가 없는 정은 존재할 가치가 없다는 것을 판단해 행동으로 제거한 것이다. 그러나 이 아버지는 패륜의 싹은 제거를 했지만 세상에 하나밖에 없는 천륜을 위반한 대죄를 지은 것이다. 세상에 자식을 죽이고 슬퍼하지 않은 부모가 있을까?

이 아버지는 자신의 죄를 스스로 신고하고 지은 죄상을 순순히 자백을 하고 순간순간 슬픈 울음을 터뜨렸다고 했다.

기사의 수사도 간절하다. 오죽했으면… "오죽"은 얼마나의 뜻이고 "했으면"은 어떤 일이나 상태가 잘 되기를 희망하거나 그렇게 되지 않음을 애석해함을 나타내는 뜻의 연결어미이다. 얼마나 부모를 못살게 행패를 부렸으면 20여 년이나 애지중지 길은 자식을 목을 졸라 살해라는 극단적인 행위를 했겠는가? 물정은 잔악하지만 심정은 이해가 간다. 정서는 나라마다 사람마다 조금씩 다르다. 이번에 일어난 자식을 살해한 사건을 어떤 마음으로 자신의 정서를 다스리고 있을까?

이웃 나라 일본 국민은 자식을 낳아서 군대에 보내는 것을 영광으로 생각한다고 했다. 군 입대 신체검사에 불합격을 받아 군에 면제가 되면 온 식구가 대성통곡을 하며 슬퍼한다고 했다. 정성을 들여 키우고 교육을 시켰지만 조국을 위해 국방의 의무를 하지 못하게 되는 것은 나라의 죄인이자 개인의 불행이라는 것이다. 우리의 정서는 어떠한가? 군을 면제하고도 대통령을 해먹고 국회의원도 하고 있다. 국민으로서 국방의 의무를 할 자격도 없는 자가 무슨 나라의 통치자가 되겠다는 생각 그 자체가 잘못된 것이다. 우리는 그래도 그런 자들을 뻔히 알면서 표를 주어 당선을 시키고 있다. 누구를 원망할까?

전시에는 군대에 가면 죽으러 가는 것이나 같다. 일본인 그들은 왜 죽는 것을 영광의 이미지로 정서에 물들어 있을까? 그들은 나 개인보다 나라가 더 우선이다. 나라가 있고 그 속에 국민이 있다는 것이다. 나라는 총체이고 국민 개체이다. 총체가 없는 개체는 강물에 물방울과 같은 존재이다. 총체와 개체는 유기적인 작용을 하지만 총체를 우선으로 삼기 때문이다.

우리나라는 법보다 정이 더 앞서는 세상이다. 자식이 부모에게 칼부림을 해도 부모는 자식을 고발하지 않는다. 고놈의 정 때문에…자신의 친인척은 부정부패를 해도 숨겨주고 부추겨주는 것이 우리의 바람직하지 않은 정서라고 보아야 할 것이다. 오죽했으면 자식을 살해했지, 하는 아버지이지만, 천륜과 정의 괴리가 아니면 누가 이 사람을 죄인이라 칭

할까? 검찰과 경찰의 법망에도 가족이라는 빌미로 벗어난, 자식의 패륜 속에 사는 부모의 상심은 누구에게 위안을 받을까?

아파트와 핵가족

새로 이사한 아들 집은 우리 집 가까운 곳이다. 초대를 받아 처음으로 하룻밤 잠을 자게 되었다. 마음속으로 기분이 대단히 좋았다. 이것이 아들 키운 보람인가 하는 생각이 들었다. 오늘처럼 이렇게 초대를 받아 잠을 자고 하루 동안 쉬어서 갈 줄은 은근히 기대는 하였지만 이렇게 빨리 닥칠 줄은 미처 몰랐다. 평소에는 아들 며느리 손자들이 우리 집에 와서 자고 가고 해서 예사로 지내온 것인데 막상 이렇게 초대되어 아들의 큰 방에 잠을 잘 것을 생각하니 감격한 마음까지 드는 것이다.

요즘 젊은이들은 아파트를 너무 선호하는 것 같다. 아예 일반 주택은 집같이 생각지도 않는다. 옛날 같으면 오늘과 같은 일은 없을 것을 아파트와 핵가족의 덕택으로 이런 날을 맞이한다. 세상의 유행에 아들도 할 수 없이 무리를 하면서도 아파트를 얻어 살림을 차렸다. 부모와 아들의 정을 핵가족이 갈라놓는 것이다. 한 일 년이라도 한 집에서 정들 때까지만이라도 같이 살자고 그렇게도 이해가 되도록 이야기를 했지만 먹혀들지 않았다. 아파트를 우리 집 가까운 곳에 얻었으니까 그래도 자주와 주어서 정이 들었지, 먼 곳에 갔더라면 며느리와 손자는 고사하고 아들까지도 얼굴조차 못 알아볼 뻔했다.

세상은 온통 젊은이들의 세상이고 늙은 부모는 별 볼일 없는 외톨이 신세가 되었다. 이렇게 오늘 우리가 아들의 집에 자고 가면 우리 집은 텅 빈집이 되고 만다. 우리 부부가 아들 집에 살아도 방은 있다. 그러나 우리는 내일이면 우리 집으로 가야 한다. 할 일이 많은 것도 아니고 집이 좁아 불편해서도 아니다. 한 살림만 해도 될 것을 두 살림을 하며 불필요한 소비를 하고 있다. 이것이 아파트와 핵가족의 병폐다.

저녁밥과 반찬은 직접 장만을 하였고 별미로 이웃 식당에서 아귀찜을 시켜왔다. 아귀찜은 원래 콩나물이 많이 들어가고 아귀는 조금 넣고 양념을 맵고 짜게 하여 혀끝이 아리한 맛으로 먹는다. 그런데 이집 아귀찜에는 고기가 많이 들었다. 제법 살 토막이 보이기도 했다. 다 같이 서로 서로 맛있게 먹고 있는데…….

아들이 아버지인 나에게 살 토막고기를 먹이려고 젓가락으로 집어 주다가 잘못 찍어 고기토막이 내 갈음옷에 떨어져 온통 양념으로 바지가 엉망이 되었다. 손자들은 아빠의 실수를 보고 깔깔거리며 웃으면서도 아빠의 행하는 일거일동一擧一動의 모습을 유심히 보고 있다. 아빠는 이상하다는 식으로 할아버지도 젓가락질을 할 수 있는데 왜 그랬을까? 의아한 눈치다. 오순도순 먹던 밥상 자리가 어수선하게 되었다. 아들은 효도를 하려다 민망하여 어쩔 줄을 모르고 휴지를 닦고 문지르고 하며 잠시 소란 아닌 소란을 피웠다.

죽은 고기가 살아있는 고기처럼 유난스럽게 미끄러워 안타깝게 그만 아들의 효성에 흠집을 내고 말았다. 나는 고기가 말을 알아듣는다면 이놈 하고 꾸짖고 싶은 심정이다. 나는 그래도 좋았다. 고기 한 토막이 뭐, 그렇게 큰 것은 아니다. 하지만 아들의 효성이 아버지에게 고기 한 토막

일지라도 더 드리려고 하니 나는 그런 실수와 흠집은 열 번이라도 환영한다. 아들의 착한 마음씨가 좋고 든든했다. 이 모습을 보는 손자들의 의심이 풀리는 그때에는 저들도 저희 아버지와 엄마에게 "잘 키워 주셔서 고맙습니다." 하고 살코기를 입에 넣어 줄 것이다. 이것이 산교육이다. 같이 살았으면 집 걱정도 없고 아이들은 할머니가 봐 줄 것이고 꿩 먹고 알 먹고 할 것인데 잘못된 유행으로 집세를 내고 아이들을 남에게 맡기고 돈으로 키우느라 고생이 많다. 우리 역시 역귀성처럼 반대로 오늘은 아들의 집에 이 신세를 지게 되는구나!

아들과 며느리는 초등학교 교사이다. 인생의 기초가 되는 인성과 인지에 착하고 아름다운 봄비를 뿌리는 역할이다. 참으로 중요한 직업이다. 천방지축 철부지이지만 마음만은 그렇지 않다. 조심에 조심을 더하여 착하게 가르쳐라. 아무것도 모르는 아이들이라고 무시하고 아무렇게 대하면 어린 가슴에 상처가 되어 어른이 되면 원망으로 변하게 되는 법, 부디 정성으로 가르치고 보살펴라. 나는 너희들을 믿는다. 오늘과 같은 효성스런 마음으로 훈육을 하면 결과는 무탈할 것이다.

요즘 아이들은 어른을 보고 겁을 내는 것이 아니라 되려 어른을 놀려먹는 세상이 되고 말았다. 선생님을 겁을 내지 않는 학생이니 선생님이 어떻게 아이들을 가르치겠는가? 선생님 말씀은 무조건 따르며 존경을 해야 하는데 오히려 선생님의 훈육을 엄마한테 일러바쳐 학부형이 교육현장에 찾아와 학생들 앞에서 선생님을 모욕을 준다니 참으로 기가 막히는 일이다. 자식의 기를 살리려는 엄마의 심정은 이해가 가지만 아이들은 본 대로 듣던 대로 배우며 자란다. 저들이 어른이 되면 지금 선생님 앞에서 자식 기 세운 엄마 교육은 부메랑이 되어 엄마 자신에게 악으로 돌아올 것이다. 그 엄마에 그 아들이 되는 것이다. 잘못 가르친 기는 사회의 악이자 자신에게는 도끼와 같다.

올바른 사회가 되려면 학교 교육보다도 인성교육이 더 중요하다. 이웃과 소통이 되고 너와 내가 대화를 나누며 인사를 할 줄 알아야 하는데 아파트에 사는 사람들은 대문을 꽉 닫아놓고 누가 살고 누가 이사를 들어왔는지조차 모르고 산다고 한다. 윗집 아랫집끼리는 소음 공해로 송사를 하고 있어 아이들이 마음대로 뛰어놀지도 못한다고 하니 무서운 이웃이다. 어른들이 이런데, 아이들이 어떻게 훌륭하게 성장하겠는가?

우리나라는 아파트에 너무나 많은 투자를 하고 있다. 한평생 벌인 것, 반 이상을 투자를 하다 보니 문화생활을 할 여력이 없어진다. 사람의 인격은 도덕을 지키고 인지와 문화를 누리는 측도로 인격이 유지되어야 하는데 아파트 평수에 따라 인격이 좌우되니 속된 말로 뻥이다. 이렇다 보니 온 국민이 아파트에 정신이 다 빠져있다. 정부의 정책이 모두 아파트 시세에 사명을 걸고 있다. 사업가가 사업에 신경을 쓰지 않고 집장사를 하고 정치가가 정치를 하지 않고 땅따먹기 지도를 그리고 직장에 노동자가 노동을 하지 않고 아파트 당첨되어 프리미엄을 챙기려고 기를 쓰고 있다. 유식하면 유식할수록 어쩌면 집을 이용하여 돈을 많이 벌어볼까 하고 눈독을 들이고 있다. 아니 모든 국민이 아파트에 중독이 들었다고 봐야 할 것이다.

이것 모두가 대가족이 해체되고 핵가족으로 변하여서 그렇다. 우리들 조상처럼 대가족은 이렇게 많은 집이 필요가 없다. 한 가정에 3대가 같이 살면서 아들 딸 둘만 낳아 대대손손으로 이어가면 한 가정에 일반 주택이나 아파트(40평)도 한 채면 족하다. 그런 것이 지금은 부모 집 한 가호, 아들 부부 한 가호, 손자 집 한 가호다. 이혼한 부부는 한 가호에서 두 가호로 변한다. 결혼 못한 처녀총각 각각 셋집 한 채씩 가져야 하니 얼마나 많은 집이 건축되어야 하는지 천문학적인 숫자라 헤아리기 어렵다.

우리는 1인당 GNP 2만 불 시대에 진입한 지 오래다. 세계경제순위는 10위권에 육박하고 있다. 그러나 국민의 행복지수는 후진국 수준에 머물고 있는 것이다. 이 모두가 우리의 모든 국력을 집에다가 퍼부었기 때문이다. 시골에 사는 총각이 베트남 · 필리핀 · 중국 등지에서 2천만 원 정도 들여서 결혼을 하면 부모님과 함께 한 집에서 할아버지 아들 손자 같이 사니까 돈 걱정 없이 잘 살고 있다. 그들이 도회지 처녀 총각처럼 아파트를 사야 한다면 결혼을 할 수 있겠는가? 도회지 총각들도 부모님 집에 같이 살면 해결될 것을 한창 꽃봉오리처럼 사랑이 피어날 처녀총각이 피지도 못하고, 아파트 때문에 낙화가 되니 말이다. 그로인해 탄생할 유아 인구가 줄어든다. 결혼을 못해 혼기를 놓치니 다른 어떤 문화생활을 하겠는가? 젊은이들이여 편리하다는 단 한 가지 장점에 획일적이고 융통성 없는 아파트에 목을 매지 말자. 아파트에 살지 않으면 비 문화인으로 생각하는 것이 잘못이다. 보편성과 객관성과 다각성이 많은 일반 주택에 전통과 문화와 고풍이 더 많다는 것을 주지하였으면 한다. 온고지신溫故知新은 보수만 존재한 것은 아니다. 보수 속에 진보가 잠재해 있음을 앎이, 국민의 행복지수를 높이는 길이다.

종합보험

세상이 속력을 낸다. 고속으로 달리고 있다. 흔들거림을 느낄 정도로 불안해 한다. 복잡한 세상, 헷갈리는 세상, 무자식이 상팔자라는 말에 공감을 하는지 젊은이들이 자식 낳기를 꺼려한다. 끝없는 허공을 우러러 보았다. 천상은 파란 색깔로 곱게 물들어 아름다운 세상의 여백으로 그려져 있었다. 한없이 맑고 깨끗해서 투명으로 보이지 않을까, 지극히 파랗다. 빈 마음의 색깔로….

하늘에도 구름, 바람, 눈, 비, 안개 같은 움직이는 자연 무법자들이 있고, 우리 인간의 마음에도 보이지 않는 심술이 있어 언제 어느 때에 변할지 못 믿는다. 그렇다고 가깝게 할 수도 없고 멀리할 수도 없다. 변덕스런 날씨에 농심이 울듯이 물질문명의 발전에 세상이 떨고 있다.

한 치 앞도 모르는 것이 사람의 일이고 세상사라는 것을 작금에 실감한다. 유행의 속도가 바람처럼 빠르고 조석으로 새로운 발명품이 출렁인다. 그것도 신비에 가까운 물건들이다. 수첩만한 스마트폰 하나만 가지면 모르는 길을 떠나면서 길을 물어보지 않아도 되고, 골골마다 가고 싶은 곳 언제나 찾아볼 수 있다. 예전 자전 콩쥐 팥쥐 시절은 물론이고 호랑이가 담배 피우던 그 시절로부터 현세에까지 지식과 정보가 하나도 빠짐없이 말로 그림으로 얼굴로 들어있다. 마음 내키는 대로 사진도 찰깍, 전화도 띠리리, 문자도 끄적끄적 귀신이 통곡하리만치 생각 밖의 물질로 나날이 다른 세계로 안내를 한다.

상업고등학교가 컴퓨터의 등장으로 뿌리째 뽑혀 정보고로 개명을 해야 했고 각 가정에 재산 1호였던 황소는 경운기의 발명으로 실직을 했고 경운기 역시 트랙터의 등장으로 고물상에 가기 직전이다. 누가 교육을 백년대계百年大計라고 했던가. 유명한 격언이 근시안적인 실언으로 사라질 운명에 처했다.

계산 잘하면 살림 잘하고, 아들 쑥쑥 잘 낳으면 어른들에게 호강받던 그런 시대는 호랑이 담배 피우던 시절이다. 어느 때 컴맹이 되고 어느 때 눈뜨고 못 보는 당달봉사가 되고, 언제 내 두 팔과 두 다리가 로봇에 오라를 찰지 부지불식간이란 생각이 든다. 기계의 자동화로 직장이나 자신의 예술성을 잃은 사람은 직접적은 아니지만 간접적으로 로봇에 오라를 찬 것이나 다름없다. 간접적으로 오라를 찬 사람들은 그 누구에게라도 하소연을 할 수가 없다. 그런 기계를 발명한 사람도 결국은 기계의 문명에 희생이 되는 것이다.

상상을 초월하는 발명품에 세상은 발전하고 새로운 역사를 쓰지만 수많은 일자리가 순식간에 추풍낙엽처럼 우수수 혹은 뚝뚝 떨어진다. 쓸쓸하고 냉혹하다. 어제의 예능과 지식이 오늘에 무능과 무지로 낙오한다. 문명의 후유증 치고는 감내 못할 참담한 현실이다. 과학의 혁신은 신의 영역을 좁히면서 개똥철학인 사람 팔자도 흔들어 놓고 인륜의 예절마저 무너뜨리고 있다. 모두가 불안에 안절부절이다.

하늘이 무너져도 솟아날 구멍이 있고 땅이 꺼져도 비켜설 곳이 있는 것이 사람 사는 세상이다. 아무것도 보이지 않는 망망대해에 항해사가 나침판을 보고 목적지를 찾아가듯 우리는 궁여지책으로 위험에서 보장받는 길을 만들었다. 그것은 보험이다.

보험설계사의 말에 의하면 태어나서 죽을 때까지 보험만 넣어놓으면 '만사대통' 이라고 기고만장氣高萬丈이다. 종류도 많지만 혜택을 받는 정도는 천차만별이다. 자동차보험 같은 소멸성 보험은 돈만 내고 사고가 없으면 끝, 그대로 흔적도 없이 사라지고 보험설계사는 계약도 채 끝나기도 전에 새로 부어야 한다고 위험 경고를 하며 으름장을 놓는다. 눈 감은 장님 전기료 내듯, 불안에서 벗어날 위안을 찾아 또 계약을 한다. 그것이 다가 아니다. 세상은 하루가 다르게 변하는데 이팔청춘 보고 늙어서 먹고살 노후연금보험을 들라하고, 직업 없는 건장한 청춘이 의료보험을 들어야 하는 그런 세상이다. 하루 앞도 예측하기 어려운 세상에 수명은 백수시대라고 하며 보험의 종류도 끝없이 새 이름으로 우후죽순처럼 보도매체를 통하여 어지럽게 광고를 하고 있다.

일조일석에 변화하는 신문명 신문화 모두 다 싫다. 그 옛날처럼 조용히 살고 싶다. 김삿갓처럼 방랑세월이 그리워진다. 사랑방에 괴나리봇짐을 내려놓고 여독을 풀며 주인의 인심이 들어있는 먹거리에 걸식을 하면서 세속의 시구를 읊조리는 그런 풍류의 시공을 사랑하고 싶다.

선인들은 현명했다. 옛 우리 조상들은 삼강오륜으로 세상을 살았다. 벼슬하는 관리는 임금에게 충성하면 목이 떨어져 나가도 그 명성은 만고에 푸르렀고 부모에게 효도하고 남편에게 열녀 되면 가문에 영광이고 자손 대대로 길이 빛났다. 이런 정신적인 교육과 인화로 반 만 년을 이어온 것이 우리의 역사다.

노후 연금을 한 푼도 받지 않아도, 자식은 부모 봉양하는 것은 살아생전은 물론이고 죽은 무덤에까지 효를 다했다. 돈 대신 엄한 아버지의 교훈과 어머니의 지극한 사랑으로 인생보험을 부은 것이다. 가난은 화목으로, 고통은 인내로 극복한, 슬기로운 덕목이었다.

세상의 살아가는 이치는 예나 지금이나 다를 바 없다. 신세대 여론 조사에서 "결혼은 노후의 준비다"라고 했듯이 그 시대에도 결혼하여 자식 낳아 잘 키우는 것이 노후설계였고 노후 보장이었다. 충효정신을 가르치면 충忠에는 예절이 있고 효孝에는 봉사가 들어있다. 이 보다 더 으뜸가는 종합보험이 있겠는가.

나는 아들 둘, 딸 하나, 세 구좌 종합보험을 젊을 때 일찌감치 들었다. 아내의 밭이 좋았던지 합작회사를 잘 운영했는지 자식들이 이 애비의 말을 잘 따라주어 보험금을 일찍 다 완납했다.(자녀 결혼을 다 시켰음) 돈이 든 통장을 바라보는 것같이 자식들을 바라보면 언제나 든든하다.

세상 사람들도 모두가 나와 흡사하리라. 생각한다. 그렇지만 요즘 젊은 부모들은 일방적으로 이기주의적 공부를 시킨다. 그것은 금물이다. 무조건 공부만 잘하는(돈을 많이 불입하는 보험) 그런 자식으로만 가르치고 키우면 자칫 잘못하면 위험을 초래(보험사건)할 수가 있다. 인간 사회와 더불어 손잡고 함께 같이 살아갈 인본주의가 되어야 할 것이다. 자식 낳기를 거부하며 자신의 종신보장보험 들어놓고, 무자식이 상팔자라는 이러한 생각은 일류의 종말을 자초하는 행위다. 참으로 위험한 발상이다. 이런 사람이 있다면 지금이라도 아들 딸 낳아 바르게 키워 진실한 사람 되면 이보다 더 보장받는 아름다운 세상이 있을까.

나는 요즘 손녀의 재롱으로 산다. 장손녀는 나에게 훈장처럼 이마에 석三자의 주름을 붙여주며 할아버지라는 특진을 시키면서 태어났다. 수당도 없고 얼마만 있으면 휴직이라는 예고장 같은 그런 달갑잖은 진급이었다. 한심스럽기도 했지만 나는 손녀를 보는 그 시간부터 시답잖은 그런 마음은 순식간에 없어지고 혀가 안 돌아가 하부지 하면서 깔깔거리며 재롱 떠는 모습은 꼭 깨물어 주고 싶도록 좋기만 하다.

아들, 딸들이 주보험이라면 손자손녀는 이중보험이다. 겹겹으로 나를 보호할 주연과 조연들이다. 이중 보험에는 돈이 들어가지 않는다. 한없는 사랑만 듬뿍 주면 된다. 손녀 사랑 할아버지라 하지 않았던가. 손녀가 너무 기특하고 좋아서 사람들에게 자랑을 가끔 한다. 그들은 그랬다. 자식자랑은 팔불출이고 손자 자랑은 벌불출이란다. '벌불출' 이란 손자나 손녀 자랑하면 듣는 사람에게 벌금을 물어야 됨으로 벌불출이다. 내 멋대로 해석한 신조어의 설명이다. 그러니 믿어도 그만이고 안 믿어도 본전이다. 그래도 무심코 손녀 자랑이 튀어나온다.

특약에 동등의 자격으로 같이 들어있는 새아기(며느리)들이 예쁜 얼굴에 꾀꼬리 같은 고운 음성으로 "예! 아버님, 예! 어머님"하고 부르고 대답하면서 애정을 피울 때는 정말로 즐겁고 좋다. 이런 맛과 재미는 애써 자식 키운 뒷맛이다. 직접 받아 보지 않고는 아마 모를 거야. 하늘을 봐야 별을 따지….

봄바람

식탁에는 남은 여열의 뚝배기 속에서 된장이 보글보글 끓고 있다. 향기가 독특한 냉이가 봄 냄새를 집안 가득히 풍기고 식구들이 모여 식사준비를 하는데 군에 간 아들의 지리가 비어있다. 둥지 잃은 새처럼 얼마나 집과 식구들을 그리워하고 지낼까? 집에서는 엄마가 차려준 밥도 늦게 일어나 시간에 쫓기어 먹는 둥 마는 둥 하고 학교로 뛰어가곤 했다. 군 생활은 모두 제 스스로 제몫을 해결하는 곳이니 얼마나 고생을 할까 하고 아들을 생각하니 그리움이 앞을 가린다. 고생이 말이 아니겠지 지금쯤 늦잠을 깨우는 엄마 생각이 간절할 것이다.

첫술을 떠먹는 쑥국에서는 상큼한 고향 냄새가 입안에 맴돌다, 코끝을 자극한다. 고향의 정취와 추억이 아롱거린다. 쑥은 봄 양식으로 쑥밥, 쑥떡, 쑥털털이는 한 끼를 때우고 근기도 밥이나 다름없어 보릿고개를 넘기는 데 톡톡한 몫을 하였다. 흉년에 쑥밭을 만들어 연명을 한 생각이 은은히 떠올라 가난했던 유년이 슬퍼진다.

일생의 꿈과 낭만과 희망이 가난과 삶에 좌절된 내 유년과 총각 시절의 고향 땅 4월의 하늘은 포근하고 아늑했다. 인정스런 푸른 산과 조잘

거리며 흐르는 냇물과 밤하늘에 은가루를 뿌려놓은 듯한 별들의 무리가 밤바람에 어우러져 노래했다. 그러나 희열을 느끼지 못한 가난의 굴곡은, 한 서린 유년으로 가슴을 저리게 한다.

산 좋고, 물 좋고, 공기 맑고, 인심 좋은 내 고향마을 골 깊은 심산유곡深山幽谷에도 봄은 왔다. 강 건너 산 넘고 계곡을 따라 훈풍을 실은 봄바람은 유유히 늘어진 실버들 가지에 봄기운을 불어넣어 푸른빛을 내며 하늘하늘 거렸다. 꽃이 피고 움이 트면 춘색이 짙어만 간다. 낯설은 손님이 마을에 왔는지 앞집 복실이가 멍멍대고 감나무에 까치가 "까 까 깍" 하고 낮은 가지에서는 참새들이 무어라고 지져댄다. 뚫어진 문구멍 사이로 앞산이 보이고 봄바람을 실은 구름이 목리처럼 구부러진 재를 넘어가고 있다.

이렇게 두메산골은 사람의 세상이라기보다는 자연이 뛰노는 아름다운 동산이다. 앞산 굴밤나무 위에서 해가 뜨고 서산 바위 사이로 달이지고 야생화가 골 가득 피어있고 산새와 짐승들이 짝을 지어 사랑놀이 하는 곳이다. 바람은 방랑자, 애타는 사람의 심정도 모르고 시도 때도 없이 수시로 불어댄다. 그러나 봄에 부는 봄바람은 눈보라 휘날리며 동장군의 맵고 혹독한 기운을 뿌리친다. 때론 새싹의 움을 틔우는 훈풍을 포근히 내려놓고 봄비를 뿌리게 하는 만초의 어머니다.

그런데 사람은 봄바람에 흔들린다. 내 마음도 구름처럼 떠있다 가슴이 울렁이고 마음이 설렌다. 옆집 순이 생각이 난다. 저도 내 생각하고 있을까? 이 봄에 맹추가 아니면 봄 바구니 들고 나물 캐러 오겠지. 가슴이 터질 것만 같다. 그리움과 허전함에 천리만리千里萬里라도 흘러가는 구름처럼 떠나고 싶다. 윗마을 처녀와 냇물이 흐르는 수양버들 아래서 다정하게 만나 사랑을 고백하고 싶다. 그러나 그것은 천부당만부당千不當萬不當하다.

남녀유별을 지극히도 고집하던 허리가 꼿꼿한 노인들에게는 무슨 영문인지 몰라도 처녀 총각의 사랑놀이를 그렇게도 미워했고 금기시했었다. 자기들도 젊음이 있었을 것인데 왜 그랬을까? 그때는 이해가 되지 않아 안타까움에 야속한 마음이 절절했다. 고래고래 소리치던 그분들도 이제는 양지바른 산기슭에 외로운 무덤 되어 타간 객지에 있는 자식이 성묘나 올라나 하고 깊은 생각에 잠겨있으리라.

치마가 짧다 못해 배꼽티가 유행하고 청춘남녀가 백주 대낮에 반나체로 활보하는 현세의 그림을 보았다면 그 어른들은 지하에서도 남녀칠 세 부동석을 외치며 발끈하고 노했을 것이다. 그러나 무덤을 찾은 손자 손녀가 애인과 함께 배꼽티를 입고 인사를 드린다면 할아버지의 백골은 받아 주었을까? 아니면 노하며 거부하였을까? 바람은 그 옛날의 그 봄바람인데 풍습은 '아! 옛날이여' 이다. 조상인들 시대의 변화를 어찌하랴?

그러나 강남 갔던 제비는 옛 주인을 찾아오고 청명 한식 사월 초파일은 해마다 찾아왔다. 그때도 이른 길일에는 술과 음식을 만들어 이웃과 나누어 먹고 동네 사람들끼리 어울려 회치(야유회)도 하고 꽃구경도 가고 명산 고찰을 찾아 관광도 했다. 유일하게 이때에 처녀 총각들이 관광명소에 가서 그동안 가슴만 앓던 사랑 이야기를 나누고 정표로 손수건도 주고받으며 황금과도 바꿀 수 없는 꿈결 같은 숨은 청춘을 보낸다.

길이 멀어도 좋았다. 수십 리 길을 걸어오고 걸어가도 좋았다. 밤새도록 걸어도 그저 기분이 흐뭇했다. 굳이 애정을 표시 않아도 좋다. 먼빛으로 보고만 있어도 텔레파시가 통한다. 이슬이 촉촉이 내리는 새벽길 연인과 함께 걷는 그 기쁨이야 말로써 어찌 표현하리, 산 넘고 물 건너 돌아진 계곡에 열 길 폭포수가 쏟아지는 광경을 보아야 설레던 가슴이 진정되고 그 해의 일이 손에 잡혔다.

참으로 신기한 일이다. 그때만 해도 스트레스라는 언어도 없었는데 봄에는 사연도 많았다. 죽도록 일을 해도 희망이 없는 삶이 지겨워 밤사이 도회지로 도망을 가는 동네 똘똘한 청년, 가난에 살다 못 해 고향을 등지고 이사를 가는 이, 이루지 못할 사랑을 비관하여 목숨을 끊는 추락의 청춘, 남녀의 비운도 이 봄에 많이 일어난다. 그들은 이 한 많은 사연들을 봄 사건이라 했다.

봄은 만물이 소생하는 계절이다. 인간에게도 겨우내 움츠렸던 가슴이 열리고 시냇물에도 꽁꽁 얼어붙었던 얼음이 풀리듯 보이지 않은 사람의 마음도 녹아내리는 것이다. 마구간에 매여 있던 소들도 새 풀을 처음 뜯어 먹으려 들에 나가면 껑충껑충 하늘을 날듯이 좋아하는 시늉을 한다. 인간의 심성도 새봄에는 한 번쯤 싱숭생숭한다. 가슴앓이를 앓게 하는 봄바람은 그리움의 계절이다.

울적할 때는 고향을 그리며 향수에 젖어 본다. 봄비가 부슬부슬 내리는 어느 봄날 안개구름이 마을로 내려앉아 산과 들이 하늘을 얼싸안고 가랑비에 옷이 촉촉이 젖어올 때 아기 주먹 같은 고사리를 꺾던 생각이 떠오른다. 그때 그 사람들 어디서 무엇을 하며 살고 있을까? 청년이 되어 군에 간 아들을 떠올리며 나 흘러간 과거의 젊음을 회상함은 그때 그 시절에 신명을 못 풀은 봄바람의 미련이 남아 미풍에 물결처럼 내 가슴에 오늘도 잔잔히 일고 있음이다.

제2장

새는 왜 아침에 파티를 여는가

새는 왜 아침에 파티를 여는가

새는 맑고 파란 하늘을 좋아한다. 아침에 새들의 지저귀는 소리가 경쾌하면 그날의 햇볕이 쨍하고 빛나는 좋은 날이다. 그 지저귐 속에 즐거움이 서려 있다. 천차만별의 소리라 감지 못해서 식별치 못할 뿐이지 이 세상 모든 사물의 소리는 자신의 속내를 대신한다. 그러니 청각의 감성이 뛰어난 새의 발성이야 말해 무엇하겠는가.

명랑한 새도 슬픈 감정을 나타낼 때가 있다. 바로 비가 오는 날이다. 구름이 끼고 칙칙한 날씨에는 저들은 침묵으로 울음을 대신한다. 비를 피하고 먹이를 찾아 방앗간이나 혹은 처마 밑에서 깃을 내리고 추위에 떨면서 흩어진 모이를 쪼아 먹는다. 떨어진 곡식의 낟알을 기웃거리며 걸식을 한다. 연일 내리는 비에 생활의 터전, 창공을 잃고 젖은 눈동자만 반짝이는 애처로운 모습이 새의 슬픈 표정이다.

그러나 어찌하랴! 하늘이 내린 신의 일인데…….

새는 신에게 축복 받은 동물이다. 허공을 날 수 있는 날개를 선물 받았다. 뚫린 공간 광활한 번지 없는 천공이 모두가 저들의 독무대다. 화려한 의상과 같은 깃털에 고운 심성과 아름다운 목소리를 가졌으니 부러움을 받기에는 금상첨화다.

길이 막히고 답답할 때는 새가 되고 싶다. 빽빽하게 밀린 차도를 "나는 간다." 하고 날개를 쭉 펴고 훨훨 날아가고 싶다. 산을 넘고 물을 건너 인적이 드문 비경이 바라보이는 전망 좋은 곳에 내려앉아 구경을 하면 얼마나 좋을까? 저들은 가는 곳마다 볼 것 먹을 것이 즐비하다. 사람처럼 먹을 것을 이고 지고 손에 들고 갈 필요가 없다. 기어 다니는 벌레, 날아다니는 곤충, 떨어진 열매, 빗물 맞아 움 터는 새순, 가는 곳마다 모두가 진수성찬이다.

마음에 들지 않으면 언제라도 떠나는 것은 간편하다. 준비할 것이 없으니 이동도 용이하다. 두 날개 번쩍 펴서 날기만 하면 뚫린 공간은 모두가 저들의 길이다. 다리 없는 강을 건너가도 빠질 염려가 없고 절벽이 있어도 떨어질 걱정이 없으니 우회할 길 없는 무사통과다.

몸채보다 큰 날개와 뽀송한 깃털은 만능에 가깝다. 유행가 구절대로 비가 오나, 눈이 오나, 바람이 부나, 전천후 사시사철 갈아입지 않아도 때도 묻지 않고 닳지도 않는 천하에 불변하는 최고급 의상이다. 장식을 하지 않아도 색채가 아름답고 무늬의 모양이 대동소이하여 좋고 나쁜 것이 없으니 부귀빈천도 없다. 그러하니 시기도 질투도 없는 새는 고로, 평화의 상징이다.

가고 오는 행로 파란창공 차선도 없고 신호 대기도 없다. 유유자적하게 날갯짓해 자유롭게 뜨고 내려앉으면 되는 것이다. 신선이 따로 없다. 새들의 생활이 바로 신선놀음이다. 자연의 움직임이나 변화는 신의 모습을 우리에게 보여주는 것이라고 했다. 새는 그 중에서도 기교 만점의 예술가다.

노래하는 새들의 지저귐처럼 스테레오 볼륨 속에서 "토요일은 밤이 좋아"하는 유행가 곡조가 흘러나온다. 시대의 조류에 맞는 노래다. 샐러리맨들이 은근히 토요일의 퇴근 시간을 기다린다. 한 주일 쌓인 피로나 스트레스를 날려 보내고 그간에 밀린 잡사를 풀기 위한 휴일의 전야제이다. 퇴근길은 끼리끼리 모여 술집으로 식당으로 찾아 들어간다. 때마침 하늘을 날던 새들은 땅거미와 더불어 무거운 배를 안고 둥지에 몸을 뉘이고 천장 없는 하늘의 별을 보며 천상의 꿈속에 들어간다.

인간은 하루 종일 고되게 일하고 허기진 배를 채우러 가는데, 새는 포식한 몸을 쉬러 간다. 이것이 인간과 동물의 희비가 엇갈리는 다른 점이다. 우리들은 지글지글 끓는 불고기를 먹으면서 파티를 열 때 저들은 우리들보다 신선한 날 것에 양념을 하지 않는 자연미를 즐기며 통째로 삼키는 새들의 삶이 대조적이다.

밤거리의 휘황찬란한 불빛이 취중의 심금을 흔들어 놓는다. 취기에 따라 2차도 가고 발동이 걸리면 3차도 불사다. 어둠은 밤의 향연을 더더욱 즐겁게 한다. 술에 취한 홍안을 커버를 하고 주위의 의식에서 해방이 되기 때문이다. 어둠 속에 조명은 그 자체가 예술이라 흥이 절로 난다. 그래서 가무는 밤이 좋다.

사람은 무거운 재물을 축적하지만 새는 가벼운 에너지를 축적한다. 새들은 축적된 에너지로 세계를 자유자재로 넘나들면서 국경선 없는 평화의 사도가 된다. 저들의 무대는 세계다. 새들은 비운 몸이, 가장 에너지가 넘치고 컨디션이 제일 좋다. 우리는 먹어야 힘을 쓰고 즐거운데, 새들은 정 반대인 이른 아침 공복이다. 그들은 공복에 힘이 넘친다. 힘이 넘치고 마음이 즐거우면 희열을 느낀다. 그래서 새는 아침에 회합을 하고 파티를 연다.

경상도 선비가 한양에 과거를 보기 위해 괴나리봇짐을 지고 걸어서 한양이라 천 리 길을 간다. 나귀나 탈 것을 이용하여 빨리 가면 한 달이 걸리고 좀 여유를 가지고 쉬면서 걸어가면 두 달, 석 달도 더 걸린다고 하였다. 그때 몸에 무게를 줄이기 위해 눈썹을 빼고 간다고 했다. 눈썹의 무게야 얼마나 되겠나마는 그래도 워낙 먼 길이기 때문에 털끝 같은 무게도 영향을 준다는 뜻이다. 가벼운 것은 비상하고 무거운 것은 탈락한다는 것을 실천하는 것이다. 인간도 비우는 것을 배워야 우주로 가는 길이 열릴 것이다.

오월의 하늘을 나는 종달새, 북풍한설을 등에 지고 북녘 하늘을 이동하는 기러기, 옛 주인을 잊지 않고 봄마다 찾아오는 제비, 고공에서 먹이를 망보는 하늘의 왕, 독수리는 언제나 가는 몸과 가벼운 날개를 자랑하고 하늘을 비상하며 꿋꿋함을 자랑한다.

물 위에 뜨는 백조, 오리, 원앙새는 부유를 하는 것이다. 그런 와중에 바람은 허공에 노를 젓고 물은 낮은 곳을 채워 지평을 만들어 유유자적하게 흘러가고 있다. 부드럽고 평화스럽고 가벼운 존재들이다. 이런 신비를 이용하며 잠기고 가라앉고 뜨고 날고 미끄러져 자연과 하나가 되어 웃고 즐기며 아름다운 선경을 그린다. 이들이 풍경화의 묵객들이다.

세월을 날갯짓하면서 겨울을 쫓는 기러기 울음과, 태평성세의 안무에 봄과 함께 날아오는 학, 북청 하늘을 그리는 철새, 그들의 몸짓이 춤꾼들의 추임새요, 그들의 성聲이 소리꾼들의 육자배기 토음이다.

새는 아침에 제일 기분이 좋고 최고의 컨디션이다. 일찍 일어나 빈속에 짹짹 지지배배 하며 노래를 부르고 날개를 비비며 춤을 춘다. 요즘 새를 흉내 내려고 하는지는 몰라도, 마음은 비우지 않고 욕심만 꽉 채우고 아침을 굶고 다니는 샐러리맨이 많은 듯하다. 하늘을 날기도 전에 건강을 해칠까? 두렵다.

새는 아침을 열고 하루를 계획하기 위하여, 공복에 이렇게 회합을 하고 파티를 연다.

"꼬끼오"하는 계명성에 새벽이 열리면 그들의 무대가 펼쳐진다. 참새는 처마 밑 울타리에서 말잔치를 벌이고, 까치는 대문간에서 길손을 부른다. 산새는 숲 속에서 나무들과 노래를 하고, 들새는 풀꽃들과 굿모닝을 외치며, 무리들끼리 모여 좋아라고 지저귀며 회합을 한다. 이런 상쾌한 아침은 새들만의 천국이다. 이들은 축적된 에너지로 아침에 파티를 연다.

소외의 상상

딸아이는 거울 앞에서 화장을 하며 몸짓으로 온갖 수다를 떨다 금시 외출옷을 갈아입고 아빠 용돈 좀 주세요. 하며 맡겨 놓은 것처럼 손을 내민다. 내 딸이라 그런지 돈을 달라고 내민 손도 그리 예쁠 수가 없다. 한 해 한 해가 지남에 제법 처녀티가 나고 예쁜 꽃처럼 얼굴이 피어난다.

아들은 오이나 박꽃처럼 열매를 달고 피어난 꽃이라 아름다움은 없으나 실속이 있어 든든해 좋고, 딸은 장미나 백합처럼 실속은 없지만 아름답고 고와서 늘 사랑스럽고 예쁘다. 저렇게 예쁘다가도 비위를 거슬리는 철없는 짓을 할 때는 한없이 미워질 때도 있다.

기분이 좋아 푸른 지폐 두어 장 쥐어주니 아빠 얼굴은 본체만체하고 돈에다만 눈을 꽂고 다시는 오지 않을 사람처럼 미련 없이 달아나 버린다. 딸아이의 뒷모습이 어른거린다. 둘이 있다가 저가 나가면 혼자 있는 외로운 아빠의 마음을 생각이나 할까. 날씨도 화창한데 오늘따라 나는 갈 곳이 없다. 독신자처럼 홀로 되어 집을 지키려니 따분하다.

문을 걸고 종일 텔레비전을 보다 책도 읽다가 피곤해 누워 잠을 청했으나 놀던 굿판도 멍석 펴놓으면 안 한다더니 오던 잠도 달아나 버렸다.

왠지 몸 전체가 허전했다. 때가 지나서 배가 고파 온 현상이었다. 그래, 먹어야지 먹는 것이 남는 것인데 지금 찾아먹지 않으면 오늘 점심은 내 평생에 영원히 못 먹는다 하고는 주방으로 들어갔다.

아침에 먹던 국도 한 냄비 데워 먹으면 되게 되어있고 밥통에는 다 먹으면 배불러 식상할 것 같기도 하고 남기면 전기세가 아까워 플러그를 뽑아 놓아야 할 정도의 밥이 내 생각을 저울질하며 보온이 되어 기다리고 있었다.

석쇠에는 생선 한 마리가 눈깔도 빠지고 지느러미도 부러진 채 달달 볶이어 입만 딱 벌리고 버린 몸 볶아 잡수세요. 하고 꼿꼿하게 굳은 자세로 밥맛을 돋울 준비를 하고 있다. 냉장고를 열어보니 김치도 있고 나물도 보이고 어제 먹던 몇 가지 단골메뉴 반찬이 눈에 보이도록 넣어 두었다.

코앞에 보이도록 넣어두면 꺼내 먹을 것이라고 남편인 나를 배려한 아내의 정성이 보이는 듯 하여 아내의 사랑이 느껴졌다. 여러 가지 다 꺼내 먹으려니 귀찮았다. 아내의 정성을 외면하고 국만 데워 밥을 말아먹기로 결심했다. 끓인 국에 밥을 말았다. 그리고 김치 그릇 하나만 꺼내 놓았다. 식탁에는 밥그릇과 김치 한 그릇 달랑 두개만 놓여있어 초라했다. 그보다 더욱 초라하고 쓸쓸한 것은 나 혼자 외롭게 앉아 굶주린 짐승처럼 먹는 꼴이다. 꾹꾹 말아 숟갈에 떠서 꾸역꾸역 퍼 먹는 것이 궁상스럽기도 했다. 어쩌다가 내 몰골이 한심해 보이기도 하고 소외당하는 기분도 들었다.

예전에도 혼자 밥을 챙겨 먹어야 할 때가 있었다. 나는 그때마다 배에서 꼬르륵 소리가 나도 참고 아내가 올 때까지 기다리던지 아니면 아예 굶고 잤다. 그때만 해도 젊은 패기였다. 지금은 하루가 멀다 하고 유행이 바뀌고 풍습이 변절되어 가고 있다. 연년생도 세대 차이가 난다고 하니 유행 따라 가기에 너무나 힘든 세상이다.

때는 바야흐로 여성 상위시대다. 좋게 말해서 여성사회 참여시대이다. 몇 해 전만 해도 감히 생각지도 못할 일들이 자연스럽게 행해지고 있다. 지금 결혼하는 30대 부부는 외출할 때 아이를 업는 것이 남자 몫이 되었다. 신형으로 개발된 띠에 아기를 캥거루처럼 배꼽에 매달고 낑낑거린다. 아기 비위 맞추려고 창피도 모르고 아이를 놀리며 수다를 떨고 있다.

여자는 요즘 유행하는 가죽으로 만든 작은 걸레주머니 같은 가방을 등에 아이 대신 짊어지고 살래살래 걸어간다. 가방을 진 뒷모습이 고목나무에 매미 붙어있는 것처럼 눈뜨고 못 보아줄 행세를 하고 외출도 하고 친정에도 간다. 미스들은 헤어진 청바지에 구멍을 뚫어 찢어서 너풀너풀하게 하는 것이 요즘 세대의 젊은이의 유행이다. 이해하려고 마음먹는 50대인 나도 아니 꼽는데 6, 70대에 들어선 그분들이 시집온 며느리의 그런 모습을 보면 생각이 어떨까?

남자는 집을 보고 여자는 외출하는 세상이 도래했다. 오늘 내가 바로 그 처지가 되어 집을 지키며 밥을 챙겨 먹으면서 궁상을 떨고 있는 것이 아닌가. 면면이 이어온 풍습대로 정서의 풍요를 찾으면 전통 그대로 순수한 삶이 될 것을 서툰 모방으로 이미지를 바꾸려니 가끔은 세인의 미간을 찌푸리게 하고 얼간이 같은 폭소가 나온다.

악법도 법인만큼 지켜야 되듯이 잘못된 유행이라도 유행은 유행이니 선두에 서서 두각은 못 낼망정 따라가는 시늉은 내야 하지 않을까? 감각이 둔한 나는 지금이야 입을 삐쭉거리며 오히려 유행하는 자를 흉보며 지내고 있지만 2, 3년 뒤 5, 6년 뒤 유행이 만연돼 나도 저 유행에 물들어 갈 때쯤이면 그때의 내 모습은 어떨까? 생각만 해도 킥킥 웃음이 나온다. 아니야, 그때 당할 때는 서러워서 눈물이 나올 거야. 울음을 터뜨릴 줄도 몰라.

남자가 바람피워 학대받은 마누라가 그래 두고 보자 너도 늙으면 힘 떨어지겠지 그때 가서 내가 당하는 몇 배로 갚아주마 하고 벼르고 있다고 하지 않던가. 10년 뒤 오늘과 같은 처지에 놓였을 때 마누라가….

"영감 내 오늘 친구 아들 결혼식에 가요"가 아닌 "간다," 다시 말해보면 이렇다. "영감 내 오늘 친구 아들 결혼식에 간다. 밀린 빨래 세탁기에 넣어 빨아놓고 집안 구석구석 잘 닦고 특히 거실은 잘 정리해. 내가 늦을 줄 모르니 밥해 놓고 어제 시장 봐 온 생선은 굽고 게는 된장 풀어서 맛있게 잘 지져요. 엊그제 모양 먹지도 못하게 만들었다간 봐라. 혼 구멍을 낼 거다…." 남편은 겸연쩍어 하며 손으로 뒷머리를 걸쩍거리며 "여보 그제 된장찌개는 맛있었는데 그리고 오늘 아침 생선찌게는 일미였지 그치그치" 하고 미소를 지으며 아양을 떨고 있다. "시끄러워 뭐 잘 했다고 말대꾸는 대꾸야 하라면 하라는 대로 고분고분 할 것이지 확 손톱으로 얼굴을 할퀼까 봐."

"내 친구 맹말이의 남편 봉종이 그 아저씨는 그렇게도 솜씨도 좋고 말도 고분고분 잘 듣고 싹싹하다는데 당신도 그렇게 좀 못해. 손이 없나 발이 없나" 잔소리 한 시간하고 끌끌 혀를 찬다. 남편은 성을 발끈 내며 "하면 될 것 아냐 나도 할 수 있어" 기어들어가는 목소리로 대꾸하며 앞치마를 목에 두르고 부엌으로 들어간다. 생각만 해도 끔찍하다.

세상은 날로 무섭게 변해가고 있다. 하루가 멀다 하고 첨단 기계들이 앞다투어 생산되고 있다. 컴퓨터의 새로운 칩 같은 것이 발명되면 찰나의 순간에도 몇 억 년의 과거와 미래를 꿰뚫어본다. 상상을 초월한다. 나는 그런 기계를 조작하려면 주눅이 든다.

전자 게임을 하고 싶어 전원을 넣고 게임버튼을 누르니 손 놀릴 사이도 없이 장애물에 맞아 폭파되고 점수는커녕 조작할 여유도 없다. 이러니 나로서는 시대의 변화와 유행에 맞추어 가기란 솔직히 역부족이다. 이것이 소외의 요건에 부합되는 것 같다. 지금까지 살아온 삶이 가난에서 벗어나고자 하는 고난의 몸부림이었다면 남은 삶은 소외감을 이기는 유행과 세대차이의 극복이다.

"죽장에 삿갓 쓰고 흰 구름 따라 떠나가는…." 낭만이 서려있는 유행가 가사가 그리워지지만 그럴수록 소외의 늪은 자꾸만 벼랑이 된다. 세월이 가면 또 다른 유행의 바람이 불어 올려나 하고 희망 아닌 설마를 믿고, 컴퓨터의 무풍지대인 나 좀 봐 주세요 하고 누워서 칭얼대는 손자나 어르며 며느리에게 점수 따는 것이 지름길이 아닐 런지?

책상 앞에서

책상이 낡았다. 군데군데 칠이 벗겨져 나무의 본살이 드러나기도 했다. 그러나 나는 책상 앞에 앉아서 낡은 것을 조금도 의식하지 않고 몰두해 글을 쓰고 있다. 이 책상의 주인은 내가 아니다. 우리 집 장남의 책상이다. 저희들의 방에 있었는데 새로 들어온 컴퓨터에게 서럽게도 자리를 빼앗겼다. 신종 상품에 밀려 퇴물이 되어 폐기 처분할 운명에 놓였는데 쓰레기 종량제 덕분으로 버릴 곳을 찾지 못해 내 방에 옮겨와 가까스로 수명을 부지하고 있는 꼴이다. 억울한 좌천이지만 퇴물도 아니고 명퇴도 아니니 위안은 될 것이다.

생명이 없는 미물이라도 화려하고 새것 일 때는 젊은이의 차지가 되고 퇴색되어 헌것이 되면 늙은이의 차지다. 나의 생활에도 예외일 수는 없다. 새것은 아이들 방으로 헌것은 우리 방으로 들어온다. 사람도 중고품이 되었는지 쓰다 남은 것을 들여보내도 마음이 언짢거나 기분이 상할 일도 없다. 지금 내가 글을 옮겨 쓰는 이 종이도 아이들이 쓰다 남은 공책이다. 두터운 대학노트를 반도 쓰지 않고 버리는 것이 아까워서 쓰고 있다. 내 마음과 아이들의 마음은 정 반대다. 뼈가 빠지게 열심히 노력해 돈을 벌어서 쓰지 않고 모아도 쓸 사람은 따로 있다.

그럼 나는 뭘까? 새 물건의 주인 될 권리를 포기해서일까. 자식들을 끔찍이 아끼는 사랑 때문일까. 두고도 못 쓰는 근검절약의 구두쇠 성질이 되었음일까? 아마도 어린 시절 없이 지낸 상처 때문일 것이다. 이렇게 파지에 글을 옮기며 내 인생의 흐름을 자문자답해 본다.

책상은 내 유년의 초등학교 시절에 제일 갖고 싶었던 것이다. 그때 제일 부럽고 소유하고 싶었던 것이 내 공부하는 방과 책꽂이에 책이 많이 꽂혀 있는 그런 책상이었다. 엄마 몰래 아버지의 밥상을 놓고 글을 써 보기도 했지만, 번들거리는 책상에 앉아서 책꽂이에 꽂힌 많은 책을 요것조것 뽑아보면서 공부하는 부잣집 아들이 얼마나 부러웠는지 모른다.

진학도 못하고 낮에는 산과 들에 나가 농사일을 하고 밤에는 고단하여 잠자거나 바쁘다 보니 아예 책과 책상은 생각에서 멀어져 가고 생활에 필요를 느끼지 못해 그때부터 책상을 잊고 살았다. 이 얼마나 안타깝고 슬픈 일인가. 순진무구한 탓에 부모님의 명령을 거역하지 못하고 칭찬하는 그 소리에 발이 묶여 시골뚱이 되었다.

그런 세월 속에 성장하여 결혼을 했다. 부모 복을 못 타고 나온 사람이 남의 인덕을 볼 생각일랑 저 흘러가는 강물 위에 애당초 띄워버렸다. 삶의 터전을 잡아 이곳에 뿌리를 내리려고 피나는 노력을 했다. 행상으로부터 지금에 이르기까지 오라는 데는 없어도 갈 곳이 많은 것이 나의 일상이었다.

온갖 수모를 거치다 보니 부끄러움은 없어지고 비위만 늘어나 순수성은 어디로 갔는지 찾을 길 없고 빤질빤질한 장사꾼으로 변질되어 버린지 오래다.

어느 날 신문을 펼치니 활자 속에 아리송한 한자 글자가 있었다. 눈에

익어 알 것 같기도 한데 금방 생각해 내지 못했다. 답답하여 비슷한 다른 글자의 음을 갖다 붙여 읽어도 보고, 뜻을 해석해 보았지만 내용과는 무관했다.

그 글자는 종일토록 내 머리 속을 맴돌면서 기억해 내지 못하는 내 생각을 들볶았다. 내가 건망증 환자도 아니고 치매든 노인도 아닌데 벌써 왜 이럴까? 은근히 심신에 신경이 쓰인다. 전신이 빨려들 것 같은 깊은 심고 끝에 밤늦게야 "아! 그 글자구나" 하고 탄성과 함께 기억해 냈다. 고개가 끄떡 거려진다. 그동안 얼마나 살기에 헤매었으면 책 표지에 있는 글자를 까맣게 잊어버리고 지냈을까.

망각의 글자 책을 덮고 살은 지 30여 년이란 세월이 흘렀으니 잊을 만치도 되었다. 물론 노고의 보람으로 남에게 빌리러 가지 않을 정도로 살림을 모은 것은 사실이다. 달 달이 공짜로 주는 느낌이 드는 달세 돈, 꼬박꼬박 주인에게 받치다가 반대로 받는 주인으로 바뀌었으니 성공한 결과로 보겠지만, 나의 젊음과 배움, 희망과 꿈, 그 싱그러운 청춘과 맞바꾼 것이 되었으니 한쪽 마음은 좋고, 또 다른 마음은 한심하여 울고 있다. 이런 상황을 일희일비라 했든가?

아이들은 학교에 입학할 때마다 책상을 사주고 딸아이는 피아노까지 사주었다. 그랬지만 나의 책상을 산다든가 서실을 꾸밀 생각은 조금도 나지 않았다. 그동안 이렇게 많은 세월이 지나갔는지 조차 느끼지 못하고 지금에 이르렀다.

이제 나는 아무리 돈이 있어도 내 책상을 살 수가 없다. 배움의 학창시절을 잃어버리는 그 순간부터 책상의 주인이 될 자격을 상실한 것이다. 돈이 있다고 세상만사 뜻대로 되는 것이 아니듯이 돈이 있다고 세상물건의 진정한 주인이 되는 것은 아니다. 아무리 가지고 싶은 물건이라 할

지라도 그 물건을 다룰 줄 모르고 그에 대한 해박한 상식이 없으면 소유는 할 수 있어도 주인의 행세는 하기가 어렵다. 설사 소유를 하고 주인이 되었다 할지라도 연민으로 느끼는 장식에 불과할 것이고 잘못되면 망신살이 뻗치기 마련이다.

독서를 많이 해야 글을 잘 쓸 수 있을 것이다. 독서 만 권에 도통신道通神이라 했다. 즉 책을 만 권을 읽으면 귀신과도 대화가 통한다는 말이다. 그리되면 사물의 내면천착內面穿鑿은 땅 짚고 헤엄치기나 마찬가지일 것인데 나는 지금 불가 몇십 권도 읽지 못했다. 엎친 데 덮친 격으로 나의 눈은 난시가 되어 책만 보면 잠이 오는 것이 다반사니 한심하기 그지없다.

책을 가까이 하면 책상의 주인이 될 자격을 회복할 것인데 책읽기와 글쓰기를 게을리 하니 무슨 면목으로 비싼 방세를 내고 있는 사람을 쫓아내고 서재를 만들까.

집에 돌아오면 책상에 앉아 글을 대할 생각은 않고 TV 앞에 앉아 어제보다 재미 붙인 연속극에 눈을 맞추니 구제불능의 만시지탄이다.

장가 못가 홀로 늙은 50대 노총각이 곱게 입은 한복에 꽃고무신 신은 예쁜 새색시를 보고 장가 못 감을 한탄하여 호곡하기를 시장에 "그 많고 많은 꽃고무신 하나 못 팔아 준 내 죄야"하면서 슬픈 눈물을 흘렸다 한다. 꽃고무신을 신을 색시를 얻지 못한,(장가를 들지 못함을 비유) 얼마나 슬픈 비탄의 눈물인가!

그토록 갖고 싶었던 책상을 시기와 기회를 놓쳐 돈이 있어도 자신의 소유로 물품을 떳떳이 구입하지 못하는 내 죄가 아닌, 처량한 내 신세다. 따지고 보면 세상에 이보다 더 억울한 원한도 없을 것이다.

억새를 찾아

억새를 찾아 승학산을 올랐다.

산 속에는 초목들로 또 다른 초록의 세상이 있었다. 이름 없는 무명초가 앙증맞게 꽃을 피우며 자기의 존재를 알리는 애절함도 엿 보였다. 저들끼리도 서로서로 제 모습을 잘 보이려고 뒤엉켜 아우성을 치며 빛을 향해 하늘로 발돋움하고 있었다. 평화로움 같은 숲 속에도 생존의 치열한 경쟁의 삶이 있음을 느끼게 한다. 억새는 그들 속에도 가끔 한 포기씩 자생하면서 이름값을 하고 있었다. 칼날 같은 잎과 머들이 같은 키를 건들거린다. 꽃이 부실하면 열매라도 맺을 것이지 아무도 쳐다보지 않는 향기 없는 꽃을 피우며 그 낯짝에 싱겁게 웃고 있다. 사람을 비유하면 인정머리라고는 눈곱만큼도 없는 왕따 받는 억센 미련한 곰탱이다. 가는 사람 오는 사람의 몸에 상처나 입히고 거름도 안 되며 아무짝에도 못 쓰는 여린 풀의 가면을 쓴 칼이다.

억새를 생각하면 나는 내 손등을 본다. 풀을 베다 억새에 손이 베인 상처 자국이 지금도 남아있다. 예리한 날을 세우고 부드러운 풀이되어 서 있다. 보통 풀처럼 생각하고 장갑도 없던 그 시절 맨손으로 풀을 베다가 억새에 뼈가 보일 정도로 손을 많이 베였다. 손가락에는 선혈이 뚝뚝 떨어지고 눈에는 아픈 눈물이 한없이 줄줄 흘러내렸다. 풀잎 같은 어린 손은 상처로 흉이 되었다.

나는 오늘 유년의 눈물을 찾아 나선 것이다. 두 시간 여 능선을 오르고 내리며 억새밭을 찾았다. 기대가 대단했다. 내가 아는 억새는 다른 풀보다 키가 크다. 대공이도 튼튼하고 입도 거칠고 넓고 길다. 영양분을 옆에 있는 약한 잡풀의 몫까지 빼앗아 먹어 얼굴에 개기름이 끼인 듯 번들번들 윤이 나는 그런 억센 풀이다. 토양이 좋은데 보다는 메마른 땅을 더 좋아한다. 기름진 땅에 자라면 억새가 되지 않고 부드러운 풀이되어 억새의 이미지가 약해진다. 보통 풀처럼 야들야들하지 않는 까닭이 거기에 있는 것 같다. 그래서 억새는 잡풀이 자라지 못하는 척박한 땅에 왕성히 자라 강한 억척을 뽐낸다.

억새밭은 푸른 바다처럼 산 속의 밀림지대이므로 장관일 것이다. 키가 큰 기수들을 연병장에 집합시킨 것처럼 훤칠한 미모의 몸매에 깃발 같은 긴 꽃대를 바람에 흩날린다. 소외와 불행을 겪지 못한 시각으로 보면, 파도처럼 일렁이는 그 광경은 금물결의 출렁임이리라.

슬픈 이별도 세월이 지나면 아름다운 추억이라 했던가? 그 말과 같이 나도 괴롭고 슬펐던 과거를 유년의 잊지 못할 추억으로 삼아 옛 감회를 되새기며 설렘으로 억새밭을 들어섰다. 45도 경사진 비탈진 산이 제법 넓었다. 그런데 억새는 내가 상상한 그런 억새가 아니었다. 삼복의 뜨거운 햇살도 말없이 받아들이고 모진 강풍도 운명인양 쓸어안아 싱싱한 몸매를 자랑하는 풀인데, 잔등이 부러지고 엎어지고 자빠졌다. 꽃을 피운 억새도 상처투성이로 얼룩져 있었다. 안타가운 모습이다.

부드럽고 약한 풀잎은 오히려 바람을 맞으면 무슨 경사라도 난 것처럼 춤을 추듯 몸을 흔들며 견뎌내는데 튼튼한 억새는 허리가 부러지고 잎이 찢어 졌다. 지난번에 강한 태풍이 지나갔다. 그때에 입은 상처인 것 같다. 세상에는 지혜 없이 억센 힘으로만 강자가 될 수 없다는 교훈을 눈으로 깨닫게 했다. 그러나 그 근성은 간직하고 있었다. 상상한 것처럼 아니었지만 그런 대로 바람이 불 때는 몸을 흔들며 건들마 짓을 했다. 지칠 줄 모르고 척박한 땅 악조건일수록 잘 자라는 꿋꿋한 본래의 모습을 보지 못하고 상처 입은 애처로운 광경만 보아 아쉽다.

눈빛은 움직였다. 내 마음이라도 알 듯 시계視界는 한곳에 멈춰 있지 않고 사방의 빛을 훑고 있었다. 승학산의 정상에서 펼쳐지는 전경은 태고의 신비와 첨예의 현실이 공존하는 하늘과 땅의 조화로움 같았다. 김해평야의 풍요로움과 새들의 낙원 을숙도와 먼 바다의 아득한 수평선은 낯익은 정겨움에 감동되어 아! 하고 입은 벌어지고 눈은 놀란 토끼 상이 되어 멈췄다.

수수만년을 용트림하듯 굽어 흐르는 낙동강은 종가의 후손이 선산을 지키는 것처럼 푸른 물결로 부산을 지키며 평화로운 듯이 누워있고 구포다리와 하구언은 강물에 징검돌이 되어 차들이 빠른 걸음으로 미끄러지듯 강을 유유히 건너고 있었다. 모래톱 을숙도 삼각주 갈대밭에는 새들의 보금자리다. 철 따라 오고가는 나그네의 새들이 머물다 가는 국제공항 같은 곳이다. 갈대는 그들을 맞이하고 포옹한다. 그와 같이 산에는 억새가 숲을 이뤄 산 짐승들을 감싸주고 있다. 사는 곳은 달라도 억새와 갈대는 닮은 동기간같이 보인다.

저 멀리 사금이 빤짝이는 다대포 해수욕장이 산보다 더 높은 아파트에 가려 술래가 되어 보이지 않고, 비경 같은 몰운대 형제 섬은 해무를 물고 구름처럼 떠있다. 잉크 물을 풀어놓은 것 같은 청정해역은 생각으로 마음속에 그려질 뿐이고, 망망대해의 수평선은 까치놀을 희번덕이고 있다.

하늘은 세상을 누르고 있고 기적을 힘차게 울리며 달리는 기차도, 이별의 신호를 알리는 뱃고동도, 미끄러지듯이 달아나는 차들의 아우성도 침묵을 한다. 새들의 지저귐도 강물의 꿈틀거림도 잠잠하다. 벼들의 익어가는 냄새, 들풀들의 이야기도, 꽃들의 웃음도, 쭈뼛쭈뼛 솟은 산들의 굴곡도, 조용히 떠있는 구름처럼 함구하고 있다. 싱싱히 살아있으면서도 그림처럼 묵묵히 제 모습만 들어낸 먼발치의 풍경이 산 위에서 내려다보는 환희다. 사색의 긴 꼬리가 허공에 노출되어 출렁인다.

가을바람은 억새밭을 휘젓고 지나갔다.

마음이 둥, 뜬 내 가슴은 지나간 젊은 날의 세월의 얼룩을 회상하고 있다. 하단 강물과 바닷물이 합류하는 기슭에 아련한 옛 추억이 살아 히죽거린다. 햇수로 30여 년 전 그곳 갯가에 몇몇 횟집이 갈대를 물고 띄엄띄엄 있었다. 짙게 화장을 한 아가씨가 부나비처럼 지나가는 손님을 호객하고 있었다. 우리 일행은 시골풍이 되어 모처럼 회 맛을 보러 가다가 호객꾼에 붙들렸다. 안 들어간다고 몸부림쳐도 촌놈 말은 씨도 들어가지 않았다. 끌려 들어간 것이 쑥스럽지만 그래도 싫지는 않았다. 술을 먹기도 앞서 부나비에 마음이 은근히 홀린 것이다.

부나비의 연기에 홀리고 술에 정신이 뺑 돌았다. 꾹, 꾹 참고 있던 타향의 서러움을 가슴 빽빽이 자아냈다. 백 없고 돈 없는 처지의 세상사를 술판에 가득 풀어냈다. 덧없이 흘러버린 젊음, 지친 세월을 술이 부추겼다. 타향살이를 부르며 두고 온 고향의 향수를 그리고 비 오는 낙동강을 불러 세월의 괴로움을 강물에 흘러 보냈다. 몸은 술에 취해 갈지자로 비틀거렸고 갈대는 바람에 정신없이 흔들거렸다. 취중에 갈대는 억새로 보였다. 일행은 갈대의 순정을 불렀다. 목이 터지도록 갈대밭이 떠나도록 불렀다. 그것은 노래가 아니라 세상을 씹는 눈물의 소리였다.

갈대야 너는 두메산골 문명의 오지에 사는 으악새 슬피 우는 애달픈 사연을 아느냐, 모르느냐? 버려진 불모의 땅에 뿌리를 내려 아무도 쳐다보지 않는 민둥산을 푸르게 하고 홍수를 막아주는 곧고 우둔한 억새, 외면 당하며 외롭고 쓸쓸한 한, 때문에 가을이 깊어 숨이 끊어져도 쓰러지지 않으려고 슬픈 고독을 노래한다. 뼈를 깎는 매운바람을 서로서로 부둥켜안고 살을 비비는 으악새의 절규는 세상과 타협할 줄 모르는 무지의 애환이리라.

우리는 낯익은 별을 보고 갈대의 늪을 걸었다. 무심한 강물에도 애환이 있는지, 그날도 억새 같은 갈대에 차가운 저녁 바람이 불어 을씨년스러웠다.

척박한 땅에 뿌리내려 인고의 세월을 모질고 억척으로 살아왔건만 태풍에 잔등이 부러진 무지 서러운 억새의 삶이 왠지 텅 빈 가슴처럼 쓸쓸해 보였다.

주민등록증

인간은 세상에 태어나면서부터 부모에게는 이름을 얻었고 나라에는 주민등록증을 받았다. 이것은 큰 대명이다. 이 두 대명을 떠나서는 세상에 존재할 수도 없고 버릴 수도 없다. 목숨이 다하는 그날까지 생사고락을 같이할 숙명적인 영원한 동반자다. 내가 있는 곳에 내 이름이 있고 내 이름이 있는 곳에 나의 잔영이 상존한다. 이름은 나의 영혼이다. 내가 가는 곳에 이름이 동행하고 호명 따라 내가 간다. 이름은 내 육신에서 떨어지고 싶어도 떨어질 수 없는 운명과 같은 영혼이다.

우리는 자신의 이름을 감지하고부터 내 육신은 이름의 노예가 된다. 세상물정을 아무것도 모르는 애기 때에도 이름을 부르면 고개를 돌려 눈망울을 굴리며 저 예뻐하는 줄 알고 생글생글 웃는다. 인생은 이때부터 자신의 이름에 관심을 가지면서 이름을 위해 한평생 신명을 다 바친다. 이름을 위해 육신이 있는지 육신을 위해 이름이 존재하는지 가늠하기가 어렵다. 먼저와 뒤를 따진다면 몸이 먼저 나왔으니 이름보다 육신이 먼저라고 해야 할 것이다. 하지만 그것은 순서에 불과하고 가치를 말하면 몸보다는 이름이 상위 자리임에는 틀림이 없다.

우리의 이름은 각 개인의 얼굴의 명칭이기도 하고 성품의 얼이기도 하다. 우리는 그 명칭과 얼을 살리기 위해 온갖 헌신을 다한다. 남을 도와주며 인심을 얻기도 하고 자신의 타고난 재주를 만인 앞에 보여 얼굴과 이름을 업그레이드한다. 돈을 많이 모아 부로 명성을 떨치기도 한다. 작금에 와서는 명함을 찍어서 만나는 사람마다 나누어 주어 곳곳에 자신의 잔재를 심어주기도 한다. 이렇게 하여 얼굴에 이름을 심고 이름에 얼굴을 새기면서 인간관계가 형성된다. 사람은 먼 곳에 있어도 이름만 들추면 그 사람의 형상이 떠오르고 지혜와 성품과 인정이 뇌리에 스쳐간다. 한 번 크게 명성을 날리면 그의 행적이 즉 그 이름이 사람들의 입과 입으로 전달되어 천하에 떨친다. 가는 곳마다 대 환영을 받는다. 명성은 대단한 위력을 발휘한다. 많은 사람에게 감동을 주기도 하고 사람을 끌어들이는 보이지 않는 마력을 지니고 있다.

작금에 와서는 상품의 이름도 유명세를 탄다. 브랜드와 메이커는 이름과 업그레이드되어 유명세를 타고 있다. 물품과 메이커는 시장을 누리고 있다면 이름은 사람이 사는 곳마다 세계를 누비고 있다. 그렇게 이름은 실 상품보다는 널리 알려진다. 이러하니 사람의 이름이야 말해 무엇하리!

주민등록증은 한 사람이 살아있다는 생명의 증표이다. 이 증표에도 이름은 상좌를 차지해 위엄을 내포하고 있다. 혼이 들어가야 생명의 증표인 존재의 가치가 있기 때문이리라. 바보처럼 멍청하면 저사람 넋이 빠진 사람이라 치부해 버린다. 그렇기 때문에 혼을 넣은 것이다. 중복됨이 없는 자동차 번호판 같은 숫자를 넣어 세상에 하나밖에 없는 요지부동 못하는 주민등록번호라는 인간 꼬리표를 달았다. 누구라도 단번에 식별할 수 있다. 같은 얼굴을 지닌 쌍둥이도 융통이 없어지고 동명이인도 누구임을 가리는 데는 식은 죽 먹기다.

수천만 인간을 다스리는 관에서는 질서를 바로잡고 통제기능을 살리기 용이하게 생각한 것이 이 주민등록증을 발급한 것이다. 주민등록증은 신원을 확인하기 위한 인간 꼬리표이다. 언제나 어디로 가나 항시 소지하고 다녀야 한다. 관청이나 검문소, 국가기밀을 다루는 곳에서는 필히 있어야 하며 없으면 출입조차 허락하지 않는다.

주민등록증은 요상하다. 어쩌다 비행기나 배를 타고 먼 곳을 갈 때나 외국이라도 여행을 할 때면 이놈의 주민등록증이 나보다 좋아서 먼저 설치고 있다. 신원에 이상이 없는지 유무와 여행 비자를 내는데 나는 안 가도 주민등록증은 가서 나에 대한 요모조모를 알려 바치며 장구치고 북치고 다한다. 주민등록증은 나보다 우선순위다. 깜박 잊고 소지하지 않고 관청에 들러 민원을 볼 때의 난감함은 이루 말할 수 없다. 명함을 보이고 사진까지 들이밀며 내가 본인이라고 골백번 사정해도 사무원은 믿어주지 않고 주민등록증만 제시하라고 한다. 할 일은 많은데 집에 가서 가지고 오려면 한나절이 소요된다. 본인임을 뻔히 알면서도 끝까지 봐주지 않는다. 돌아오면서 투덜투덜 별 욕을 퍼부으면서 결국 주민등록증을 제시하고 일을 볼 수밖에 다른 도리가 없다.

그런가 하면 주민등록증은 신임도가 나보다 높고 두텁다. 새 옷을 갈아입거나 혹은 지갑에 돈이 적게 들어 있는 것을 깜빡 잊고 음식을 먹고 계산을 하다 돈이 모자라 고의가 아닌 실수로 곤욕을 당하는 수가 있다. 그렇듯이 술을 마시는 주객들은 술을 마시다 보면 주머니 사정은 뒷전이다. 계속 먹다보면 술값이 가진 돈보다 많아 본의 아니게 딱한 처지를 당한다. 며칠 후 꼭 갚겠다고 사정을 하지만 주모의 얼굴은 순식간에 변한다. 돈이 없는 줄도 모르고 매상을 올려줄 때는 살살 미소 지으며 갖은 애교를 부리더니, 순식간에 두 눈은 독사 눈으로 변하고 얼굴은 험상궂게 일그러진다.

반달 같은 손톱에 빨간 매니큐어 칠한 예쁜 손은 금방 사람 잡는 비수같이 보여 사납다. "돈도 없는 주제에 술은 왜 처마셔! 집구석에 일찍 들어가 이불 걸치고 잠이나 잘 것이지"하고 노골적으로 무시하며 돈 없는 사람은 인간 취급도 하지 않는다. 답답해서 명함을 내놓고 사정을 해본다. "그 명함 누가 믿어 수작 부리지 말고 돈을 내놓든지 그렇지 않으면 무전취식으로 콩밥 먹어 볼래?"라며 엄포다. 아무리 졸라도 없는 돈이 나올 리 없다. 처음에는 공갈을 치다가. 주모도 역시 할 수 없는지 주민등록증을 맡기라고 한다. 간신히 주민등록증을 맡기고 언제까지 갚아주겠다며 각서를 쓰고 나온 적이 있다. 이렇게 주민등록증은 본인 살덩이보다 담보 가치가 있다는 말이다. 세상이 어쩌다 이렇게 야박해졌을까? 나도 모르게 입가에 조소가 흘러 나왔다.

주민등록증은 명함과 비슷한 것 같지만 쓰이는 곳은 이렇게 판이하게 다르다. 명함은 일반 사회생활의 첫 대면에 면식을 아는데 도움을 주기 위한 방편으로 이용한다. 만남의 가교역할과 자신의 입지를 알리는데 충분하다. 주민등록증은 불행한 일이나 남의 보증을 설 때 큰 책임과 의무가 따를 때에 쓰인다. 국가의 일을 다루는 관청에서는 없어서는 안 될 필요조건이다. 명함과 주민등록증은 같은 맥락이면서도 이질감이 있다. 명함을 요구하는 사람은 정감이 가고 주민등록증을 보자는 사람은 친밀감보다는 거부감이 앞선다.

주민등록증은 잘나고 못나고 부귀빈천도 표시가 없다. 규격도 일정하고 재질도 역시 동일하다. 인성도 인품도 구별할 수 없다. 다만 각각 다른 주민등록번호의 숫자마다 각각 다른 얼굴을 가진 증표일 뿐이다.

하늘

하늘과 땅은 정지하지 않는다. 언제나 움직이고 하늘은 우르릉 거리고 땅은 하늘을 응시하며 일촉즉발의 전쟁을 치른다. 천지는 자웅이다. 수컷은 형체가 없는 운우기상을 통제하는 하늘의 변화를 맡고, 암컷은 세상에 모든 형상을 가진 만물을 포용하는 엄마의 역할을 맡았다. 우리 인간은 저 하늘을 보고 하나님이라고 존대어를 쓰고, 땅은 그대로 땅이라고 한다. 존대를 받는 님任 자가 좋아서 하늘은 자신의 묘기를 뽐낸다.

오늘도 하늘은 구름 몇 조각 둥둥 떠다니며 세상을 찍는다. 산에서 솟았는지 허공에서 생겼는지 높은 곳에서 떨어졌는지 금시 동에 뭉실 서에 뭉실 당장이라도 무슨 변덕을 부릴 궁리를 하고 있다. 오늘은 비극일까 희극일까. 곧 장르 따라 다른 얼굴로 분장을 할 것이다.

숨은 손이 얼마나 크기에 저 넓은 얼굴에 화장을 하다니 우리 인간의 작은 손으로 저 얼굴에 대강 찍어 바른다 해도 몇 수억 년이 걸려도 못할 것이다. 그런데 지웠다 칠했다, 이랬다저랬다 반복하기를 밥 먹듯 하니 하늘의 실상은 실로 감탄할 일이다.

아침에는 입술에 빨간 립스틱을 바르고 일출을 했다가 부끄러워 금시 화장을 지운다. 낮에는 청자빛 상큼한 얼굴로 지조를 지키는 듯하다. 저녁에는 노을로 짙은 밤 화장을 해 세월 감을 안타까워하는 모습이지만 아름다운 자태다. 하늘의 얼굴은 여자들의 하루의 일상 같다.

공허한 하늘이지만 계절을 그리고 변화무상의 도술을 부리기도 한다. 역시 기압이 고르지 못하면 바람도 불고 비도 내리고 변덕이 많다. 우리의 작은 얼굴이지만 저 큰 세상처럼 인상에서 한없는 느낌을 준다. 그러하듯 저 넓은 허공도 변덕이 많다. 아침에 맑은 날씨였다가 낮에는 난데없는 구름이 모여들어 소낙비를 내리기도 하고 갑자기 바람을 일으켜 농작물에 피해를 주기도 한다.

계절마다 얼굴의 모습이 다르고 그 성질도 각각이다.

봄 하늘은 따뜻하고 부드러운 희색 구름을 만든다. 낮게 깔려 사물과 다정다감하게 귀엣말을 나누며 정을 맺고 촉촉한 비를 뿌려 연둣빛 촉을 틔운다. 밝고 여린 미소로 꽃바람을 불러와 분홍빛 꽃을 피워 벌과 나비들의 흥을 자아낸다. 그 자애로움은 어머니의 품안같이 따뜻하여 만초가 소생을 한다. 그렇다가도 인수인계도 없이 어느새 여름으로 가버린다.

불볕 여름의 하늘은 과격하다. 장마 구름이 밤낮을 가리지 않고 검은 얼굴을 하고 있다. 검은 얼굴은 비통함과 격정을 내포하고 있다. 바람의 흔들림에 못 견뎌 속도를 내어 질주하다 감정이 격해지면 주룩주룩 소낙비를 뿌린다. 초목들은 잔치라도 만난 듯 흐뭇이 물을 머금고 일취월장이다. 그런가 하면 한 편에는 언덕이 터지고 애써 지어놓은 농작물을 망가뜨려 세인의 삶을 슬프게 한다. 이럴 때 심보는 지극히 이중적이다. 그러나 그 모습도 편안하게는 보이지 않는다. 인생의 한고비처럼 녹음방초의 성하를 이루는 모습에는 뇌성과 벼락으로 울어 열매에 살을 찌워야 가을을 맞이할 수 있기 때문이다.

가을 하늘은 높고 서늘하다. 만물이 결실을 한다고 정성을 담아서 맑고 깨끗하다. 일 년 중 가장 좋은 계절이라 늘 맑고 상쾌한 바람을 제공한다. 도술을 부리듯 가을은 초목에 아름다운 입김을 불어넣어 오색 단풍을 연출하여 분위기를 확 바꾸어 놓는다. 논밭에는 오곡백과가 하루가 다르게 살을 찌우고 열매에는 맛을 칠한다. 하늘의 결실을 보는 인간은 변화를 부리는 세상의 속마음을 알 길 없어 세월 따라가기에 바빠 부유한 인생은 한없이 분주하다.

그렇지만 늘 즐거운 날만 있는 것도 아니다. 인생이 자나 깨나 걱정이 있듯이 하늘의 변화무상함도 통하지 않을 때가 있다. 살기 좋은 봄, 여름, 가을만 있으면 좋을 것인데 이렇게 예상 못하는 춥고 배고프고 음산한 겨울의 차가움도 있다. 세상의 모든 것을 통제하는 하늘도 다가오는 일을 한 치 앞도 모르는 인생처럼 제 멋대로의 자유는 없나보다. 하늘이 큰 우주라면 인간은 작은 우주인가 세월 따라 흐르는 세속이 닮은 것 같기도 하다.

한 집안의 가장은 하늘이다. 내가 아는 형은 가문이 좋은 종가 집 장손이었다. 그리고 그 댁의 하늘이었다. 어느 날 속이 더부룩해서 병원에 가서 진단한 결과, 위암 만성이라, 치료를 해도 가망이 없다고 했다. 청천 하늘에 검은 구름이 끼었다. 까마귀 울음소리가 마을의 적막을 흐리게 하던 날 저승사자의 그림자와 같아 우울했다. 결국 먹구름의 검은 하늘은 그 댁을 덮쳤다. 졸지에 빛을 잃은 집안은 암울했다. 명예도 영화도 행복도 길을 잃고 헤매고 있었다. 갑자기 당한 변고라 우왕좌왕 경황이 없었다. 결국 젊은 나이로 대주의 하늘은 떠나갔다. 자리는 있어도 아무도 대신해 줄 가장은 없었다. 가세는 소슬바람이 일듯이 썰렁했고 빈 마구간은 냉기가 감돌았다. 일손을 잃은 전답들은 허허벌판으로 잡초들만 무성했다. 가장의 빈자리는 너무나 컸다. 평소에는 느끼지 못했지만 그 결과는 파장이 컸다.

하늘도 마음대로 비를 뿌리고 싶으면 비 내리고, 눈 내리고 싶으면 눈을 흩날리며 세월아 네월아 하지는 않는 것 같다. 우리들의 아버지들이 자식의 행복을 지켜주지 못하듯, 따지고 보면 하늘도 고달프다. 꿀물 같은 단비라 할지라도 수많은 생물들의 속성을 다 좋게 할 수는 없다. 양고기가 비록 맛이 좋으나 여러 사람의 입맛을 맞출 수는 없다.

짚신과 나막신 장사를 하는 두 아들을 둔 어머니는 비가 오면 짚신장사 아들이 걱정이고, 날이 맑으면 나막신 장사 아들을 걱정한다고 하듯, 날이 맑아도 걱정이고 날이 흐려도 걱정인 것처럼 하늘 역시 가뭄에도 욕을 먹고, 비를 내려주어도 욕을 먹게 된다. 하늘도 인간도 자신의 중심인 줏대가 있어야 한다. 세속에 흔들리면 아무 것도 할 수가 없다. 오든지 가든지 그것은 알 봐가 아니고 우선 자신의 갈 길이 중요하다.

진정한 하늘의 색깔은 마음에 달려있다. 미인을 보는 눈이 사람마다 다르듯이 자신의 처지와 환경에 따라 하늘의 색깔이 검게 보이기도 하고 혹은 아름답게 보이기도 할 것이다. 세상을 빨간 안경을 쓰고 보면 세상이 모두 빨갛고, 검은 안경을 쓰고 보면 세상이 모두 검게 보인다고 하지 않든가? 그러나 언제나 하늘은 지엄하다. 장마철의 먹구름도 비가 그치면 언제 그렇게 했나는 식으로 건조라도 한 듯 파란 하늘이 높이 걸린다.

하늘은 마음의 여백이다. 그 여백이 있기에 우리는 시공을 배경으로 세월을 보낸다. 여백이 없다면 세상은 정체가 되어 전진도 후진도 없는 꽉 막힌 도로와 같을 것이다. 허공은 실체는 없지만 삶의 세상에 보이지 않은 우리의 마음처럼 직 간접으로 지대한 영향을 끼친다. 그래도 하늘을 보지 않고 무심코 지낼 때가 많다. 작은 가슴을 소우주라 했다. 그러하듯 하늘의 면面은 대우주라 움직임이 한없이 유연하여 변화무상 해 인간의 지혜로는 불측이다. 인생의 흥망성쇠는 하늘만이 알고 있다. 하늘의 얼굴을 인식 할 수 있는 지혜가 바로 유비무환이다. 오고 감이 보이지 않은 불측의 시대다. 진인사대천명盡人事待天命(사람이 할 일을 다 했으면 그 결과는 하늘의 명을 기다려라.)이란 글귀가 새삼 무겁게 보인다.

유년의 시골장

반가운 손님이 오려나 이른 아침부터 까치소리가 요란하다. 장날 아침은 까치소리처럼 어머니의 손도 분주하다. 아침밥도 하고 이슬에 빨래를 녹여 다리미질을 해야 한다. 아버지가 입고 갈 장날의 출입복이다. 하절에는 삼베적삼과 바지, 동절에는 무명 저고리와 조끼에 바지를 입고 그 위에 지금의 코트처럼 흰 두루마기이다.

전날에 삼고 빨아서 풀을 빳빳이 먹여 놓았다. 습기가 많은 이른 아침에 녹여서 다리미질을 해야 주름이 폐이고 하얗게 반질반질 광이 난다. 다린 옷을 곱게 접어두면 준비는 그것으로 끝이 난다.

특별한 볼일도 없는데도 장날에는 일찍 밥을 먹고, 다려놓은 옷을 입고, 머리에는 갓을 쓰고 외출을 하신다. 온 식구는 집 앞까지 나가 잘 다녀오시라고 인사를 드린다. 아버지는 다른 아버지들보다 엄하고 성질이 급했다. 아버지의 명령 앞에는 아무도 거역할 수 없었고 옳든 그러든 우리는 아버지의 뜻에 따랐다. 엄한 아버지는 효도하는 자식을 낳고, 엄한 어머니는 효녀를 낳는다는 명심보감의 글귀를 알고 있었다. 때문에 나도 효도하는 자식이 되고자 불만은 있었지만 신통하게 참았던 것 같았다. 교육이란 이렇게 중요한 줄을 아버지가 알고 계셨을까? 명심보감이라도 가르쳐서니 부모 말에 반항하지 않고 보수적인 명령에 고분고분하게 잘 따랐다.

만약 그때에 아버지가 진보적이였다면 나를 이렇게 세파에 굴절된 인생으로 방치하지는 안 했을 것이다. 보수가 무능을 부른 안타까움이다.

시골 장날은 언제나 풍성하고 시끌벅적하다. 이 골짝 저 골짝에서 윗마을 아랫마을 남녀노소가 출입복을 빼 입고 오솔길을 걸어서 꾸역꾸역 모여드는 곳이다. 힘이 많은 젊은이는 곡식이나 돼지 새끼 같은 것을 지게에 지고 땀을 뻘뻘 흘리며 들어오고 어른들은 소나 염소를 몰고 아낙들은 고추나 삼베를 머리에 이고 시세의 이야기를 나누면서 즐거운 마음으로 들어온다. 나이 많은 할아버지들은 하얀 두루마기 걸치고 갓을 쓰고 아주 태나는 의관을 했다. 손에는 부채나 담뱃대를 들고 양반걸음의 시늉을 내며 설레설레 이곳저곳을 기웃거리며 온 장을 휘돌며 동정을 살펴 시골 장터의 분위기를 어울리게 했다.

시골장은 만물상의 풍경이다. 돈만 있으면 입으로 주절 그리는 것은 다 있다. 여러 지방 장돌뱅이들이 온갖 물건들을 가지고 와서 한 개라도 더 팔려고 갖은 수다를 떨었다. 노래를 부르는 사람, 손뼉을 치는 사람, 고함을 치는 이 가지 각색이었다.

돈이 많이 굶는 가축시장에 소는 풍선 같은 빵빵한 배를 달고 주인의 얼굴도 모르고 눈만 끔벅끔벅하고 있다. 그러는 동안 중개인과 팔고 사는 사람의 사이에 흥정이 되어 큰 돈다발이 오고 가며 팔려간다. 정작 팔려 가는 소는 침묵하는데 인간들의 욕구만 왁자지껄하다. 그와 반대로 돼지와 개, 닭들은 꽥꽥 꼬꼬댁, 제법 왕왕 소리를 내며 새 주인을 못마땅해 하고 있다. 등치 큰 소와 어미 짐승들은 얌전히 조용하고 새끼들은 소란스럽다. 어른과 아이의 모습과도 같다고나 할까? 그동안 가족같이 정 들었던 가축을 팔고도 눈 하나 깜짝하지 않고 팔고 사는 사람들은 돈 계산에만 열을 올린다.

시장 한쪽 구석진 곳에 마이크를 달아놓고 구경꾼의 발목을 잡는 약장사의 가설무대도 만만찮다. 부모 없는 고아라며 어린 소년이 노래를 부른다. "나이가 열두 살에 엄마를 잃고" 하며 간드러지게 노래를 불렀다. 정이 많은 할머니는 눈물을 흘리며 불쌍하게 생각을 해 약을 사주기도 했다. 가끔은 마술도 부리고 연극도 했다. 그 시절 시골에는 극장도 없던 때라 유일한 구경감이었다. 구경꾼이 많이 모이면 그때부터 약을 판다. 물약 몇 병 갖다놓고 만병통치라고 입가에 거짓말을 달고 유들유들 웃기며 선전도 잘도 했다. 그렇지만 약을 팔기 시작하면 구경꾼은 자리를 뜬다. 그들도 시골장을 운치 있게 만들고 있었다.

시장의 풍경은 여러 잡동사니로 이루어지고 있다. 가계를 잘 차례 번들번들 빛이 나는 그런 품목들은 그때나 지금이나 별다른 것이 없다. 조금 적게 세련되었을 뿐이지 그때도 옷가게, 어물점, 신발상회, 비단 장사들은 고급스러웠다. 가축시장 다음으로 사람이 제일 많이 붐비는 곳은 삼전과 옹기점으로 이어졌다. 큰 장독으로부터 작은 양념단지까지 종류도 많았다. 살림 잘하는 어머니 손을 기다리는 옹기들은 햇빛을 받아 눈이 부실 정도로 광이 났다. 김치를 담는 큰 항아리, 고추장을 담그는 독새끼, 양념을 넣는 작은 단지가 옹기종기 형제처럼 다정스레 앉아 주인을 기다린다. 사람 키보다 긴 삼은 길쌈을 잘하는 직녀의 손을 기다리며 시장바닥에 가득 쌓여 있었다. 길쌈은 여인들의 노고의 혼이 젖어 있는 것 같아 그 모습이 산발한 처녀의 긴 머리카락같이 보였다.

장터에 음식점이 즐비하다. 지나가는 장꾼들에게 공짜라도 줄듯이 밥을 먹고 가라고 호객을 한다. 그때만 해도 집에서는 보리밥도 배불리 먹지도 못했는데 하얀 쌀밥을 해 놓고 먹으라고 하니 구미가 당겨 먹는 이도 많았다. 그렇게라도 시장에서 먹어야 쌀밥을 맛볼 수 있었으니까, 그런 재미로 시장을 가는 사람도 있다고 했다.

장은 파장이다. 팔 것 다 팔고 살 것 다 샀으니 막걸리 한 잔하고 귀가할 일 밖에 없다. 그때부터는 아버지들의 세상이다. 그렇게 좋아하시는 술과 친구와 안주가 주막마다 술꾼을 기다리고 있다. 한 잔의 술에 그동안 쌓였던 심신의 피로를 풀고 이런저런 세상 돌아가는 소식을 듣는다.

술이 입을 통해 목젖에 넘어가기도 전에 즐거워서 웃음이 나오고 음성이 벌써 변화가 온다. 열심히 농사일을 한 끝에 간혹 장에 가서 마시는 술맛은 참으로 좋다. 노랫소리와 장단 맞추는 판 두드리는 소리가 여기저기서 번져 나온다. 시장이 터질 듯이 고함을 지르고 멱살을 잡고 싸움을 벌이는 치한도 있어 지나는 사람들이 무슨 구경인양 쳐다보고 있다. 장사꾼들은 그날 매상한 돈을 셈하고 짐을 챙기며 떠날 채비를 했다.

누구나 마음껏 마시고 쓰면서 살고 싶은 생각이 있어 때로는 마음으로부터 유혹을 받는다. 누군들 그런 유혹에 빠져보고 싶지 않겠는가. 그러나 가솔 생각에 마음을 돌리고 집으로 향한다. 그렇지만 귀가 시간은 술이 정한다.

장은 물물교환의 장소이지만 돈이면 무엇이든 가질 수 있는 삶의 집결지다. 희로애락을 맛보며 노력의 보람을 찾는 곳이기도 하다. 시골장은 더더욱 그러하다. 땀 흘려 농사지은 곡식을 팔아 각종 생필품을 사고, 가축을 팔아 아들딸 결혼을 시키고, 여유가 있는 집안은 자식을 유학을 보내기도 한다. 그래서 장이 서는 날은 빠르지도 않고 멀지도 않은 5일만에 크고 작은 장이 선다.

취중에 아버지의 귀가 길은 언제나 넉넉했다. 술에 취한 얼굴은 홍안의 소년처럼 불그레하고 만면에는 웃음이 가득하다. 나는 동구 밖까지 마중을 나간다. 장거리를 받아들고 마당을 들어선다. 아버지가 들고 온 장바구니에 새 신발과 하얀 메리야스가 들어 있는 날에는 기분이 뛸 듯이 좋았다. 아침에 짖어대던 까치는 벌써 잠자리에 들었는지 보이지 않고 짙은 땅거미만 점점 저녁연기를 잠식하고 있었다.

선과 줄

세상 만물과 인간관계는 보이지 않는 선과 보이는 줄로 얽히고설키어 돌고 돌아간다. 선을 따라 줄을 서고 줄을 따라 질서가 형성된다. 선과 줄이 이어지면 생기 있는 진보된 삶이 되고 선과 줄이 끊어지면 날개 떨어진 추락한 새와 같은 삶이 될 것이다. 모든 줄은 이 세상을 살고 있는 동안에는 알게 모르게 혜택도 받고 직 간접으로 이용을 당하기도 한다. 줄의 형태의 강약과 장단에 따라 삶의 행불행의 운명이 점쳐지는 것이다.

몇 해 전 막내아들이 군에 입대하여 신병훈련 퇴소식에 면회를 갔다. 내린 비로 대지는 촉촉이 젖어 생기가 발랄했다. 미끄러지듯 고속도로를 달리는 관광버스는 경부선 철마와 경주를 하듯 신나게 달린다. 철길의 레일 따라 비호같이 스쳐 가는 긴 열차의 낭만과 골골마다 그림처럼 펼쳐진 아름다운 전경은 스크린에 시공을 넘나드는 여운에 남아 있는 한 컷의 영화장면 같았다.

사람들은 맑은 바람과 밝은 월색을 좋다하지만 나는 청초한 산의 품에 둘러싸인 고요한 호수가 더 좋다. 끝이 보이지 않은 팔당댐의 청정호수가 만수위가 되어 바다처럼 비경에 싸여 누워 있었다. 물안개로 피어오르는 푸른 숨소리가 들리는 듯했다. 호수를 따라 양옆 강변에는 선경 같은 자연을 배경하여 인위적인 위락시설인 모텔, 방갈로, 고급 요리를 파는 음식점들이 숲 속과 강변에 즐비했다. 저 많은 위락시설에 누가 와서 애용할까? 전국의 부호들이 몰린 서울의 호걸들이 놀이하는 마당이겠지.

나는 무엇보다 감청색의 출렁이는 많은 물이 탐이 났다. 우리 부산과 영남 지방에는 식수 때문에 해마다 물 전쟁을 벌이고 있다. 이대로 가다가는 음료수는 물론이고, 공업용수마저 비상이 걸릴 것 같은 우리 고장의 물 기근이 아니던가.

작은 바다 같은 팔당댐 그 위에 청평호 의암호 춘천호 모두가 만수위가 되어 넘실거렸다. 수도 서울 2천만의 젖줄이 가득 채워져 있으니 얼마나 큰 자원이며 평화스러우며 넉넉한 서울 시민의 행복인가!

출렁이는 호수의 땅이 보이지 않은 수심 깊은 그 수중에는 얼마나 많고 많은 사연이 잠겨 있고 수많은 물고기들의 생성소멸의 장이었을까 억울한 원혼에 잠긴 불쌍한 원귀도, 희희낙락하다 안락의 죽음을 한 한량의 객귀도, 수중고혼이 되어 침묵하고 있을 것이다.

저 깊고 깊은 수중에는 용궁도 있고, 비룡의 싸움 용트림이 있을 법하다. 천 년 묵은 구렁이의 탐욕을 비우지 못한 이무기가 호수를 빠져 나오지 못하고 청정해역을 탁수로 오염시키고 있을 것이다. 어느 용이 먼저 여의주를 버리고 물안개를 토하며 하늘로 비상하여 세인들 앞에 가까이 다가설까? 후덕하고 지혜 있는 용이 하루 빨리 승천하여 신출귀몰한 재주로 하늘에 떠 있는 호수 같은 구름을 몰고 와 단비를 뿌려 만백성의 젖과 기름이 되어 태평성세가 되었으면 하고 눈이 시리도록 파란 호수를 바라보며 상서로움의 상징적 영물인 용을 떠 올려본다.

길을 따라 강을 건너고 구름 따라 영을 넘어 장장 9시간이나 걸려 찾아갔다. 춘천을 지나 첩첩산중을 돌고 돌아가니 큰 돌에 "여기가 38선" 입니다. 하고 이정표처럼 새겨져 있었다. 가슴이 섬뜩 했다. 내 아들이 38선 이북 최전방에 떨어졌구나 하니 가엾은 생각이 들었다. 그렇다 선은 임의적인 약속이고 줄은 삶 속에 파생되는 사슬의 옭아다. 선은 사람이 임의대로 그은 약속의 제한 선이다. 38선에 속해 있는 비무장 지대에도 옛날에는 선조들이 다정다감하게 살았던 평화스런 마을이었는데 남북의 강자들이 앉아서 임의대로 그어놓고 여기는 휴전선이다. 하고 약속한 선이다. 그래놓고 푸른 꿈을 꾸는 청년들을 총칼로 지키게 한다. 약속의 선을 지키지 않거나 선을 넘었을 적에는 사슬로 얽어매는 줄을 만들어 무고한 백성들을 고통으로 몰아넣는다. 이것이 선과 줄의 생리다.

군인들이 흔히 하는 말이 있다. "보병은 줄을 잘 서야 된다."라는 말이다. 백과 돈이 없어도 줄만 잘 서면 후방에도 떨어질 수 있고 좋은 보직도 맡을 수 있다는 말이다. 아버지가 권력이나 돈이 많았다면 무슨 연줄을 찾아서라도 좋은 곳으로 보낼 것인데…. 적의 포성이 들릴 듯하다. 최전방 시한폭탄 같은 전선에 자식을 두고 돌아올 것을 생각하니 무능한 부모의 자책에 가슴이 미어진다.

그러나 나의 마음과는 달리 아들은 용감했다. 첫 대면 언제 보았는지 우리 앞에 와서 부동자세로 거수경례를 하며 "이기자(사단 구호) 박영우"하며 우렁찬 소리로 연병장이 가득했다. "그래 수고가 많았지" 하며 등을 어루만졌더니 "예 그렇습니다."하며 큰 소리를 질렀다. 깜짝 놀랐다. 상관에게 대하는 식의 말투로 어루만지든 마음을 놀라게 했다. 예상치 않았던 큰 소리에 눈물대신 폭소가 나오고 말았다. 언제나 애기처럼 철부지였는데 씩씩한 군인으로 변모되어 고맙고도 대견했다.

오월의 짧은 밤은 잔 듯 만 듯 지나갔다. 아들은 원위치대로 복귀했다.

'자랑스러운 내 아들아 사랑한다.' 하고 심중에 깊이 고인 말도 얼떨결에 못했다. 부자간의 따뜻한 정도 느끼지 못한 채 이렇게 바라만 보고 헤어져도 이것이 정이런가, 천 리 타향에 막내를 두고 돌아오는 발길은 너무 무거웠다. 외로움에 젖을 아들을 생각하니 자꾸만 뒤가 돌아보였다. 아내도 모자의 이별을 소리 없는 눈물로 달래고 있었다. 모두들 침통한 마음으로 숙연했다. 노래나 대화도 잡담도 없는 조용한 버스 안의 침묵, 모두들 자식의 건강과 군대 생활이 무사하기를 마음으로 빌며 자신의 삶터로 돌아온 것이다.

동족상잔의 비운의 전선을 남북으로 갈라놓은 38선을 보는 순간 가슴 뭉클했고 2천만 서울 시민의 젖줄인 청정호수가 부러웠다. 원혼의 전선도 생명의 젖줄도 우리가 만들었다. 싫든 좋든 이 세상에 발붙이고 살고 있는 이상 선과 줄의 연을 떠날 수 있는 피안의 안식처는 없을 것이다. 혼탁한 세상일수록 정의와 도덕은 없어지고 비리와 연줄에 또는 돈의 힘에 세상사는 좌지우지된다.

모두들 제 분수대로는 살아갈 생각은 않고 혈연, 지연, 학연을 끌어 들인다. 연줄을 찾아 돈을 쓰면 만사가 해결이다. 순풍에 돛을 단 것 같다. 비리와 돈의 힘은 세상에 못할 일이 없다. 당락이 바꿔지기도 하고 본말이 전도되기도 한다.

이런 부정의 사슬에 걸려 낙방의 고배를 마신 자는 운명이 바뀐 것이다. 얼마나 억울한 삶일까. 낙방의 패배감 사회의 따가운 시선을 피해 후미진 선술집에서 안주도 없이 독주를 들이키며 좌절의 눈물을 남몰래 얼마나 삼켰을까? 반대로 부정 합격자는 제 재능으로 된 양 유명세를 받으면서 의기양양하게 출세가도를 달리며 일취월장했을 것이다. 그야말로 혼돈의 삶이다. 체념하고 살기에는 결과가 너무나 잔인하다. 튼튼한 줄이 아쉬운 때다. 보이지 않는 삶의 투명한 팔자의 줄….

나의 줄은 어떤 줄일까? 군에도 보내지 않고도, 아들의 국방의 의무를 마치는 부모도 많은데 38선 전방 밖에 근무할 수 없는 참으로 미미한 줄이다. 인적 없는 빈집에 허리 잘린 전선처럼 초라하고 쓸쓸해 보일 것이다. 이런 줄, 저런 줄, 가리지 않고 살자는, 고려 충신 정몽주를 달래는 방원의 하여가何如歌 같은 줄이 떠오른다. 그런 줄이면 줄에 연연하지 말아야지. 강하고 긴 줄도 바라지 않는다. 사람을 묶는 사슬 같은 그런 줄은 더 더욱 싫다. 청산에 태어나 공산명월을 벗하여 그저 자연과 더불어 사는 줄, 강태공이 곧은 낚시를 흐르는 강물에 던져 놓고 세월 좇는 그런 줄이면 족하지 않을까?

구류拘留를 산 이야기

아무데 거시기 아들이 고등고시 합격을 했단다. 검 판사 났다고 군郡이 떠들썩했단다. 서울대학 입시에 합격만 되어도 온 면민이 야단인데 고시 합격 소식은 시골에서는 전설 같은 소리다. 거시기 그 사람 앞으로 목에 힘주고 다니겠네.

사람이 죽어 저승에 가면 염라대왕이 상좌에 앉아서 사자의 생전의 업보로 공정하게 재판을 하여 전생에서 착하게 하고 어진 사람은 극락으로 보내고, 모질고 나쁜 짓을 한 악한 이에게는 독사지옥으로 보낸다고 한다. 이승이 아닌 저승에도 서슬 퍼런 재판장이 있다고 하지 않던가. 그러나 산사람은 당한 경험이 없으니까 설마 그럴 리야 하고 무심코 산다.

하지만 현존해 있는 사람 중에도 염라대왕 같은 판검사가 있다. 얼마나 무섭고 두려운가? 판사의 말 한 마디가 사람을 죽이기도 하고 살리기도 하고 몇 수십 년 동안 그늘에서 콩밥을 먹일 수도 있다. 죄를 짓지 않은 사람에게는 걱정을 할 일은 아니지만 온갖 일들이 얽히고설키어 있는 이 세상에 살다보면 죄질의 정도가 대소일 뿐이지 사회구조가 죄를 짓지 않고 살기는 어렵게 되어 있다.

우리의 삶을 법에 잣대로 들이대며 코에 걸면 코걸이, 귀에 걸면 귀걸이가 되는 것 같이 오라를 채우면 죄가 되고 놓아주면 무죄가 된다. 이 잣대의 눈금 조절이 판사, 검사, 변호사의 몫이다. 같은 죄에도 변호사의 변론과 판사의 판결에 따라 형량이 달라진다. 유전무죄 무전유죄인 것이다. 즉 이것이 인간 권력이자 지혜의 특권이다. 이 사슬에 자유로울 사람은 세상에 아무도 없다. 죽으나 사나 죄 짓고는 마음이 편치 않다. 그래서 판사와 검사는 살아있는 염라대왕이다.

변호사법은 무소불위다. 인간사에 일어나는 만사에 무엇이든 해결해주는 해결사다. 일을 하다 성사를 못해도 저들에게는 죄가 없다. 안 되는 것을 된다고 거짓말로 돈을 받아먹으면 이 죄목이 변호사법 위반이다. 이러하니 변호사는 해결하면 좋고 해결 못해도 수임료를 챙겨도 죄가 안 된다. 부럽다. 내면에는 보이지 않는 애로도 있겠지만 어쩌면 같은 사람이면서 저런 특권을 받았을까.

판사와 검사가 되면 평민이 아니다. 지위가 달라지고 귀족이 된다. 생각만 해도 가슴이 벅차오른다. 나는 비록 요 모양 요 꼴이 되었지만, 자식에게는 은근히 기대를 가졌다. 그렇다 치면 이러쿵저러쿵 해도 나도 그들을 평소에 흠모하고 존경해 왔던 인물임은 틀림없다. 꿈도 야무지다. 꿈은 희망이니까 잘 꾸어보더라고! 백주 대낮에 눈 멀뚱멀뚱 뜬 마른 꿈은, 꿈이 아니라 부질없는 망상이지!

삼십여 년 전 일이다.

8월 추석을 한 열흘 앞둔 어느 날 무면허 오토바이 일제 단속에 중앙로에서 잡혔다. 꼼짝도 못하고 경찰차로 끌려갔다. 촌닭이 경찰서에 들어서니 얼떨떨해 그만 궐석재판을 받으려고 했는데 갑자기 마음이 바뀌는 것이었다. 시골에 살다보니 고소 고발을 한 적도 없고 남과 송사를 한

적이 없다보니 법정에 서 본 일도 없다. 살아 있는 염라대왕 판사는 임금처럼 곤룡포를 입는지 혹은 사천왕(사찰을 문을 지키는 수문장)같이 무섭게 창과 칼을 차고 등장하는지 궁금하여 이참에 그 고귀한 분들의 얼굴이나 한 번 보기로 했다. 그래서 삼만 원 벌금을 예치하고 출석하지 않는 궐석재판을 포기하고 즉결재판을 받기로 했다.

호송차에 돼지처럼 철망에 천막까지 덮어가지고 실려 갔다. 재판장에는 사람들이 빽빽하게 차 있었다. 나중에 보니 전부가 나처럼 경범죄에 끌려온 사람들이었다.

잠시 후 법정이 조용하더니 조그마한 옆문에서 검정색 비슷한 두루마기를 입은 사람이 나타나 정좌했다. 바로 이 사람이 판사였다. 그리고 지금 입고 있는 두루마기가 법복인 것이다.

그렇게 엄정하지도 않고 무슨 절차도 없이 즉결재판은 시작되었다. 일사천리로 7, 8명씩 호명하여 앞에 세워 사유는 물어보지도 않고 누구 누구는 벌금 얼마 또는 구류 며칠 그것이 판결의 전부였다. 참으로 싱거운 판결 과정과 판사의 얼굴을 대면하는 순간에 너무나 실망이었다.

용과 봉새는 상상의 동물이다. 그 실체를 아무도 본 사람은 없다. 꿈속에서나 그려본다. 그래서 언제나 불변하는 신비의 대상이듯 저들도 언제나 흠모하며 차라리 보지 않았더라면 좋았을 것을 즉결재판을 받은 것이 유감이다.

인간성 좋은 판사를 만났다면 벌금 이,삼만 원 정도면 될 것인데 나는 재수 없게도 구류 5일을 받았다. 그 시간부터 손에는 수갑이 채워졌다. 판결 과정보다 판결이 떨어지자 벌금을 거두고 벌금을 판정받았지만 벌금을 못 내면 남은 금액만큼 구류를 살아야 한다. 구류를 받은 자에게 수갑을 채우고 호송하는 민첩한 행동이, 판사가 사건을 판정하는 그 과정보다 더 엄격하고 일사불란했다.

구타와 벌칙으로 인한 정신적인 고통으로 많은 고생을 하겠구나 하고 마음속으로 단단한 각오를 하였다. 그런데 거기는 그 반대로 그렇지가 않았다. 갇혀있어 자유만 없을 뿐이지 삼시 세 때 밥 먹여 편안히 놀리고 있었다. 식사는 빛이 누른 양은 벤또(도시락)에 퍼런 배추김치에 보리쌀에 쌀 조금 넣은 70% 보리밥을 주었다. 나는 이정도 밥이면 얼마든지 먹고 견뎌낼 만 하였다. 담배도 안 피우니 구류 생활에 별 애로는 없었다.

초등학교 때 도시락 생각이 났다. 그 도시락과 비슷했다. 그때는 이런 도시락도 먹을 때보다 굶을 때가 더 많았다. 나는 죄인으로 후대를 받는다고 생각했는데 그 가운데 어떤 사람은 사식을 먹으면서 구치소에서 행복을 누리고 있었다. 죄를 뉘우치지는 못할망정 이곳에서도 온갖 불평을 하니 참으로 한심한 작태다. 자유가 없고 그리운 가족이 없고 벗과 지인이 보이지 않는다. 그리고 삶의 현장 일터가 보이지 않아 안절부절이었다. 낙 없는 휴식은 형벌인가?

범죄 속에는 지름길이 없다. 노력하지 않고 남보다 먼저, 빨리, 많이, 승리를 하려다 보면 반칙, 거짓, 사기, 부정 같은 죄를 범하게 된다. 항상 그늘만 드리운 창살 안은 같은 시간이지만 세월이 가지 않는다. 바쁘다고 바늘허리에 실 매어 써라? 그들은 출소할 날을 밥그릇(하루에 세끼 몇 그릇만 먹으면 출소 한다.)을 세고 있었다. 가슴이 타고 살이 줄어 얼굴이 하얗다. 이것이 죄에 대한 마음으로 겪는 반성문이다.

여기에 온 사람들은 경범죄를 지은 이들이다. 작은 죄이든 큰 죄이든 죄를 지었으면 속죄하는 생각을 가져야 하는데 모두들 그렇게 마음먹고 있는 사람은 없는 것 같이 내 눈에는 그렇게 보였다. 그리고 경찰서에서도 이해가 되지 않는다. 죄인을 잡아서 구루를 살리면 자기가 지은 죄만큼 뉘우치고 다시는 그런 잘못을 저지르지 않도록 교육을 시키든지 아니면 고된 일을 시키든지 어떤 고통을 주어 다시는 죄를 짓지 않아야지 하는 다짐과 새로운 각오로 출소를 하도록 해야 하지 않은가?

5일 동안 있으면서 당신은 무슨 잘못으로 왔느냐고 물어보면 대략 교통위반, 이웃과 싸움, 기물파괴, 무전취식, 등등이었다. 크게 중죄는 아니었다. 생계형 범죄인 것이다. 그래도 그렇지 고발을 한, 상대편 입장에서는 먹고 살기가 넉넉한 형편인가? 그렇지 않다. 그 사람들도 사는 정도가 여기에 온 사람이나 별 다른 부자나 귀족이 아니다. 하루하루 열심히 일하며 정도를 지키며 살고 있는 사람들이다.

그들은 고발을 하고도 마음 편하지 않고 있다. 그런데 이렇게 경찰서에서 주는 밥을 놀면서 처먹고는 며칠 만에 나와서 고발한 집을 찾아가 데려 공갈을 치며 당신 때문에 교도소 신세를 졌다하며 협박을 하는 사람도 있다니 참으로 잘못 되어도 크게 잘못 된 '교도행정이다' 라는 것이다. 나도 면허증 없이 오토바이를 타다가 붙들려 왔지만 잘못은 잘못이라는 것을 인정하고 후회하고 있다. 죄인을 잡아다가 하루 삼시 세 때 밥 먹여 가만히 놀려 보내니 게으른 자들이 또 재범을 짓지 않겠는가? 나도 집에 일만 없으면 이곳에 와서 며칠 쉬면서 책이나 읽고 피로한 몸 쉬고 싶다. 물론 자유는 없었지만….

조물주에게 묻고 싶다. 사람을 만들 때 무엇 때문에 죄를 짓는 마음을 있게 하였을까? 법을 지키며 누구나 죄를 안 짓고 행복하게 살도록 DNA를 주지 왜 이렇게 복잡하게 선악을 만들어 어느 것은 안 되고 어떤 것은 되고 하여 헷갈리게 하였을까? 고등교육을 받고 대학을 나와야 해결하는 능력을 주었을까? 또 남을 시기하고 모함하고 사기 강탈 탐욕을 하게 했는지 알 수가 없다. 사후에 염라대왕이 무슨 소용이 있단 말인가!

이승에서 서로서로 오순도순 행복하게 즐기며 잘 살다가 저승 가면 얼마나 좋았을까! 또 한 번 물음표를 던져본다.

나는 그들의 교도관처럼 옛날에 어르신들에게 들은 착하고 정직하게 살아야 된다는 이런 저런 이야기를 그들에게 들려주며 무사히 5일을 마치고 나오게 되던 날 그들은 나를 부러워했다. 경찰서를 나서니 산은 청청하고 하늘은 유난히도 파랗다. 삶의 소리들이 웅성웅성하고 분주한 사람들의 거리가 희망으로 빽빽하고 가족들이 반갑게 맞이하였다. 바로 이것이 남아있는 그들이 출소하는 날, 나를 부러워한 이유이자 자유가 있는 세상이구나! 하는 생각이 들었다.

판검사 얼굴을 보려다 내 인생에 불명예가 붙었다. 참! 어처구니없는 상처를 받았다. 그러나 꼭 그렇게 한쪽으로만 볼 것이 아니라 삶을 두루두루 본다면 오히려 그것이 나에게 또 다른 내가 모르는 이러한 세상도 있구나하는 팔자에도 없는 인생 사각지대를 체험했다는 것이 일평생에 도움이 되었다고 위로를 하니 입가에는 씁쓰레한 미소가 흘렀다.

제3장

길 5년

길 5년

어느 따뜻한 봄날이다. 나는 개금동에 소재한 경남전문대학 부설 평생교육원 문예창작반을 찾았다. 배움의 용기로 이런저런 알아볼 마음의 준비도 없이 덜컥 등록을 했다.

강의실에 들어가니 봄꽃같이 울긋불긋 화려하게 차려입은 여성들이 한 교실 앉아있었다. 개성이 뚜렷한 서정의 향기를 풍기는 강의실이었다. 그러나 나는 얼굴을 들 수가 없었다, 평소에도 부끄러움이 많은데 여성들 속에서 나이 많은 학생이 되어 강의를 듣고 있으니 가시방석처럼 불안했다. 선생님이 무슨 말씀을 하는지조차 알아들을 수가 없었다.

문학공부라는 그런 대명제 아래 교육을 받고자 온 것은 아니었다. 편지 쓰기, 일기 쓰기 정도의 작법을 익혀 집안 대소 간의 유래나 기록하여 후손에게 족적을 남기고자 하는 작고 소박한 생각으로 찾아온 곳이다.

그런데 첫 수업에 들어가 알고 보니 그것이 아니었다. 운문부와 산문부가 있어 시와 수필을 자신이 지어 와서 글을 읽고 잘못된 부분은 퇴고하고 잘된 부분에 대한 내용을 찾아내 특별히 강조하는 강의를 하셨다. 즉 이론과 실습을 적절히 병행해서 하는 것이다.

그러나 기본상식이 없는 나에게는 참으로 황당한 일이다. 글을 쓰지를 못해 배우려 온 사람에게 글제를 주어 글을 써 오라니 내가 생각하고 기대했던 그런 방식의 가르침이 아니었다. 이론 공부를 한 다음에 실기를 하는 줄 알았는데 바로 실습으로 들어가니 스스로 불만이 많았고 은근히 걱정이 되었다. 강의를 마치고 돌아오는 버스 안에서 숙제를 떠올리니 골머리가 아프기 시작했다. 가만히 있으면 중이라도 될 것을 긁어 부스럼을 낸 것이다.

첫날은 배운다는 기쁨으로 좋아서 고된 줄도 모르고 단숨에 비탈길을 올랐다. 그런데 다음 학교 가는 길은 같은 길인데도 그 길이 아니었다.

숙제라고 한 것이 창피나 당하면 어떨까? 그럴 경우 무너진 자존심은 어떻게 하지 생각하니 오르는 길이 숨이 찻다. 비탈길 검은 아스팔트길은 힘겨워 하며 초조한 모습으로 가는 나를 보고

"아저씨 이 길은 혈기왕성한 젊은이들이 다니는 대학로인데 혹시 잘못 찾아온 것 아니에요?" 하고 아리송한 표정을 짓고 있는 듯하고. 그런가 하면 주위에 점포의 간판과 건물들도 낯설다고 외면을 하는 것 같았다.

등교하는 학생은 물론이고 나를 보는 모든 사람마다 저 나이에 뭘 배우겠다고 주제 파악을 못해 하는 조롱하는 눈빛으로 보였다. 그렇게 우러러보고 흠모했던 대학 캠퍼스도 사랑의 눈을 주지 않았다. 비애가 나도 모르게 가슴을 적시고 있었다. 그러나 어찌하랴! 이미 내 인생에 엎질러진 물인데…….

그렇다 이 세상 어디로 가나 내 실정에 맞도록 준비해 놓고 반겨줄 곳이 어디 있겠는가? 그런 요행을 바란다면 그건 착각이다. 세상을 야속타, 원망할 것이 아니라 내 마음을 고쳐먹어야지, 이렇게 좋은 학교를 지어 사정에 의하여 배움의 기회를 잃은 이나 잠재한 뛰어난 재질을 다시

살리려는 이들에게 만학의 기회를 주는 것만 해도 감지덕지하다.

내가 이 세상 모든 것을 사랑하는 눈으로 보고 인내로 감수하고 노력으로 고통을 슬기롭게 극복해야 저들도 언젠가는 미소를 지으며 반겨주리라.

그런 날을 마음으로 그리면서 1년, 2년, 3년을 비바람이 불고 혹서와 혹한이 시샘하여 방해를 했지만 등교해 선생님의 강의를 듣고 또 들었다. 그러나 녹슬어 굳어버린 나의 머리는 무엇이 무엇인지 깨달을 수가 없었다. 하지만 서당개 3년에 풍월을 읊는다는 격으로 나의 시선과 사고에도 예견하지 못했던 새로운 징후가 생겼다. 사물을 보는 느낌이 달라졌고 찌든 삶에 잃어버린 옛 추억들이 꿈처럼 나타나기도 하고 바람처럼 스쳐가기도 했다. 그럴 때 글로써 잡지 못하고 놓쳐버린 생각들이 아쉽기도 했다. 간혹 가슴 한구석에 머물면서 한 편의 글감이 되어주기도 해 이럴 때는 나 혼자만의 감동에 무한한 희열을 느낀다.

회상된 내 고향 초록빛 수림으로 둘러싸인 쪽빛 하늘은 그림의 여백처럼 떠 있다. 그 하늘에 밤이 되면 현란한 별들의 무대가 펼쳐진다. 시선에 따라 별빛은 불꽃 없는 은 초롱 되어 깜깜한 밤하늘을 조명해 가슴 설레는 보석상을 만들었다.

부딪치면 아파하고 배부르면 만족해하는 충동적인 삶의 무지로, 책을 멀리하여 독서를 담쌓기에 빈 가슴이 되어 그런 신비의 하늘도 무심히 보아 아름다움을 느끼지 못했다.

그때의 하늘이 흑백 사진으로 보였다면 지금의 하늘은 컬러로 생동감 있게 움직이는 무대의 스크린이다. 고요한 밤에 가만히 하늘을 쳐다보면 천체의 오묘함에 마음이 감동되어 심금이 울렁인다.

흘러버린 유년 전쟁의 폭격으로 신축 중인 교정에 가마니 깔고 몽당

연필에 침 묻혀 어린 꿈을 키운 때였다. 커서 선생님이 되겠다고 짧은 다리로 달음박질치며 선생님의 발자국 밟으며 등교를 했고, 귀갓길에는 야산에 올라가 덤불을 헤치며 고사리 손으로 숨은 딸기 찾아내 따먹던 옛일들이 생경스럽게 떠올랐다.

그런 사색과 꿈과 추억들이 글을 쓰기에 힘겨워 등을 돌리려는 나를 붙들었다. 끊임없는 세월은 흘렀다. 4년 5년이 되니 나 스스로 선생님의 강의에 느낌이 감격으로 가슴 꿈틀함이 감지되어 글을 쓰고 싶은 충동이 다가옴을 느끼기도 한다. 나는 풍월을 읊는 서당개 5년의 노견老犬이리라.

구차스런 과거도 신변잡기도 어느 누구에게도 편애 없이 글에서 나오는 사연은 좋은 과거의 추억의 회상으로 해석해 주신 선생님께 감사를 드리고 싶었다. 그리고 중도의 좌절에 허우적거리는 나를 같이 가자고 이끌어준 문우들에게 고마움을 표하고 싶다.

바람에 구름 가듯 글 속에 인생이 흐른다고 살갑게 생각하니 오늘의 삶이 즐겁다. 봄, 여름, 가을, 겨울이 거듭 오고 가는 세월 속에 캠퍼스도 정이 들었는지 거부감 없이 대해주는 것 같아 무엇보다도 기쁘다. 푸르름을 자랑하는 정원수들은 젊은이들을 대변하는 것처럼 싱그러워 좋고 봄볕에 다소곳이 피는 꽃들의 애교가 눈웃음으로 반겨 줌은 나도 어느새 그들을 사랑으로 교감을 하고 있음이 마음으로 느낀다.

글을 써야 되겠다는 갈망이 일상에서 문득문득 느껴질 때 나의 삶을 관조해 본다. 인생의 운치를 사색으로 맛을 본다. 이것이 나의 남은 인생 여백을 소리 없이 메우는 좋은 방법이며 또한 배움의 보람이 아닐는지? 자문자답해 본다.

씨를 뿌리며

아기가 방긋방긋 웃고 있다. 엄마와 아빠를 알아보는 듯 수정 같은 맑은 동공을 요리조리 굴리며 분주히 움직인다. 고사리 같은 주먹을 불끈 쥐고 발을 토닥거리며 한가롭게 노는 모습은 꽃보다 더 예쁘고 보석보다 더 귀하다. 아빠와 엄마는 아이가 예뻐 얼굴에서 눈을 떼지 못한다.

"여보 우리 아가야 예쁘지."

남자는 말이 없다. 그러자 아내는 남편을 쳐다보고 다그친다.

"여보 나를 닮아 예쁘지 그치, 그치."

하고 아빠의 입을 쳐다본다. 남자는 그제야 빙그레 웃으면서

"그래 예쁘다. 꼭 깨물고 싶도록 귀엽다. 당신 닮은 납작코 말고는."

하며 고사리 손을 잡고, 아가야 입에 뽀뽀를 연신한다.

"당신 지금 뭐라 했소. 납작코는 나를 닮아서 못났고 잘 생긴 곳은 다 당신을 닮아서 예쁘다 말이지 내 코가 어째서 납작코요. 내 코가 납작코면 당신 코는 빈대 코다. 잘 났어 정말."

하고 근방 얼굴이 토라진다.

"뭐라고! 말 다 했나. 트인 입이라고 씨부리면 다 말인 줄 아나. 탁 고마

눈 티, 반 티 되도록 날리 뿔라. 아유! 댈 대가 없다. 없어! 하늘 같은 남편에게 까불고 있어!"

손을 들고 얼굴을 칠 기세다.

"때리고 싶으면 때려 보소, 누가 겁낼까 봐. 아따, 어느 사람 기죽이 네 자, 자."

하고 얼굴을 코밑에 들이밀며 눈에 흰 창을 물고 남자를 흘겨본다.

젊은 부부가 예쁜 아기를 보고 너무 귀여워서 닮은꼴을 확인하다 일어난 사랑싸움이다. 반달 같은 예쁜 이마는 나를 닮았고 낮고 작은 코는 당신의 유전적인 꼴이라면서 대충 눈으로 실험기 없는 유전자 감식을 하다 일어난 불상사다.

남녀 부부를 두고 이렇게들 말한다. 남자는 씨앗이고 여자는 밭이라고 한다. 묘한 뉘앙스를 가진 이 말 때문에 잘잘못이 있으면 서로 핑계를 한다.

남자는 "아무리 씨앗이 좋은들 밭이 박토이니, 곡식이 잘 자라 클 수가 없다고" 말하고, 반대로 여자는 "밭이 아무리 문전옥답이라도 씨가 충실치 않으면 좋은 열매가 될게 뭐 있겠소, 그래도 워낙 밭이 기름지니까 이만치라도 생겼지 당신의 그 부실한 씨를 박토에다 뿌렸다면 제주도에 심을 유자를 서울에다 심었더니 유자가 탱자로 변하였다, 라는 말과 같이 탱자가 되어 대 실패작이 되었을 것이요. 이것도 다 내 질 좋은 밭의 작품인 줄 아세요."

여자의 바쁜 입놀림에 무뚝뚝한 남자는 말문이 막혀 기가 찼다. 그렇지만 그 말은 옳은 것 같기도 하다. 유행가 가사에 '남자는 배 여자는 항구' 라고 했다. 이 가사에 의하면 배보다는 항구가 값이 많이 안 나갈까 씨앗과 밭, 배와 항구를 경제적으로 추상을 해본다. 하기야 미국에 항공

모함 이지스함 같은 것은 배 값이 작은 항구보다 많이 나가지 않을까 생각되기도 한데 항공모함이 아무 곳에나 있는 것은 아니다. 비교를 할 때 비교를 해야지 일반 항구에는 정박도 할 수 없는 그런 배이다. 아니다, 크고 작을 뿐 배는 배다.

고래는 바다에 살아도 허파로 숨을 쉰다. 그래서 토끼와 고래는 같은 동물이다. 그렇지만 산에서 풀을 뜯어 먹고 산속의 평화와 안녕을 지키며 천사와 같이 살고 있는 토끼와, 바다에서 블랙홀처럼 바닷물을 삼키면서 새우나 작은 물고기 떼를 단 번에 먹어치우며 집단 살생을 하는 세상에서 제일 간 큰 동물의 왕자가 아닌가! 같은 동물이라고 고래와 토끼는 대조가 아니다. 거북이와 토끼라면 몰라도 이지스함과 배는, 비교가 아니지 그치 안되지, 괜스레 말 한마디 잘못 꺼냈다가 큰 곤욕을 치렀다.

오늘 잠자리는 영 글렀다. 서로 상대의 자존심을 건드려 엎치락뒤치락 잠은 오지 않고 별 생각이 다 든다. 목돈 들여 장가간 것이 후회가 된다. 장가간 첫날밤이 생각난다.

장모가 사위 사랑하는 모습이 떠오른다. 이십 여 년 딸자식 금이야 옥이야 곱게 길러 바리바리 싸서 보내면서 당부하시는 말씀.

"자네만 믿네! 못 배운 것이 세근도 없는 철부지 일세, 자네가 이해하며 사랑해 주게나, 부탁하네."

절절한 장모의 애원이다. 이때까지만 해도 봄날이었다. 지금은 아! 옛날이여다. 이것뿐인가. 또 상상이 떠오른다.

명절이나 좋은 날에 처가에 들리면 예우가 특별대우다. 완전 VIP 손님이다. 사위 사랑 장모라 했던가. 있는 것 없는 것 가릴 것 없이 집안에 깊이 간수한 것은 다 내놓고 권한다. 무엇이 좋아 그렇게 특별 대접을 하는지. 사위는 장모의 속마음을 다 읽고 있다. 기회는 이때다 하고, 몸보신이나 해볼까 하며 잔머리를 굴린다.

장독간을 빙글빙글 돌며 한가롭게 모이를 쪼는 살이 통통한 암탉에 시선이 쏠린다. 오랜만에 닭고기 군침이 돈다. 원님 덕에 나팔 분다고 밉살스런 처남들이 거든다. "자네 그 닭은 안되네." 장모가 한사코 말린다. 그래도 막무가내다. 장모는 안타까워

"저 닭은 씨암탉일세." 한다.

처남들은 두 다리 달린 고깃국 한 모금 먹겠다고 잘한다. 잘한다. 하고 치사를 해댄다. 공치사인 줄 뻔히 알지만 이럴 때 허세 한 번 못 부리면 언제 처가에서 큰소리치랴? 장모의 만류를 모른 척하고 눈을 지그시 감고 먼 산을 보면서 사위의 근성을 부린다. 어둠이 들자 닭의 목은 비틀어지고 큰 솥에 물 한 동이 부어 온 처갓집의 처족들이 한 방에 모여 잔치를 벌인다. 먹을 것이 많지 않아 굶주렸던 그 시절의 닭고기의 맛은 영원히 잊을 수 없다.

딸은 애절하다. 키울 때에도 아들과 달리 약하디 약한 체질이라 집에 있어도 그렇고 밖에 나가도 마음을 놓지 못하는 것이 딸에 대한 부모의 애정이다. 배필을 찾아 짝을 지어주어도 역시 부모는 딸의 걱정에 마음 놓을 날이 없다. 좋은 가문에 출가를 시키면 시댁의 드센 그늘에 얼마나 마음고생이 많은가? 하고 걱정이고, 낮은 곳에 보내 놓으면 마음에 차지 않아 늘 걱정인 것이 딸자식이다.

딸을 가진 부모는 씨암탉을 가슴에 품고 살아가는 심정이다. 부모는 딸자식이 시집을 가서 아들 딸 낳을 때까지는 마음을 놓지 못한다. 씨암탉이 알을 못 낳는 심사이니 마음이 놓일 리가 없다. 아들이나 딸을 하나 쑥 생산을 하면 만면에 웃음이 가득하고 금시 외손자와 외손녀는 금쪽 같은 내 새끼가 된다.

장모는 씨암탉에 애절하다.

씨암탉이란 씨를 품고 있는 닭 즉 알을 품고 있는 닭이다. 씨암탉만 있으면 알을 낳아 부화시키면 여러 마리의 병아리가 나와 내년이면 큰 닭이 된다. 그래서 씨를 뿌리고 가꾸는 것은 생명체를 계승 보호하는 것이다.

씨는 뿌린 대로 거둔다. '콩 심은 데 콩 나고 팥 심은 데 팥 난다.' 양질의 종자는 질이 좋은 씨앗을 맺는다. 효도하고 훌륭한 자손을 바란다면 그 가문의 내력을 보아야 현명한 선택일 것이다.

그날 밤 씨암탉은 잃었지만 자기가 낳은 딸의 밭에 심을 좋은 씨앗, 사위를 보신시킨 장모의 마음은 흡족했을 것이다.

벌초

해마다 이때가 되면 벌초를 하는 사람들로 산이 술렁거린다. 한두 차례 태풍도 왔고 폭서와 폭우도 몸서리치게 많이 지나갔다. 이제는 아침 저녁으로 선들바람이 불어오는 입추가 되었다. 하늘을 찌르며 서로 키 재기를 하듯 일취월장 크던 나무와 풀잎들도 성장을 멈추고 맛과 색깔을 넣어 씨알을 영글게 한다. 며칠만 있으면 박보다 더 큰 만월이 하늘 중천에 떠서 빙그레 웃으며 맛나는 음식과 새 옷을 선사할 추석 명절이 다가오고 있다. 옛 조상님들은 바쁘지만 이때를 놓치지 않고 선조의 묘에 풀을 깎고 손을 본다.

자손이 벌초를 하는 것은 뿌리를 찾아 조상의 얼을 계승하는 것이다. 또는 마음속으로 소원을 은근히 바라고 무언으로 희망과 포부를 빌며 현 처세를 조상에게 솔직히 고백을 하며 간접적인 효도를 한다. 그래서 벌초는 강제로 하라는 제도는 없다. 자신에게 선조의 음덕이 있기를 바라면서 스스로 봉사를 하는 것이다. 가깝게는 부모로부터 멀게는 몇 대조 할아버지까지 묻힌 무덤을 잊지 않으려고 자식과 손자 온 가족을 대동하여 벌초를 한다.

우리의 뿌리는 조상의 무덤이다. 아무리 로봇이 사람의 하는 일을 대신하고 컴퓨터가 눈 깜짝할 사이에 동서양을 넘나들어도 뿌리의 흔적을 찾기는 어렵다. 그러나 변하지 않는 것이 있다. 선산을 지키는 조상의 무덤이다. 자식과 손자의 대가 바뀌어도 망자는 버리고 떠날 줄을 모르고 언제나 후손을 기다리고 있다. 그래서 조상의 무덤은 뿌리다.

자식 된 도리로 수천 수백 리를 고생을 무릅쓰고 달려간다. 숲이 우거져 길도 막히고 인적마저 끊긴 심산유곡에 곤히 잠든 조상의 무덤을 찾는다. 아무도 돌보지 않는 문명의 오지에 뗏집만 이고 있으니 얼마나 적적했을까? 까마귀와 까치도 먹을 것을 찾아 마을로 내려가고 흔한 참새 떼도 날아들지 않는다. 들꽃들과 친구할까! 산새들과 이야기를 나눌까? 망자의 처지가 낙엽 떨어진 오솔길처럼 쓸쓸하다.

묘 주위에 풀을 베는 순간 "웅" 하고 벌떼가 나왔다. 앗! 벌이야 하는 비명을 지르며 뛰었지만 동작 빠른 벌은 어느새 내 머리에 붙어 벌써 두어 방 쏘았다. 머리가 띵하고 살갗이 따끔거리고 아팠다. 벌은 아마도 묘지를 지키는 문지기인가보다. 이 무덤에 조상은 일찍 남편을 사별한 정조를 지키며 일편단심으로 살아온 할머님의 무덤 같았다. 벌은 한 번 쏘면 침과 항문이 빠져 죽는다. 그들은 죽는 줄을 알면서도 침입자를 목숨을 던지며 막아내고 있었다.

벌은 수절하는 그 넋을 거룩한 미덕을 생각하고 망자의 혼령을 보존하기 위해 무덤을 지키고 있나보다. 미물이지만 정의에 대한 의협심이 강한 의리의 영물이다. 그 벌의 독침은 청춘에 과부가 된 할머님의 가슴에 품은 은장도다. 흑심을 품고 정조를 빼앗으려는 침입자를 단칼로 자진을 하여 정절을 지킨 것과 같이 벌이 대신하여 나를 침입자로 오인하고 목숨을 바쳐 임무 완수를 했다. 정절을 지키기 위해 몸에 은장도를 지니고 있는 조선시대 여인의 정신도 만고에 빛나지만 자신의 하나밖에 없는 목숨을 작은 미련도 없이 버리고 임무를 다하는 벌이야말로 비정과 비리가 판을 치는 작금의 세상에 귀감이 되고도 남는다.

벌은 위계질서를 지키며 집단생활을 하는 곤충이다. 왕벌 일벌 수벌 이렇게 서로의 임무가 따로 있어 제 맡은 바 임무를 성실히 행하며 살아간다. 수벌이 비실비실 놀고 있으면 일벌이 쏘아 죽인다. 일벌끼리도 그렇다. 같은 동류끼리도 비굴한 짓은 못 봐 준다. 놀고먹는 놈은 죽어야 한다. 너 죽고 나 죽고 하자는 식으로 쏘고 같이 죽는다. 삶에 연연하여 비겁할 줄 모른다. 그런가 하면 탐화봉접探花蜂蝶의 또 다른 낭만도 있다. 좋아라! 활짝 피어 웃는 꽃을 두고 그냥 지나치지 못한다. 나비가 너울너울 춤을 추면 장단 맞춰 노래를 부른다.

나비는 꿀을 먹으며 패션쇼의 예술을 꿈꿀 때 벌은 꿀을 딴다. 꿀을 따는 발놀림이 흥미롭고 한가롭다. 흥과 멋을 생활화하고 있다. 일을 가미한 몸짓이 얼마나 멋이 있는가. 우리 민족처럼 지칠 줄 모르게 부지런히 일을 하는 일순이이기도 하다.

정조를 지키고 예절과 의리를 행하는 것은 옛 우리 조상님들의 기강이 칼날같이 시퍼런 근본 도리인데 '공자가 죽어야 경제가 산다.' 하는 작금의 현세에는 꿈같은 소리다. 하기야 정조가 밥 먹여 주고 의리가 살찌게 하는 것은 아니다. 그러나 오늘날 우리가 수십 수백 년이 된 무덤에 풀을 깎는 것도 당장에 밥이 생기고 돈이 생겨서 하는 사람은 아무도 없을 것이다. 만물의 영장인 인간으로서 자신의 뿌리를 숭앙하는 정신적인 문명의 의식을 지켜오는 데 목적이 있으리라.

추석 앞날에 동네 이발소를 찾았다. 거기에는 옛날 명절 기분이 났다. 여러 사람이 머리를 깎으려고 차례를 지키고 앉아 도란도란 나누는 추석 이야기 속에 옛 추억이 아련거리고 있었다. 새 고무신이 좋았다느니 파 지짐이가 먹고 싶어 추석을 손꼽아 기다렸느니 했다. 가난 속에 풍성함을 느낀 한가위, 내 마음도 그 대열에 끼여서 유년의 고향 길을 이미 걷고 있었다. 가난에 먹거리와 물품이 귀했던 그 시절이었다. 쌀밥도 귀하고 과일도 없고 흰 고무신도 흔치 않았다. 없다가 하루아침에 새 옷에 떡과 과일이 풍부한 추석이다 궁핍 속에 풍요로움은 너무나 즐겁고 좋았다. 꿀맛 같은 음식이 차례 상에 가득하다. 비둘기가 몸은 나무에 앉아 있어도 마음은 콩밭에 있다는 식으로 제사는 건성으로 지내고 마음은 먹을거리에 있었다. 제사를 지내고 배부르게 포식하고 산소를 찾는 성묘 길은 환희의 길이었다.

드디어 내 차례가 되었다. 거울 앞에 보이는 긴 머리를 자르고 가위질을 하는 이발사의 동작이 보기가 좋았다. 삭둑삭둑 잘도 깎고 빗질도 잘했다. 마지막 머리를 붙이고 드라이를 하니 같은 꼴인 나의 얼굴인데도 들어올 때와 나갈 때의 나의 얼굴은 몰라보게 달랐다. 나는 내 머리를 손질하는 이발사의 그 모습이 며칠 전 선산의 묘에 벌초를 하는 그 모습과 같이 보였다. 그리고 내 얼굴은 벌초를 깨끗이 한 아버지와 어머니의 묘같이 깔끔했다. 아무렇게나 얽힌 머리카락처럼 여름 내내 자란 무덤의 풀을 깎는 자손들의 손, 바로 그것이 이발사가 머리를 말끔히 깎아 얼굴을 한 인물 더 나게 하는 그런 작업과 같다. 오랜만에 머리를 깎고 나니 날아갈 듯이 기분이 좋고 추석 치례를 한 것 같았다. 산사람도 이렇게 머리를 깎고 나니 한결 기분이 좋은데 죽은 망자인들 얼마나 좋으랴… 이런 생각으로 낳아주고 길러주신 조상의 은공을 만분의 일이라도 보은을 하기 위한 효심에서 벌초의 유래가 생겼나 보다.

선대의 무덤이 군락을 지어 한 능선을 차지하고 있다. 그 무덤의 형태가 낮고 높고 혹은 길기도 하고 좁기도 하다. 어쩌면 살아생전 자신들의 입적과 같으리라. 묘의 모양이 잘생기고 후덕해 보이는 무덤은 살아생전 훌륭한 일을 하시고 자식들에게 특별한 귀감이 되신 분이었을 것이고 땅에 딱 붙어 볼품없이 꾀죄죄한 무덤은 같은 동석을 하였지만 별 볼 일 없는 숫자만 채우는 분이셨다. 용두를 쓴 비석이 있고 좌판을 깔고 양편에 사자 상을 한 망두가 무덤을 지키는 묘는, 당대에 세도를 부리며 가문을 빛낸 벼슬을 한 분의 얼굴이리라. 사람이 죽으면 만사 잊어버리고 편안하다. 하지만 그것이 아닌 것 같다. 수백 년을 지나면서 후손이 벌초나 성묘를 할 때마다 저 할아버지는 저렇게 훌륭한데 이 무덤의 할아버지는 왜 이렇게도 초라할까. 하고 상을 찡그린다면 두고두고 얼마나 후회가 될까. 살아생전 후손에 길이 남을 선조의 좋은 상을 심어 주어야 한다. 윗물이 맑아야 아랫물이 맑듯 후손은, 들은 대로 본 대로 전하고 본받을 것이다.

죽음이 끝이 아니다. 현세의 삶은 잠깐이지만 사후 망자의 세상은 끝이 없다. 그러하니 죽음은 또 하나의 잠복이다. 영혼이 출현한 무덤은 하나도 없는데 사후의 세계가 지속되는지 산골마다 제초기 소리가 요란하다.

무지가 유죄

"피고는 형법 제, 몇 조 몇 항에 의하여 몇 년 징역에 몇 년 몇 개월 집행유예를 선고한다." 탕, 탕, 탕. 피고의 인생은 판사의 의사봉 소리와 함께 행복과 불행이 결정지어진다. 판사의 언행일치를 인정하는 둔탁한 의사봉 소리 속에는 법과 윤리의 괴리가 법정을 울리고 있었다.

사건이 일어난 그곳은 신문화의 혜택을 받지 못한 오지다. 모기 소리처럼 들리는 라디오 한두 대가 동네의 유일한 뉴스였다. 그것마저도 찌지직 찌지직 전파 부딪치는 소리로 무슨 소리인지 절반도 못 들어 절름발이 소식통이다.

한길에는 할아버지들이 흰 두루마기에 까만 윤이 반질반질나는 갓을 쓰고 읍내를 오르내린다. 허리는 구부정해도 고개만은 빳빳이 세워 위엄이 있다. 그 길은 가문의 명예를 자신의 목숨보다 더 중요히 지키면서 윤리를 단보로 한 세월의 통로다.

사람 사는 곳이기에 옥신각신 잦은 시비는 있었지만 부모 죽인 원수가 아닌 이상 송사는 없었다. 어른들의 훈계가 바로 법이었고, 형들의 꾸지람 한마디가 형벌이었던 평화스런 마을에도 살인의 마귀는 찾아들었다.

반나절이면 깔끔히 쌓아도 될 허물어진 담이 폐가처럼 흉물스럽다. 썩은 기둥 뿌리 사이로 개미가 길을 만들고 썰렁한 바람이 이는 마구간은 물어보지 않아도 가세가 기울어져 있음이 느낌으로 보였다.

가난한 집은 특색이 있다. 담이 무너지고 울타리가 망가져 집의 경계가 불투명하다. 뚫어진 울타리 사이로 개구멍이 나있다. 도둑이 들어도 훔쳐갈 것이 없다 보니 장금장치가 허술해 사람은 물론이고 개나 소도 허물없이 집안의 비밀을 들어다본다. 가족 간의 의견 일치가 되지 않고 삐걱거린다. 말이 없다. 그런 중에도 딱한 사정도 있다. 가정을 이끌어갈 대주가 남모를 병이 들었거나 무지로 천방지축 제 분수를 몰라 가솔을 돌보지 않고 주색잡기酒色雜技로 집안을 탕진하는 그런 부류들이 대부분이다.

이 집도 예외는 아니다. 남편이 남모를 중병이 들었다. 사실이라면 가족이 뿔뿔이 흩어져야 된다. 생각만 해도 끔찍한 처지임을 아낙은 알고 있다. 어떻게라도 남편과 함께 잘살아야 한다는 일념 그것은 아내의 본능이다. 만사가 귀찮은데 아기가 보챈다. 그러는 순간 유년의 생각이 번쩍 떠오른다. 궁핍했던 그 시절 곳곳에는 걸인이 수두룩했다. 그중에도 코가 문드러지고 손가락이 오그라진 그들에게 쫓기며 간이 콩알만 했던 바로 그때 들었던 이야기를 사실로 알고, 스스로 결행을 하기로 결정을 했다. 하늘이 퍼렇게 큰 눈을 뜨고 내려보는데도 무지는 용감했다.

행인의 발길이 뜸한 시골강변이다. 아낙은 냄비를 걸어놓고 불을 지피고 있었다. 따뜻한 4월의 한낮이라 장작불은 활활 타고 있었지만 불꽃인지 아지랑이인지 분별이 잘 되지 않았다. 지나가던 아주머니가 무엇을 삶는지 궁금하여 가까이 가보았다. 아낙의 행동은 수상했다.

"자식은 낳으면 또 있고 남편은 한 번 보내면 다시 올 수 없는데."

하며 넋 나간 사람처럼 중얼거렸다. 아주머니는 직감이 이상해 덜컥 겁이 났다. 자기도 모르게 지서에 뛰어가 신고를 하였다. 경찰과 여러 사람이 모여 들었다. 냄비 뚜껑을 열어 보니 그 속에는 아기의 인육이 부글부글 끓고 있었다. 끔찍한 장면에 모두들 놀랐다.

남편이 나환자였지만 터놓고 약도 구할 수 없고 병원도 못가 조약을 찾던 중에 어릴 때, 동네 사람들에게 들은 이야기가 문둥이는 애를 잡아먹으면 낫는다는 말이 생각나 일을 저질렀다고 한다. 불쌍한 아기를 부르며 내가 자식을 죽였구나 하며 후회하는 죄책감에 깊은 참회의 눈물을 흘리는 법정, 희대에 볼 수 없는 전설 같은 사건의 판결이다.

가슴을 조이며 지켜보던 많은 청중들은 자리를 뜨면서 생명을 경시하고 자식을 부모의 전유물처럼 하는 죄인한테 중형을 내리지 않고 집형유예를 선고하는 것은 이기주의적인 발상의 판결이라며 씁쓸한 여운을 남겠다고 한다. 살인의 중죄를 내리지 않은 이유인즉 비록 비도덕적인 끔직한 살인은 했지만 배우지 못한 '무지가 유죄' 를 낳은 고의성이 없는 단순한 범죄이며 오직 병든 남편을 구하겠다는 열녀의 순박함을 참작해 면죄부를 준 것이라고 했다.

판사는 재판장에 들어서면 살아 있는 염라대왕이다. 그날 그 법관의 사고와 판단에 따라 그 죄인의 운명이 결정된다.

판사의 말은 보이지 않는 올가미이자 날 없는 칼이다. 그래서 법정은 엄정하다. 생명 없는 핸드폰의 신호음도 재판정에서는 벙어리가 되어야 한다. 멋모르고 소리 울렸다가는 벌금이 부가된다. 얼마나 위엄이 있는가! 이런 중대사에 비리와 오판이 있다면 행불행과 죽고 사는 운명이 바뀌는 끔찍한 상황이 벌어진다. 판사도 인간이기에 오판도 있고, 또한 부정도 있으리라. 인간의 권력 중에 제일 좋은 권력이 운명을 담보로 한,

판사 검사의 권세이리라. 그렇지만 공정히 판결을 한다면, 그들의 말은 이 세상을 맑고 아름답게 하는 평화의 비질이다. 천국이 따로 없는 이 지상이 천국이 아니겠는가!

"삐옹 삐옹~"하며 대낮인데도 깜빡이 불을 켜고 숨이 넘어갈 듯 급한 신호음을 울리며 119구급차가 달려간다. 누구인지는 몰라도 또 저승사자가 쳐놓은 낚싯줄에 걸려 몸부림치는구나 하는 생각이 뇌리를 스친다. 물욕을 탐하다가 걸렸을까. 사고를 당했을까. 이런저런 사유로 하루에도 수많은 사람들이 죽어가고 있다. 염라대왕이 보낸 최후의 통첩, 저 올가미와 덫은 어느 누구도 한번은 걸려들 수밖에 없는 생의 종착역이다.

요즘 들어 스스로 자살하는 사람들이 부쩍 많이 늘어났다. 살기가 어려워서 이 세상은 깨끗이 포기하고 저세상에서나 운수 좋게 잘 살아보자는 내세의 동경일까. 순간에 부닥친 고통, 불안, 공포를 이기지 못한 좌절일까?

삶은 고행이라고 불가에서는 설파한 지 오래다. 부처님의 자비의 말씀이 그들에게는 설득력이 부족했던 가부다. 작금에는 모두가 부러워하는 인품과 명망을 가지고 부귀영화를 누리는 유명인사들까지 생을 포기하는 극단적인 선택은 엄동설한의 얼어붙은 강물처럼 을씨년스럽다.

저승의 지름길이 보인다. 천 길 낭떠러지가 깎아 세운 비수가 되어 어서 오라고 손짓을 하고 시퍼런 강물이 입을 넘실대고, 잘 닦아진 차도에 황색선이 유혹을 한다. 평화로운 흰 선 자신의 길을 바로 가면 아무 탈 없이 목적지에 도달할 것인데 침략의 유혹이 본인은 물론이고 이웃까지 낭패를 당하게 하는 것이다. 황색선을 침입하는 것은 덩치 큰 잉어가 작은 낚싯밥을 기웃거리는 것과 같다. 보이지 않는 저승길이다. 물밑에 살고 있는 고기들에게는 낚시꾼은 저승사자다. 저승사자가 멀리 있는 것도 아니다. 우리가 죽음에 혜안이 없어서 못 볼 뿐이지 저승사자가 강가에 낚시를 드리우고 입질하기만 기다리는 강태공처럼 도처에서 우리의 주변을 돌면서 호객을 하고 있다. 운전자의 잠깐 실수, 직위를 빙자한 탐욕과 비리 모두가 저승사자의 오라다.

이 세상에 꾹 참고 살려니 살아 있는 염라대왕의 더럽고 아니꼬운 지시를 받아야 하고, 부모에게 받은 성스러운 수壽 다하고, 자는 잠에 죽으려니 염라대왕이 보낸 저승사자들의 거들먹대는 꼴 더러워서 못 볼 것 같아 이 꼴 저 꼴 보지 않고 아무도 안 볼 때 그들은 생의 종착역 얼른 지름길로 찾아갔다.

그들은 비명도 없이 편히 영면을 하였지만 지름길을 지키지 못한 가족들에게는 천 배 만 배 슬픔이 되어 오열한다. 인간이 죽고 사는 것도 자연의 법칙과 같다. 도둑을 피하면 강도를 만난다고 염라대왕을 피하여 비밀리에 간 그곳 역시 그들의 지배구역이기에 인륜을 버린 패륜의 재판이 더 큰 중죄가 아닐런지?

투덜이가 없는 곳

문명과 문화가 발전하는 사회일수록 불만이 많다. 예전에는 빵만 충분하면 모두가 해결되었다. 문명사회에서는 수많은 사람들이 제각각 자유를 누리고 살다 보니 불만이 없을 수가 없다. 그것이 요즘은 스트레스가 되어 만병의 근원이 되기도 한다. 그렇지만 개개인의 불만을 해결할 수는 없다. 그렇다 보니 이 스트레스를 푸는 방법이 다양하다. 말로써 푸는 사람이 있는가 하면 일을 하여 순간의 감정을 풀기도 한다.

생각만 하면 울화통이 터질까봐 농부는 들에 나가 곡식에 복토를 하면서 괭이로 흙을 팍팍 파면서 있는 힘을 다하여 죄 없는 땅에게 울분을 삼킨다. 그런가 하면 어떤 여인은 그동안에 밀린 빨래를 다 모아 물이 철철 흐르는 냇가에 가져다 놓고 방망이질을 힘 있는 대로 죽어라죽어라 하고 빵빵 치며 죄 없는 빨래가 허물어져 찢어지도록 하여 감정을 삭인다. 시골에는 이런 식으로 푸는 것은 참 좋은 방법이다. 스트레스도 풀고 일도 하고 일거양득이라고 해야 할 것이다.

도회지 생활은 꽁하고 있으면 병이 생길 지경이다. 옳고 그름을 아내나 남편에게 따지면 부부싸움이 눈으로 선하게 보인다. 마음대로 되지 않는 것이 이럴 때이고 역시 대상의 생각이 어디로 불똥이 튈지 가름 못 하는 것이 이런 상황을 두고 하는 말이다.

같은 일을 두고도 골치가 아픈 일도 많다. 말을 하여 자신의 스트레스를 풀려는 사람도 간간이 있다. 남을 정화를 시켜 자신의 불만을 소화하려는 것이다. 이것이 문제인 것이다. 자신의 스트레스도 감당을 못하는 세상인데 남의 말을 수긍하면서 상대방의 스트레스가 풀리게 이야기를 들어 줄 사람이 이 세상에 누가 있을까? 누구도 없다. 그렇다 참으로 지당한 말씀이다. 스트레스를 기분 좋게 풀 방법은 없다는 답은 이미 만천하에 나와 있다. 어떻게 할 것인가? 그렇다고 참을 수는 더더욱 없는 것이다. 대책 없는 일에 이들은 불특정 다수에게 대상 없는 투덜이로 변하는 것이다.

아내는 계모임에 나가고 저녁까지 먹고 온다는 전화가 왔다. 예전 같으면 턱도 없는 일이겠지만 요즘은 세태가 세태인 고로 아내의 제안에 거부하기 면구스러워 마음대로 하라고 했지만 어쩐지 마음은 상쾌하지 않았다. 남자가 집을 지키며 밥까지 차려 먹어야 하는 그런 유행의 시대가 되었으니 말이다.

그런데 뜻밖에 딸이 전화를 했다. 저녁을 먹으러 가려고 하니 6시 반까지 나오라고 했다. 나는 흔쾌히 대답을 했다. 그렇지 않으면 냉장고 반찬을 내놓고 외롭게 혼자서 입에 구미를 맞추며 밥을 씹어야 될 것인데 저녁 외식을 하자니 듣던 중에 반가운 일이다.

딸이 횟집에 가서 회를 먹자고 하기에 겨울에 회는 무슨 회 하고 대연동에 있는 '대구볼찜'을 먹으러 가자고 했다. 그 집 음식 맛이 정말로 일미라고 소문이 났던데 하니 예, 그러면 그렇게 하자고 했다. 잠시 후 도착했다. 아니나 다를까 대기하는 손님이 빽빽하게 들어찼다. 천막을 쳐

난로까지 피워놓고 있었다. 난로에 앉은 손님은 그나마 재수가 좋은 것이다. 모두가 추운 곳에서 겨울바람을 그대로 맞으며 불만 없이 얽히고설키어 순서를 기다리고 있었다. 50대의 남자 한 사람이 접수를 받으며 번호표를 주었다. 우리 번호는 24번이었다. 그런데 16번 손님이 준비하라는 전갈을 받아 안으로 들어갔다. 저들은 20분만 기다리면 된다고 했다. 하지만 손님을 보니 30여 분은 넉넉히 기다려야 할 판이었다.

이 추운 날씨에 작은 난로 하나를 피워 놓고, 먼저 온 사람은 앉고 조금 늦게 온 사람은 모두 천막 밑에 서거나 아니면 골목바람을 그대로 맞으며 어른 · 아이 · 남녀노소 할 것 없이 기다리고 있다. 내 마음 속으로는 음식이 얼마나 맛이 있고, 싸고 깨끗이 해 주는지는 모르지만 이것은 손님을 너무나 성의 없이 대하는 것이 아닌가 하고 생각을 했다. 그런데 어느 누구 하나 따지거나 칭얼대고 불평불만을 하는 사람은 없었다. 나도 속으로는 투정을 하였지만 밖으로는 내색을 하지 않았다. 이곳이야말로 투덜이가 없는 곳이 아닌가.

대부분은 점포마다 손님이 없어 몇 손님 댕그랗게 앉아 있는, 문을 열기는 열었지만 개문 휴업 상태다. 바로 옆집도 같은 종류의 업종인데도 거기는 가지 않고 여기 이 식당에서 기다리며 문전성시를 이루어 대기 손님까지 웅성거리고 있으니, 별미의 음식을 만들어 경영하며 살아가는 수안에, 이럴 수가 하는 감탄이 나올 수밖에 없다. 이런 상황을 무엇으로 설명을 해야 할까? 대개는 장사가 되지 않은 것을 경기 탓으로 보며 세상의 흐름을 탓하는데 이 집은 그러한 말이 통하지 않는다. 손님이 없다고 탓하는 것이 아니라 너무 많아 즐거운 비명을 토하는 것이다. 이렇게 되면 주인은 돈을 많이 벌어서 좋고 종업원은 일이 많아 시간 가는 줄 모르고 하루가 후딱후딱 지나가 신명나는 직장이라 좋을 것이다. 저렇게 열심히 일을 하는 것을 보면 다른 곳보다 보수도 훨씬 많을 것이 뻔하다.

차례가 되어서 자리에 앉으니 음식을 기다리는 데도 한참을 기다렸다. 이러하니 음식은 맛이 없을 수가 없다. 모든 것이 기다렸다 시장기를 느끼다가 먹으면 맛이 한 층 더 나는 것은 말해 뭐 하겠는가? 기다리다 대구볼찜이 나왔다. 보기만 해도 먹음직스럽다. 3인분을 시켰는데 접시 가득 수북하게 철철 넘치기 직전의 모습이었다. 접시의 맨 밑에다 대구뽈 고기를 깔고 그 위에 콩나물을 덮고 그 위에 양파와 양념이 넘칠 정도로 흐르듯 하여 입맛을 자극하고 있었다. 빨리 수저로 먹지 않으며 금방이라도 흘러내릴 듯이 가득 담아왔다.

손님들은 기다렸다가 젓가락으로 콩나물 밑에 대구 볼 속에 들어있는 고기를 빼먹으려고 젓가락을 헤집는 동시에 양념이 대구볼찜의 살코기와 섞이어서 입으로 들어가니 그 맛이 정말로 둘도 없는 일미였다. 간이 입에 꼭 맞았다. 짜지도 않고 싱겁지도 않고 맵지도 않고 그렇다고 니글니글하지도 않고 입에 착착 들어붙는 이 맛은 먹어보지 않은 사람은 형언할 수 없지만, 먹은 사람은 야! 맛, 참 좋다. 라고 자랑을 할 것이다. 술을 먹는 사람은 술안주로 밥을 먹는 사람은 밥반찬으로 자연적으로 살코기와 양념 콩나물이 어우러져서 맛을 내고 있었다. 맛에 둘이 먹다 하나 없어져도 모를 정도로 대구볼찜을 가려 먹다보면 가득찼던 고기와 콩나물은 간데없고 양념만 바닥에 깔려 있었다.

그래도 맛의 여운이 남아 조금 더 배를 채우고 싶었다. 남은 양념에 작은 뼈다귀를 골라내고 면을 2인분 넣어 뒤적거려 먹으니 면 맛이 역시 별미였다. 배는 불러 포만감에 맛의 만족과 즐거움의 만족으로 대만족이다. 안주가 좋으니 술을 먹는 손님들도 많은 것 같았다. 다른 곳 같으면 술을 마시고 큰소리치고 떠드는 사람도 많을 것이지만 모두는 기다리는 사람을 위하여 조용히 일어나 돈을 지불하고 자리를 교대하고 있었다.

이 식당에 와서 음식을 먹고부터는 기다리면서 작은 불만의 투정과 투덜이는 확 사라졌다. 대식가들이 맛을 찾아 스스로 왔다가 기다리면서까지 맛나게 먹고 가는 이곳에 무슨 불만이 있어 투정과 투덜이가 존재하겠는가? 그러나 세상에 불만과 투정이 많은 것은 사실이다. 특히 술과 음식이 있는 음식점에는 더더욱 그렇다. 그러하지만 불만과 투덜이가 없는 곳도 있다는 것을 오늘 이 대구볼찜을 먹으면서 진지하게 의미를 부여해 보는 계기가 되었다.

상대를 원망하지 말고 상대가 무엇을 원하는지 그 원하는 핵심에 맞는 양질의 맛을 뿌리면 입은 불만을 토로하지 않을 것이다. 맛도 일종의 행복이다. 좋은 맛을 기다리는 것은 행복 찾기다. 대연동에서 대구볼찜을 먹으면서 인생의 맛을 음미해 본다. 투덜이는 세상이 원하지 않는다. 노력하여 누구에게나 최선을 다하여 투정이나 불평을 잠재우는 기업이나 사회가 아름다운 우리의 미래다. 이런 기업은 많을수록 행복지수가 상승한다. 기다리면서도 불만은 하지 않는 것은 누가 시켜서 또는 가르쳐서 되는 것도 아니다. 그럼 이 식당은 왜일까? 기다리는 인내보다 더 큰 즐거움이나 행복이 다음에 대기하고 있음이 보장되기 때문이다.

자동차 연수

아들이 운전면허증을 땄다. 학생 신분으로 차를 운전할 일은 별로 없겠지만 현대생활에 자동차 운전은 필수라 방학기간을 이용해 면허증을 딴 것이다.

도로 연수를 받는다고 학원 차를 타고 한적한 이면도로를 몇 번 운행을 했지만 자신이 없나보다. 며칠 전부터 "오는 일요일 아버지 연수 한 번 시켜 주세요." 하며 부탁을 하고 또 한다. "학원에서 확실히 하지 왜 나한테 해 달라하나." 하니 시내 도로의 사정을 몰라 서툴러서 길을 잘 아는 아버지와 같이 가야 한다고 했다. 하기야 면허 시험장에서 합격한 코스 통과와, 장거리 운행은 운전의 공식에 불가하다. 그러니 연수는 초보 운전자의 자습 코스다.

초보운전은 위험하다. 자동차 운전이 다른 기계처럼 기계의 조작이 복잡하고 어려워서 그런 것은 아니다. 빠른 속도로 움직여 자칫 실수라도 하면 사고와 사건이 다르기 때문이다. 더군다나 우리 차는 오토가 아닌 기어를 바꾸는 구형이라 초보자가 운전하기는 더욱 어렵다. 운전은 단 한 번의 실수도 용납되지 않는다. 운전이 어렵고 두려운 것은 바로 이

조건이다. 다른 일에는 실패는 성공의 어머니라는 격언도 있다. 그러나 자동차 운전의 실수는 하나뿐인 생명을 노리는 악마이므로 절대로 있어서는 안 된다. 초보자도 능숙한 자도 조심 운전밖에 다른 특별히 수련할 방법은 없다.

도로가 주차장처럼 꽉 찬 도심의 거리를 주행하기란 여간 두려운 것이 아니다. 한발 가다서고 몇 미터 앞에가 '신호등'이라 서다 가다 반복한다. 서툰 솜씨에 신호와 차를 동시에 보고 기계를 조작하려니 혼쭐이 난다. 손발에 땀이 나고 정신이 제정신이 아니다. 이럴 때 옆에서 마음의 안정을 하도록 역할을 하는 것이 오늘 나의 임무다.

초보자의 시내 운전이란 얼음판을 건너는 것처럼 항상 불안하다. 신호 대기를 하다 출발 신호에 클러치와 액셀러레이터를 밟는 균형이 맞지 않아 시동이 꺼진다. 그러면 몹시 당황한다. 뒤차는 빨리 가자고 빵빵 그리고 다음 차는 빨리 가지 않는다고 신경질적인 클랙슨을 요란하게 누른다. 세상의 삶을 자동차가 재촉을 하는 것이다. 자동차가 인생을 더 빨리 더 복잡하게 만들어 놓고 있다.

자동차는 지게다. 지게를 생각하니 아버지 생각이 떠오른다. 내가 처음 지게를 질 때 요령이 없어 넘어지고 엎어질 때 아버지는 일으켜 주고 지게를 지는 요령을 가르쳐 주었고 짐을 지고 아무 탈 없이 집에까지 오는 날에는 다 자랐구나 하고 칭찬을 해 주셨다. 짐이 무거워서 애를 태우는 날에는 내 지게에 실린 짐을 아버지 지게에 실어 힘을 적게 들게 했고 당신 짐이 무거울 때에는 먼저 저 앞에 저다 놓고 당신도 무거울 것인데 쉬지도 않고 고사리 같은 아들의 고생을 생각해 짐을 한바탕 옮겨 주시던 자상한 아버지의 정이 새삼 그리워진다.

훗날 그 지게는 나를 골병들게 했고 또한 내 인생을 굴절시킨 애물이었다. 오늘 내가 내 아들의 자동차 연수를 시키는 것이 아버지가 나에게 지게 지는 법을 가르쳐 준 그때와 꼭 같은 의미로 부상된다. 3대의 이어짐이 2세에서 3세로 잊는 세월, 수많은 긴 세월 같지만 반세기도 못되는데 기계 문명권 밖에서 고생만 하시다 살다 가신 아버지를 떠올리고 개발 단계를 지나 첨단 문명 시대를 살 아들을 비교해 본다. 같은 하늘 밑에 한솥밥을 먹는 한 식구의 삶이 이렇게도 다를 수가 있을까? 하는 귀신이 곡할 이변의 발전에 만감이 교차된다.

연수 코스는 복잡을 피했다. 도심을 벗어나 구포에서 직선으로 다대포까지 잘 닦아진 편도 4차선의 확 뚫린 강변도로를 택했다. 우선 속도의 감각을 익히고 신호에 서고 출발하여 기어와 클러치를 속도에 따라 빼고 넣는 것을 연습에 목적을 세웠다. 처음에는 4차선에서 주행을 하다 좌측 신호를 넣고 3차선 2차선으로 들어가기도 하고 나오기도 했다. 엔진이 꺼지는 순간들이 심리적인 불안이 원인인 것 같아 쉬었다가 연습하자고 했다. 강변에 차를 세우고 내렸다.

하구언이 지나고 강과 바다가 어울려지는 하구의 삼각주다. 강변이 있고 파란 강물이 있고 아득히 지평선도 보인다. 하늘에는 흰 구름이 몇 점 흘러간다. 새들이 나는 창공에는 황색선도 없고 백색선도 없다. 그들은 파란 하늘을 만끽하며 곡예를 부리며 비상하고 있다. 삼각주 을숙도에는 철새들의 정류장이 되어 수많은 종류의 새들이 북새통을 이루고 있다. 다인종이 북적대는 공항의 터미널처럼 많은 종류의 새들이 섞이어서 먹이를 구하며 삶을 개척한다. 인터넷 속에 익명의 세상처럼 새들은 무한한 자유를 누리며 천국을 지배하는 것이 부럽다.

푸른 강물 밑에는 몸을 불리려 바다를 갔던 연어들이 모천을 찾아 귀향길에 고향 냄새를 맡으며 유유히 놀고 있으리라. 강둑에는 많은 낚시꾼들이 모였다. 은어를 낚고자 함이다. 낚시꾼은 고기들의 사신이다. 사선인 낚싯줄에 먹이를 달아 고기를 유인한다. 배고픔을 참지 못하는 고기들은 은근히 마음이 끌린다. 빨리 가려고 차선을 위반하여 앞지르고자 하는 심정이 랄까. 먹이사슬에 입질을 하는 고기는 사선과 같은 황색 차선을 위반하여 앞지르기를 하는 것과 같다. 5분 빨리 가려다 50년 먼저 황천객 신세가 된다.

황색 선은 사선이다. 물밑에 있는 고기가 낚시꾼을 못 보듯 우리 눈에 보이지 않을 뿐이지 저승사자가 회심의 미소를 지으며 낚시꾼처럼 사선에 걸려들기를 고대하고 있으리라. 그래서 운전수의 차선 준수는 생명을 지키는 길이다.

운전이 능숙함을 뽐내지 말자. 자동차 기사는 차를 몰고 가는 운전자가 아니다. 운전을 하려고 운전석에 앉으면 차의 고급 부속이다. 운전을 잘해 사고 없이 운전을 하면 양질의 부속이 되고 잘못하여 사고를 내고 재산상 손해를 끼치면 그 운전수는 불량 부속이다. 차가 아무리 좋아서 값진 고가품이라도 운전을 잘못하면 가치가 없다. 중요한 부속에 결정적인 결함이다.

차는 상전이다. 사람인 나는 아무 곳이나 빈곳이 있으면 앉기도 하고 서기도 하여 누구를 기다리기도 하고 쉬기도 한다. 그런데 차는 주정차할 장소가 따로 있어 아무 곳이나 서고 쉴 수가 없다. 제자리에 얌전히 모셔야 한다. 잠시라도 함부로 세웠다가는 욕은 욕대로 듣고 벌금까지 내는 꼴이 된다. 빨리 가면 경찰이 잡고 늦게 가면 뒤따라오는 차가 치근대고 제재와 규제가 너무 많아 싫다. 그래서 나는 내 차는 놀려 놓고 대중교통을 즐겨 이용한다.

인간관계에 얽매인 것도 싫어 두문불출하고 싶은데 조금 편리를 볼 것이라고 차에 끌려 다니면서 수모를 감내할 필요까지 있겠는가? 아들이 오늘은 새로운 기술의 기능을 익힘에 기분이 좋겠지만 제 인생에도 새로운 멍에가 덧씌워 지고 있다. 내 마음은 일희일비一喜一悲하다. 사실은 나는 지금 아들을 도와주려고 옆 좌석에 앉아있지만 별 도울 일이 없다. 학원연수 차처럼 보조 장치가 없기 때문에 위험을 느낄 때도 행동으로 조작할 수 없고 말로만 "정지" 하고 제 마음의 안정을 주는 도리밖에 없다. 갑자기 시동이 꺼져 차가 정지하면 이럴 때 초보자는 몹시 당황하게 된다. "천천히 해라, 뒤차를 의식하지 말고" 하며 위안을 준다. 그 말에 아들은 용기와 힘을 얻어 침착성을 가지고 안정을 찾는다. 내가 아들의 운전 연수에 도움이 된 것은 이 말뿐이다. 아들아! 평생을 두고 사고 없기를 무언으로 빈다.

봄을 기다리며

겨울을 쫓는 가랑비가 내린다. 오늘따라 마음이 심란하다. 이 비가 내리고 나면 가슴 설레는 봄이 오겠지 해마다 반복해 찾아오는 계절인데 지난봄과 다른 것이 무엇이 있다고 또 새봄을 기대하는가.

고산에 잔설이 녹아내리는 물로 목을 축인 초목들이 겨울 꿈을 깨고 긴 호흡을 하며 기지개를 켠다. 약속도 하지 않았는데 며칠의 오차도 없이 꽃이 피고 지고 움이 트고, 겨울새는 떠나고 여름새는 돌아온다. 헐벗은 나목의 눈망울에도 가랑비는 생기를 불어넣어, 봄을 기다리는 내 마음같이 씨눈이 부풀어 오른다.

조숙한 개나리꽃은 샛노란 꽃망울을 터트려 홀로 봄을 맞으며 피어있어 보기가 애처롭다. 가냘픈 꽃술이지만 봄의 전령으로 화신花信을 제일 먼저 전해주니 기특하다. 갓 시집온 꽃 각시 노랑저고리의 청초한 새색시 거동 같기도 하여 애잔한 사연이 들어 있는 듯하다. 암울했던 겨울은 가고 이른 봄 만물이 소생하는 계절 속에 눈물나는 사연이 한두 가지가 있었겠는가. 그렇게 생각하니 죽은 이에게 바치는 꽃이 노란색 국화꽃이다. 영적인 조상의 색깔로 봄의 전령이 되었나 보다. 이렇듯 봄은 화려함만은 아니다.

민둥산에 새싹이 돋아 푸르고 훌훌 벗었던 나목들은 신록의 새 옷을 갈아입는다. 새들이 노래하는 춘삼월의 화려함은 우리 인생의 삶처럼 고통과 인내의 산고 끝에 얻어지는 대자연의 질서이다. 고생 끝에 얻어지는 희망의 꿈은 새로운 소생을 바라는 창조하는 신들의 약속, 한 치의 오차도 없다. 우리 인간은 그렇게도 변치 말자고 혈서를 쓰고 맹세를 하며 다시 오마 약속을 하고도 영영 돌아오지 않고 이별의 눈물을 가슴으로 삼키며 사는 사람이 얼마나 많은가? 슬픈 일이다. 미물인 자연의 초목草木보다 못하니 말이다.

얼었던 강물이 풀리고 땅 밑에 개구리는 긴 동면에서 깨어난다. 자명종도 없는데 누가 깨워 주었을까. 가랑비가 개구리의 자고 있는 땅 밑에 살며시 들어가 귀엣말로 앞 냇가에도 봄물이 흐르고 있다고 알려 주었을 것이다. 겨울 끝에 불어오는 훈풍은 봄의 봉사자인가 새들도 날개를 펴며 추위에 떨었던 겨울 이야기를 나누다가 화사한 봄빛으로 물든 하늘을 비상한다.

봄이 오면 겨울새는 가고 여름새는 돌아온다. 철 따라 이삿짐도 없이 몸 하나 날갯짓하면 어디로든 친구 따라 겨울새는 강북으로 여름새는 강남으로 떠나고 돌아오면 그만이다. 노래하는 새가 부럽다. 철따라 이동하며 가는 곳마다 둥지를 틀어 삶의 터전을 닦아 한세월 여유롭게 보낸다. 넓은 창공은 날개 달린 저들의 무대이다. 그래서 새는 벼랑이 없다. 벼랑이 없으니 절벽도 없다. 그러니 절망이라는 언어조차 모를 것이다.

봄을 따라 이사를 오는 새들은 신선 중에 신선이다. 아무도 침노 못 할 벼랑 끝이나 나뭇가지 상상봉에 그림 같은 집을 짓는다. 무한한 하늘을 무대로 마음껏 재롱을 부리며 먹이를 얻어 배불리 먹고 지상과 천상을 자유자재로 오르내리며 세상을 낙원으로 만끽하며 살고 있다. 해가 지면 달같이 지은 보금자리에 몸을 누인다. 별빛을 등불 삼아 사랑을 속삭이며 극락 같은 꿈을 꾸리라.

들에는 새싹들이 파릇파릇 앙증맞게 부풀어 오르고 양지 바른 산에는 토끼가 빨갛게 충혈된 눈을 홉뜨고 갓 돋아난 풀을 뜯으며 간식을 먹고, 사슴은 쭉쭉 뻗은 두 다리로 이 산 저 산을 껑충껑충 넘나들며 기록 없는 경주를 하고, 산새들이 신록이 우거진 숲 속을 자유로 날며 가사 없는 노래를 반복한다. 벌과 나비는 이 꽃 저 풀꽃을 찾아다니며 꿀을 딴다. 눈높이 하늘에는 날개 달린 곤충들이 이리저리 떠돌고 종달새는 하늘높이 곡예를 한다.

봄은 형상 없는 귀인이다. 초청하지 않은 봄은, 봄이 와도 봄이 아니다. 삶에 시달린 빈곤에는 봄도 지나가 버린다. 봄은 한없이 예민해 초대하여 맞이하지 않으면 눈 깜짝할 사이에 건너뛰기를 한다. 멋을 부려 봄과 함께 노닐려면 추워서 견뎌내기가 불편하더라도 바람에 살랑거리며 싱숭생숭하는 핑크빛 숙녀복을 걸치고 애조를 띤 가곡에 맞추어 블루스 춤을 추는 이팔청춘 아가씨 마음이라야 봄을 만끽할 수 있다. 두터운 겨울옷을 입고 따뜻한 봄을 기다리면 꽃도 지고 청춘도 지나가버린다. '춘래불사춘春來不似春, 봄이 와도 봄만 같지 않더라.' 는 것이다.

사람이 출세를 하고자 하면 귀인을 만나야 한다. 그래서 누구나 귀인을 만나려고 온갖 수단과 노력을 한다. 하지만 귀인은 아무 곳이나 찾아가지 않는다. 귀인이 머물 수 있는 준비를 갖추어 있는 곳에만 들린다. 귀인에게 대접을 못하면 귀인이 왔다가도 떠나버린다. 봄 역시 귀인과 같은 중요한 계절이라 지나가기 전에 갈고닦아 씨 뿌리고 가꾸어야 풍성한 가을을 기대할 수 있다.

겨울은 봄의 징검다리이며 살을 깎는 시린 암흑이다. 지루하고 긴 험로를 슬기롭게 견뎌내야 새 세상을 맞이하는 새로운 탄생이 기다린다. 사철 푸른 소나무도 모진 혹한의 눈보라를 받아들이며 한파를 견뎌 내야하고, 헐벗은 나목은 나목 대로의 칼바람에 절규하며 인내로 나이테 하나 몸뚱이에 감아야, 성장하는 푸른 숲이 된다. 동면하는 뱀 같은 파충류는 독기 서린 모진 앙금 같은 허물을 벗어 겨울잠에서 깨어나 부활을 해야 하고, 털을 가진 짐승은 때를 벗기듯 오욕으로 얼룩진 털갈이로 변신을 해야, 비로소 새봄이 오는 것이다.

사람들은 봄을 기다리고 있나보다. 나는 봄을 탄다. 봄을 타는 사람은 추운 겨울의 한파보다 꽃을 피우고 움을 트게 하는 훈풍에 가슴이 타고 비애와 쓸쓸함을 느낀다. 인생의 꽃봉오리를 활짝 피어 보지도 못한 채 접어버린 한이 봄을 태웠다. 그런데 나는 왜 무엇 때문에 무슨 미련이 있기에 잔인한 4월의 봄을 기다릴까 고추 한 포기 옮겨 심을 밭떼기도 없고 꽃씨 한 알 뿌릴 손바닥 만한 흙 땅도 없지 않은가! 사춘기 소년 소녀처럼 터질 듯이 두근거리는 감정의 가슴도 미워졌는데….

내 인생의 봄은 지금 어디쯤에서 머물고 있을까. 화창한 봄 하늘 아래 능수버들 가지가 초록을 머금고 미풍에 청실 거렸다. 산에는 진달래꽃 만발하여 분홍빛 꽃물을 드리었고 강가에 버들피리 부는 소년의 천진난만한 웃음이 있었다. 삼십 리 떨어진 먼 길 사찰의 뜰에 만개한 벚꽃을 구경하고 황홀함에 젖어 피로함도 잃었던 그 시절의 회상이 내 인생의 봄이었을까?

아니야! 어머니의 그림자 같은 사랑을 받으며 푸른 꿈을 꾸며 잔뼈가 굵어지던 그때가 내 인생의 봄이었으리라.

태극기

– 태극기 휘날리며 영화를 보고

애국가가 바람결에 휘날리는 태극기와 함께 흘러나온다. 태극선 안에 노옹이 어깨를 들썩이며 호곡을 하고 있다. 동생이었던 자신(노옹)을 살려 보내려고 총구를 돌려 북한군의 진지를 쏘아 엄호사격을 하다 전사한 형을 그리는 한에 어린 울음이다.

형의 인골인 뼈를 앞에 놓고 형의 넋인 양 울고 있다. 학도병에 끌려갔던 청춘이 반세기의 기나긴 세월에 노옹이 되었다. 흙에 묻힌 해골은 손만 스쳐도 파삭 부스러질 것 같다. 빗발치듯 날아오는 총알과 파편의 방패였던 철모는 구멍이 나, 흙으로 진화될 직전이다. 6 · 25전쟁 때 접전지역에 우리 군이 조국을 지키기 위해 꽃 같은 청춘을 바쳐 싸우다 원혼으로 산화한 유골 발굴의 현장의 모습이다. 50년 전으로 돌아간다.

노옹의 통곡은 전쟁의 포성이요, 흐르는 눈물은 총칼에 무참히 죽어간 형과 전우의 피다. 그때 한의 절규가 가슴에 북받친다.

예나 지금이나 정치는 냉정했나 보다. 무고한 백성의 피로 방패막이를 삼아 권자를 누렸다. 강대국의 이념의 논리로 나라는 토막이 났다. 한민족을 공산주의와 민주주의 사상을 토착화시키기 위해 38선을 그어 피의 충돌을 야기시켰다. 38도선에는 이미 국경선이 되어 남북으로 나뉘어 서로의 총부리를 겨누었고 사회에서는 우익과 좌익(민주와 공산주의)으로 이분화되어 살벌한 이념의 땅이 되었다.

드디어 6 · 25 전쟁이 터졌다. 갑자기 서울은 들끓었다. 호외의 신문이 뿌려지고 야단법석이었다. 당국에서는 밀물처럼 밀려오는 북한군을 막기 위해 기차역에서 노상에서 닥치는 대로 징병을 했다. 학생(노옹)은 역에 구경을 하다 끌려갔다. 그 소문을 듣고 형은 동생을 구하려다 형제가 강제로 징집을 당하고 말았다. 장정을 실은 군용열차의 떠나는 이별의 모습은 눈물과 태극기 일색이었다. 칙, 폭, 칙, 폭 증기기관차의 피스톤 움직이는 소리는 숨소리처럼 슬픈 기적을 남기고 그들은 끌려갔다. 그들의 운명은 숙명처럼 비극이 기다리고 있었다.

전쟁은 인간을 공포의 세상으로 몰아넣었다. 산을 쪼갤 것 같은 폭음과 불꽃을 뿌린 듯이 쏟아지는 폭탄에 땅이 꺼지고 하늘이 무너졌다. 폭음에 정신을 잃고 파편에 살점은 짓이기고 뼈는 이빨처럼 허옇게 들어나 꺾어졌다. 전우의 시체는 나딩굴었다. 팔이 달아나고 다리가 토막이 나고 눈알이 튀어나오고 피범벅 속에 절규하는 아비규환은 눈뜨고 못볼 참혹이다. 무서움에 소름이 끼치고 전율을 느꼈다. 악은 더 큰 악을 부르고 불신은 남북의 인위의 장벽으로 인륜의 정신마저 버리는 참상의 결과를 초래하고 있었다.

선전포고도 없는 비밀리에 급습한 무자비한 도발 전쟁이다. 어린이 노약자 무고한 백성을 학살하고 부녀들까지 만행을 저지른 천인공노할 전쟁이다. 그것도 부족해 인의 장막으로 총탄막이로 동원된 중공군의 인해전술은 비겁하고 더더욱 무지하고도 치졸한 더러운 전쟁이다. 동족상잔의 부끄러운 전쟁에 해방의 기쁨은 간데없고 민족의 상흔만 천지를 진동하고 있었다.

그런 와중에도 형제는 용감했다. 형은 부대에서 훈장을 타면 형제 중에 한 사람을 집으로 귀가시킨다는 말을 믿고, 훈장을 받아 동생을 가족의 품으로 돌아가 가문을 지키고 가족을 행복하게 하려고 한 목숨을 던진 것이다. 훈장을 받기 위해 무고한 목숨을 수없이 죽이고 스스로 만행을 저질렀다. 동생은 태공무공훈장에 눈 먼 보수주의 형을 비난했다. 가문보다는 정의를 앞세우고, 가족보다는 의리에 불타는 홍안의 학도호국병인 열린 마음을 가진 진보의 동생은 180도로 바뀐 형의 무자비한 전공이 눈에 가시로 보였다. 동생은 빗나간 사고의 형을 원망하고 형은 자기의 진심을 이해 못하는 동생을 다독이며 목표를 위해 동생을 달랬다. 때론 다투기도 하고 비웃기도 했다.

그러나 총탄이 빗발치는 전투에도 형은 동생을 살폈고 동생은 형을 부르며 고래고래 고함을 치다 살아있음을 확인하고 기쁨에 얼싸안고 뼈가 으스러지도록 몸을 비볐다. 사경을 헤매면서도 동기를 생각하는 우애는 특별하다. 가슴이 뭉클하고 눈물이 볼을 적신다. 형은 자신의 분신과 같은 동생이 적의 폭격에 죽은 줄로 오인을 하고 상관이 자신의 전략대로 하지 않아 동생을 죽게 했다고 그는 마음을 바꾸어 월북을 하여 되려 적의 선봉에 서서 남쪽으로 향해 대공세를 감행을 했다.

천신만고 끝에 살아난 동생은 형이 자기가 죽은 줄로 오인을 해 자신을 버린 국군이라고 동생 없는 남한을 향해 총구를 돌렸다는 것을 알았다. 동생은 그제야 형이 자신을 너무 사랑했다는 것을 깨닫고 형에게 자신이 살아 있다는 것을 알려주어야 한다며 그 동생도 형을 만나기 위해 적진을 돌진하여 육탄전을 벌이다가 동생은 형을 찾아 형에게 내가 살았다고 외치며 자기 얼굴을 보라고 했지만 형은 자기 동생이 죽은 것을 확인했다면서 내 동생은 이 세상에 없다고 외치며 동생과 죽도록 육탄전을 벌였다. 형제는 둘 다 사경에 이르자 동생이 형이 선물한 만년필을 보여주자 그제야 동생을 확인하고 형제는 몸이 으스러지도록 얼싸안았다.

동생은 형 빨리 가자고 재촉을 한다. 형은 동생에게 마지막 말을 한다. 네가 살아 한없이 기쁘지만 나는 이제 고향으로 갈 수는 없다. 너만이라도 살아 돌아가 우리의 가문을 지키라면서 얼른 가라는 손짓을 하며 동생이 무사히 가도록 북한군의 진지를 향해 한없는 엄호 총탄을 퍼부어 동생의 무사 귀환을 돕고 형은 북한군의 총탄에 전사를 한 사연이다.

형제의 감동 어린 우애에 지난해에 돌아가신 야위었던 형님의 얼굴이 떠오른다. 병마의 고통에 사경을 헤매는 형님의 병 수발을 하룻밤도 못해 준 것이 너무나 후회가 된다. 산다는 핑계로 병상에 두고 홀로 돌아선 내 행동이 너무 죄스러워 나도 모르게 눈물이 흐른다. 형은 나에게 부모처럼 잘해 주었는데 나는 왜 부모님이 시간만 있으면 가르쳐 준 우애를 지키지 않고 일이 바빠서 집으로 왔다. 한 번 가면 다시 못 올 죽음보다 더 바쁜 일이 있는가? 이 순간에도 눈앞이 흐려 온다. 저렇게 소중한 것이 형제인 것을 나는 왜 몰랐을까? 나의 속 좁은 이기심이었을 것이다.

이렇듯 '태극기 휘날리며' 영화는 이념의 소용돌이 속에서 노옹의 형제는 총부리를 서로 겨누기도 하고 육탄으로 죽음의 기로까지 갔지만 형제의 우애는 전쟁도 이념도 꺾지 못했다. 이 전쟁 영화는 우애가 이념을 이긴 형제의 쾌승이다. 진한 피 한민족 한국인이 아니면 어느 민족도 지킬 수 없는 인간승리다. 그래서 관객 일천만 명 돌파를 일찌감치 세운 걸작 중에 걸작이다.

태극기는 나라의 대표이자 얼굴이다. 악전고투에도 태극기는 휘날린다. 깃발 아래는 젊은이가 모인다. 태극기는 전쟁터의 꽃이다. 전쟁 속에 태극기는 젊은이의 피와 살을 먹고 피는 꽃이다. 목숨 걸고 피 뿌려 싸워야 깃발이 불꽃처럼 펄럭인다. 태극기의 깃발이 꽃물처럼 펄럭일 때 국력은 왕성하고 민족은 빛난다. 민족의 얼 나라의 표상인 태극기를 높이, 높이 휘날리자.

문명의 후유증

비닐이 깃발이 되어 소리 없는 아우성을 치고 있다.

산과 들에는 어디라 군이 지명을 댈 필요도 없이 곳곳에 비닐 조각이 지천으로 널려있다. 인간에 혹사당하다가 퇴색되고 찢어져 쓸모없이 아무 곳에나 쫓겨났다. 바람이 불기라도 하면 원통해서 팔다리를 흔들며 내 갈 곳이 어디냐고, 빨리 보내 달라고 손발을 마구 흔들어 댄다.

필요할 때는 구멍이 날까 바람에 찢어지지나 않을까? 하며 염려도 했다. 감싸고 받치고 막고 하며 애지중지 사랑이라도 하는 듯도 했다. 그랬던 것이 이제는 구멍이 나고 떨어져 기능이 퇴화가 되어 사용이 불가능하자, 너 언제 보았나 하는 식으로 팽개쳐져 처량한 신세가 되었다. 논두렁 밭두렁 언덕에서 썩지도 않고, 문전박대를 받고 있다. 바람에 날려가 가시덤불에도 걸리고 버드나무에도 개천에도 담벼락에도 잡을 곳만 있으면 꼭 잡고 살려 달라고 애걸을 한다. 어느 한곳 빠진 데 없이 인간이 가는 곳이라면 농촌이고 도회지고 산이고, 강이고, 바다고 할 것 없이 흩날리는 비닐은 거국적인 골칫거리다.

이것은 정말로 이율배반二律背反이다. 비가 쏟아지면 비를 막아주고 바람이 불면 바람막이가 되고 눈보라가 휘몰아치는 혹한에는 추위를 막아 겨울에도 여름 농사를 짓게 했다. 그야말로 인간의 삶에 큰 보탬을 주었다. 그러나 모든 물질은 기능이 떨어지면 기능과 함께 부패하여 흙으로 돌아간다. 이렇게 자연의 섭리는 수수만 년의 역사를 이어왔다. 그런데 이 비닐은 기력이 소진되었는 데도 썩지 않고 흉물스럽게 존재한다고 천대를 하는 것이다. 몸이 으스러질 정도로 일을 해주고도 빨리 죽지 않는다는 말은, 은혜를 원수로 생각하는 것이나 다름없다. 짐승도 아닌 인륜이 이래서야 되겠는가?

비닐 제품은 우리 생활에 혁신을 할 만큼 큰 도움을 주고 여러 방면에 없어서는 안 될 약방에 감초처럼 쓰였다. 우리 생활에 비닐 제품이 차지하고 있는 비중은 대단하다. 각 가정은 물론이고 영농에는 지대한 공이 크다. 각종 공장 농어촌까지 방대하게 쓰이고 있다.

비닐우산이 떠오른다. 지금은 사라지고 없지만 비닐 제품 중에 제일 먼저 우산이 생각난다. 우중의 방패가 되어 우리에게 인기를 독차지한 제품이다. 초등학생이 등굣길에 무거운 갈대로 만든 삿갓을 쓰다가, 가볍고 사방이 훤히 보이고 사용하기가 너무너무 편리해서 좋았다. 비가 오면 펴고 날이 개이면 접고 값도 싸서 누구나 다 가질 수 있어 정말로 인기 좋은 필수품이었다. 비닐우의는 더욱더 간편했다. 비가 오면 옷처럼 입고 비가 그치면 옷처럼 개어서 가방에 넣어 두면 되었다.

비닐우산은 추억도 많다. 궂은비가 추적추적 내리다가 갑자기 세찬 바람이나 회오리바람이 불어와 비닐우산이 홀랑 뒤집어져 비를 그대로 맞아 물에 빠진 생쥐 꼴이 되었던 적도 종종 있었다. 그래도 삿갓을 쓰고 학교에 가는 것이 얼마나 싫었는지 삿갓을 쓰고 싶은 마음은 꿈에도 없었다.

비닐 제품은 물을 저장하거나 물을 이동을 할 때에는 반드시 있어야 한다. 이 귀중한 물은 우리의 생명과 같으므로 인류가 사는 곳에는 어느 곳을 막론하고 필요로 했다. 첨단의 의료 기구에도 비닐로 만든 기구와 부속도 들어간다. 액체로 된 모든 기계의 장비와 기구를 비닐 제품으로 만들어 사용하고 있으니 비닐 제품은 이 세상에 얼마나 귀중한 보배인가 지금도 비닐 제품을 외면하고는 삶을 영위할 수는 없다.

비닐은 생활필수품으로 발전하여 우리 생활이 크게 윤택해졌다. 떨어지면 깨지는 어머니들이 물을 푸던 박 바가지 대신 던져도 깨지지 않는 나일론 바가지가 나왔고, 닳아지면 살을 찌르는 삿자리 대신 비닐 장판으로 바뀌었다. 그것 뿐이 아니다. 지금은 빵, 과자, 라면의 포장까지 심지어 시장가는 장바구니도 비닐로 대체되어 그야말로 비닐 시대가 되어 버렸다. 그렇다 보니 먹고 마시고 쉬고 간 자리에는 비닐봉지가 없는 곳은 없다. 비닐은 우리 삶에 도움은 물론이고 부를 가져다 준 물질이다. 특히 비닐 제품은 오랫동안 써도 헤어지거나 깨어지는 것이 없는 것이 특징이라 인기였다. 자동차가 문명의 꽃이라면 비닐은 문명의 뿌리다.

겨울철 도심을 빠져나와 넓은 들판을 보면 하얀 비닐하우스들이 장관을 이루고 있다. 겉으로는 모두가 하얀 비닐만 보이지만 그 하우스 안에는 겨울 아닌 여름이 되어 수많은 작물들이 계절의 감각을 잃고 싱싱하게 자라고 있다. 종이보다 얇은 투명한 비닐은 빛을 끌어들여 식물의 생을 제멋대로 희롱을 하고 있다. 비닐은 요술쟁이다. 하늘도 마음대로 하지 못하는 계절의 경계를 허물고 있다. 자연은 위대하다고 했다. 그것은 신의 영역이기 때문이다. 그러나 비닐의 기능에는 자연도 신의 경지도 견뎌 내지 못했다.

언젠가 사촌형이 꽃 재배를 하는 하우스 농장에 들린 적이 있다. 겉으로 보는 것과는 많이 달랐다. 문을 열고 들어서니 엄동설한의 계절인데도 여름 내미가 물씬했다. 규모가 너무 커서 놀랄 수밖에 없었다. 밖에서 볼 때는 그저 기어들어가는 굴 비슷한 것쯤으로 생각했는데 들어서니 비닐 하늘 아래 큰 농장이 살아 꿈틀거리고 있었다. 아침에 일어나 한 바퀴 돌고 식사를 하면 밥맛이 당길 정도라고 말했다. 한쪽에서는 꽃나무가 무성히 자라고 이쪽에서는 국화가 피고 저쪽에서는 다 핀 안개꽃을 잘라 다발을 짓고 또 한곳에서는 빨간 튤립이 꽃봉오리를 보시시 내밀며 미소 짓고 있는 것이 아닌가. 비닐이 또 다른 세계를 만들고 있었다.

밖과 안은 너무나 다른 세상이 전개되고 있었다. 얇은 비닐의 피막 사이를 두고 밖은 얼음이 얼고 있는 깊은 겨울이고, 안은 열대성 기후가 물씬물씬나는 여름이다. 신비 아닌 신비로움이 여기에 있다. 궁핍하게 살던 조상님들은 겨울 속에 여름을 상상이나 해 보았을까? 비닐은 여름보다 겨울이 긴 우리나라의 농업 발전에 큰 공헌을 한다. 한철밖에 짓지 못하는 농사를 사계절 지을 수 있어 많은 수확을 내고 특수 재배를 하여 고소득을 올리는 농촌을 만든 주인공이 바로 비닐이다.

우리는 세계에서 손꼽히는 발전을 한 나라인데 농촌에 어지럽게 널려 있는 폐비닐을 제대로 수거하지 못 한다는 것은 참으로 창피스러운 핑계다. 문명은 그대로 있는 것이 아니다. 끊임없이 진보할 것이다. 다가오는 미래에는 이보다 더 큰 문명의 후유증이 급습할지 누가 알까? 우리는 힘이 들지만 아픈 문명의 후유증을 처리할 의무가 있다.

내년이면 수명을 다하고 멈춰야 할 고리원자력발전소도 문명의 후유증이라면 정말로 심각하다. 방송매체에 의하면 원자력발전소는 짓는 것보다 부수는 것이 더 많은 돈이 들어간다고 하니 어안이 벙벙하다. 이것은 비닐의 소리 없는 아우성과는 비교가 되지 않는다. 무색무취 무공해로 그야말로 청정에너지가 되어 산업생산에 핵심이 되었다. 이렇게 그

구실이 중대하면 중대할수록 폐 처리의 부담은 많아진다. 어쩌면 우리의 기술로는 처리를 할 수가 없어 최첨단의 외국 기술을 들여와야 한다고 하니 문명은 인류에 편리와 행복을 준 것처럼 사용 후의 처리 과정에 그만큼 어려움을 감내해야 한다.

폐자원을 잘 활용하는 것은 문명의 후유증을 미연에 방지하는 것이다. 필요할 때 잘 써먹고 아무 곳이나 버리는 것은 문명의 후유증을 망각하는 처사다. 고마움을 모르면 또 하나의 화를 부르는 것이다.

기구를 잘못 사용하여 일어난 모든 사고, 폐품을 제대로 처리하지 않아 일어나는 모든 공해, 이 모두가 자연이 준 재앙이 아니고 인류가 편리를 좇다가 발생한 문명의 후유증이다. 진보와 발전에는 좋은 점도 많지만 재앙도 따라오게 마련이다. 그 후유증이 부메랑이 되어 되돌아오기 전에 방패를 하고 재생의 방법을 취해야 할 것이다. 소리 없는 비닐의 아우성에도 귀 기우려야 후환이 줄여들 것이다.

제4장

나만의 상아탑

나만의 상아탑

나는 오늘 딸집에 다니려 왔다. 아니 생각 없이 들린 것이다. 여덟 살 먹는 손녀가 "할아버지 할머니 우리 집에 와요" 하고 성화를 해서 마침 내일이 일요일이라 들렀다. 우리 집은 일반 주택이라 집에 들어오면 썰렁한 데 딸의 집은 문을 열고 들어서자 따뜻한 훈기가 정을 준다. 이것은 딸과 손녀의 정과 마음이 들어 있기도 하지만 외풍이 없는 아파트이기 때문이리라. 겨울 한파를 씨름이라도 하듯이 뿌리치려고 떨면서 바동바동 걸어온 몸이라 마음속까지 훈훈한 정감이 감돈다. 이런 아파트가 젊은이들에게 우상의 대상이 되는 것도 이 훈훈함 때문인 것 같다. 그렇지만 무조건 아파트를 선호하는 것은 참으로 무모하다. 또 부모들은 이 같은 감각도 없는 것처럼 무시하고 아파트가 아니면 결혼도 하지 않겠다고 하니 "우선 먹기는 곶감이 달다."라는 속담이 떠올라 어안이 벙벙해온다.

손녀가 할아버지 할머니 손을 잡고 반겨하니 얼마나 좋은지 참으로 삶의 행복을 느끼는 순간이다. 우리가 살아오면서 한 겨울에 따뜻한 방과 맛나는 음식을 마련해 놓고 초청하여 고맙다고 좋아라하니 이 더 기

뻔 일이 어디에 있고 이같이 좋은 일이 얼마나 있을까? 하고 생각하니 즐거움에 감개무량하다.

"희원아! (8살 먹는 외손녀이다) 학교에 가니?"라고 하니

"예!"하고 학교에 가는 것을 자랑이라도 하듯 생글생글한다.

"할아버지도 학교에 가야 하는데 언제 밥 먹고 가지"하고 나도 손녀에게 너스레를 떨고 있다. 손녀는 의아한 표정으로 반문을 한다.

"할아버지도 학교가 있어요? 할아버지도 학교가 있으면 거기가 어디예요?" 하고 물었다. 나는

"할아버지가 날마다 출근하는 곳이지?"라고 하니 손녀는 고개를 갸우뚱거리며 알았다는 표정을 지으며 출근하는 데가 생각이 났는지

"거기는 할아버지 학교가 아니고 할아버지 가게가 아녜요?" 한다.

"아니 그곳이 할아버지의 학교이다." 라고 하니까 아니라고 우긴다. 그러다가

할아버지는 학교에 선생님도 친구도 한 명도 없지요. 심심해서 어떻게 공부를 해요? 하고 궁금한지 이렇게 물었다.

그래서 나는 친구도 있고, 선생님도 있고, 도와주는 도우미도 있다고 설명을 했다. 할아버지의 친구는 너의 할머니다. 친구인 할머니는 전화도 해주고 밥도 해주고 가끔은 간식도 사준다. 친구가 좋지. 그리고 물건을 팔아주는 손님은 나의 후원자라 너무나 고맙다. 그 손님들이 우리 물건을 팔아 주니까 우리가 먹고 살고 학비도 하기 때문이다. 컴퓨터를 잘 사용하지 못해 젊은 손님에게 가르쳐 달라고 하면 즐거운 마음으로 사용방법을 알려주는 손님은 할아버지의 교육의 도우미야! 외손녀는 아리송해 속으로 그렇다 하고 인정해 주자는 식으로 생긋 미소를 짓는다.

어린 손녀까지도 할아버지는 학생이 되어 배울 나이가 아닌데 하고

의아해 하는데 이 나이에 내가 지금 이렇게 꼭 대학공부를 해야만 하는가 하는 생각을 하면 한심하여 나도 모르게 내 눈은 젖어들고 있다.

그렇다 다섯 평밖에 안되는 내 작은 가계는 우리 가족의 삶의 터전이기도 하지만 나의 학교이자 강의실이다. 나는 이 좁은 가게에서 중학교, 고등학교 검증고시 공부를 했고 또다시 TV화면을 교수님으로 강의를 듣고, 교재들을 다운 받아 4년 동안 공부를 해서 금년에 나이 일흔에 통신대학 국어국문학과 졸업장을 받았다. 졸업을 하는 날에는 환영하며 축하해 주는 사람은 없었지만, 졸업장을 받는 그 순간 내 스스로 해 냈다는 성취감에 나도 몰래 우쭐한 묘한 생각에 기분이 좋았다.

학기 초에 학교에 나가서 며칠간 직접 교수님의 강의를 듣는 것을 제외하고는 모든 수강과 수학은 나의 작은 가게에서 이루어졌다. 가게 전부가 5평 남짓한데 판매할 물건을 채우고 나의 공부할 공간은 한 평 정도이다. 책상과 의자 책꽂이 기타 등등으로 채워져 있다. 책상 위에는 컴퓨터를 놓고 남은 공간에는 손님들에게 물건을 판매하는 판매대이기도 하기 때문에 자판기는 서랍을 개조하여 설치했다. 책꽂이는 별도로 물건의 진열대를 침범해 만들었고 겸하여 등사기도 놓고 학습재료를 인쇄해 보기도 했다.

손님이 없는 시간에는 컴퓨터에 강의를 틀어놓고 듣다가 손님이 오면 정지하고 또 켜고 하루 종일 듣고 끄고 켜며 4년 동안을 하루같이 들었다. 그렇게 열심히 듣는다고 들었지만 공부를 하는 날보다 빠지는 날이 많았다.

장사만 할 때에는 시간이 너무 많았다. 장사가 안 될 때는 하루를 넘기기에도 시간 보내기가 지루해서 몸이 발강이 날 지경이었다. 그런데 공부를 하려고 수업료를 내고 책을 받아 강의를 들으니 무슨 일이 그렇게 많은지 여유의 시간이 없었다. 평소에는 기다렸던 곗날도 사흘 들이 오는 것 같고, 집안과 이웃 간의 경조사는 주일마다 중복으로 밀리고, 안 찾아오든 친구도 자주 찾아오고, 이 일 저 일 한도 끝도 없이 말 그대로 일각의 여유도 없었다. 세월이 나날이 유유히 흘어 가는 것이 아니라 뛰어가고 있었다. 기말고사나 특강이 있을 때에는 안 되던 장사도 더 잘 되고 손님이 더 많이 오는 것 같은 기분이 들었다.

나의 주업은 장사다. 그래서 가게는 나의 삶의 터이다. 지금은 주객이 전도가 된 셈이다. 주업으로 하는 일 외에 자투리 시간을 활용하여 무엇인가 하겠다는 것은 이중고를 겪는 다는 것을 생각은 했지만, 만학이 이렇게 힘이 들고 어렵다는 것을 정말로 미처 몰랐다. 이렇게 힘이 들고 애로가 많을 줄 알았다면 출세를 한다고 해도 시작하지 않았을 것이다. 그러나 계속하려니 어려움이 압박으로 작용을 하고 그만두려니 어찌하랴! "가다가 중지하면 아니 간만 못하니라"라는 시조의 시구처럼 의지력에 큰 손실을 보는 것이다. 그래서 할 수 없이 버텨온 것이 졸업을 하게 되었다. 한 평 남짓한 곳에 책을 펴놓고 꾸벅꾸벅 졸리는 것은 다반사이고 컴퓨터 화면을 보면서도 때로는 졸기도 하고 이해를 못해 두 번 세 번 거듭 듣기도 하면서 장사하랴 공부하랴 바쁜 생활로 4년이란 세월을 괴로움을 참으며 보냈다. 1, 2학년을 지나 3, 4학년에 들어가니 꼭 해 내야 되겠다는 자신감으로 강의를 들었다. 비록 좁고 보잘 것 없는 장소이지만 이곳이 나만의 상아탑이었다.

아득한 옛일이 떠오른다. 아들이 초등학교에 다닐 때 학부모의 재산과 학력을 적어 오라는 가정통신이 왔다. 이것이 한두 번이 아니고 학급이 바뀔 때마다, 고학년이 될 때까지 부모의 학력 기입란이 중심에 버텨서서 위압을 주었다. 고학력의 학부모는 자신의 위신도 서고 애들도 의

기양양해 자신의 학력을 당당히 주장하며 적어 냈겠지만 그렇지 못한 대부분의 부모들은 무척 마음이 상했다. 그래서 대중의 자리에서나 공공기관에서 학력이라는 말만 들어도 창피해서 쥐구멍이라도 들어가고 싶은데 자식을 가르치는 선생님과 철없는 아들 앞에까지 학력을 밝히는 것은 부끄러움을 넘은 자존심의 문제였다.

학력은 인생 능력의 기본을 재는 척도이다. 직장에 학력이 따라 다니는 것은 기본의 기능을 인정 하는 것이다. 그래서 각종 시험 응시 자격요건에는 꼭 필요로 하겠지만 학생을 가르치는 학교에서 부모의 학력은 아무 상관이 없다. 그때 선생님들은 그 신상을 무엇에 참작을 했을까? 지금도 생각하면 그때의 학력 콤플렉스가 치밀고 있다. 내가 이렇게 만학을 한 것도 학문에 대한 배움의 간절함도 있었지만, 은연중에 이런 저런 일들이 열등감이 떠올라 마음으로 삭이지 못해 스스로 정신적 패배를 용인하지 못함이었다.

대학캠퍼스는 청운의 꿈을 꾸면서 청춘의 낭만을 만끽하고 인생의 미래를 설계하고자 학문을 연구하고 연마하는 찬란히 빛나는 바로 그곳이 상아탑이다. 상상만 해도 인생 최고의 이상이다. 이런 말들은 내 청춘에서는 언감생심이었다. 그래서 나의 상아탑은 그런 빛나고 찬란한 웅지를 품은 수련장이 아니다. 꿈도 희망도 미래도 없다. 굳이 말을 한다면 하얀 백지로 남아 있는 내 인생 여백을 한 줄 메우는 귀중한 증표이다. 거기는 꿈과 희망도 낭만과 찬란한 빛도 없다. 그러나 언젠가는 나도 기회가 오면 못 배운 젊음의 한과 포부를 증표로 당당히 보여주고 싶었다. 나만의 이 상아탑에서 받은 방송통신대학 국어국문학과 졸업장이다. 다른 사람들이 볼 때는 별 것도 아니겠지만 내 인생에 유종의 미를 남긴다면 이것 밖에 더한 아름다움이 있겠는가!

마음의 포장

벼르고 벼른 가을 나들이이었다. 하루의 짧은 시간이지만 그간에 앙금같이 쌓였던 삶의 찌꺼기를 털어 내고 새로운 에너지를 충전하려고 관광을 갔다. 나비가 캄캄한 나방을 뚫고 나와 푸른 하늘을 마음껏 훨훨 나는 기분이다. 차는 그런 우리의 속마음이라도 아는 듯, 오염에 물들은 도심을 밀어내고 설레는 가슴을 싣고 고속도로를 신나게 질주하고 있었다.

차 안에는 음악과 함께 조용한 밀어가 흘러 휴일의 하루가 정담으로 열리고 차장 밖에는 풍경화가 끊임없이 밀려오고 밀려가고 있었다. 초가의 낭만은 사라졌지만 눈부신 파란 하늘의 여백은 그대로 있어 삶에 바빠 굳어진 내 마음을 동심으로 회전시키고 있다. 자연은 철 따라 옷을 갈아입으며 새로움으로 변신을 해 끝없는 삶의 여정에 청량제가 된다. 달리는 속도만큼이나 눈과 마음은 취해 허공을 헤매고 입은 덩달아 아! 좋다 하고 수식어 없는 감탄사를 주절거린다. 그림인 듯 청빛 홍빛으로 어우러져 옹기종기 붙어 있는 숲속의 마을은 타향이지만 정든 고향을 보는 것처럼 좋았다.

삶의 굴곡과 같은 목리를 닮은 구불구불한 산길의 준령과 터널을 빠져 나오면 또 다른 풍경이 나그네를 맞는다. 유속 없는 긴 강물이 너그러운 마음으로 유유히 흐르고 하늘에 떠다니는 구름이 물 위에 어린다. 강물은 때론 바람에 물결을 치며 구름을 품에 안고 하늘을 포옹한다. 그런가 하면 하늘은 강물이 마르면 비를 내려 속살이 들어난 강변을 가득 채워 호수처럼 넉넉한 세상의 젖줄을 만든다.

강물은 하늘의 거울인가 한 때라도 보지 않으면 죽고 못 사는 연인인가 아니면 서로 돕고 사는 친한 벗일까? 시도 때도 없이 하늘의 그림자는 출렁이는 강물로 파고든다. 투명한 바람은 시샘이라도 하듯 강변을 둘러싼 곡창의 평야지대를 흔들어 놓는다. 황금의 들녘은 금물결로 출렁인다. 인위로 할 수 없는 자연의 조감은, 신의 조화로 꾸며진 세상을 이루는 사물의 배치도다. 그 경탄에 심금이 설레고 감동되어 잠시 삶의 인고를 내려놓는다.

가슴에는 사색이 꿈틀거리고 있었다. 가을을 율동하는 소슬바람이 그 사이를 비집고 파고들었다. 싸한 한기에 떨고 있는 나뭇잎을 바라보며 추위에 못 이겨 황변기로 들어간 초록의 변신이 애처로웠다. 단풍은 신열을 앓고 있는 초목의 아픔이다. 우리는 잔인하게도 그들의 고통의 변신, 황혼을 보면서 감탄에 젖어든다. 사물은 인간의 종속인가 아니면 사람이 속물인가? 그들은 아무런 반항도 없이 자신을 불태워 세상을 풍요롭게 만든다. 누구도 원망하지 않고 운명인양 제 몸만 희생한다.

지리산을 올라가는 첩첩산중은 장관이다. 죽음의 피아골, 한이 많아 하늘 사자도 등을 돌렸든가 이념의 갈등으로 저승을 가지 못하고 구천에 떠돌다가 찬바람에 통한의 각혈을 쏟았는지 정상에 가까울수록 뭉텅뭉텅 찍어 바른 듯이 나뭇잎은 군락을 지어 핏빛으로 붉게 타오르고 있었다. 비극의 곡성인지 환희의 탄성인지 아! 하는 감동의 메아리가 골에 가득 찼다. 용트림처럼 구부러진 산세는 지리산 이름만큼이나 침묵하고 장엄하다. 육중한 몸으로 많은 관광객을 실은 버스는 가파른 산길을 숨을 헐떡거리며 오르고 있다. 구부러진 영을 넘어가는 무심한 구름 몇 점, 추위와 굶주림에 떨면서 죽어간 그들의 혼령처럼 을씨년스런 청천을 어슬렁거린다.

차는 멎고 정상은 남았다. 남은 길은 각자의 걸음의 몫이다. 울긋불긋 차려입은 등정꾼들의 움직이는 모습들이 시골장터를 방불케 했다. 올라가는 길에는 막걸리도 팔고 도토리묵도 팔고 온갖 산나물과 심지어 잡곡까지 토속 곡식이라며 팔고 있었다. 일행은 도토리묵에 막걸리를 한 잔씩 마셨다. 모처럼 먹어보는 굴밤으로 만든 도토리묵과 쌀 기름이 부옇게 동동 뜨는 탁주에 잃었던 옛 향수를 찾는다. 술이 희열에 발동을 걸었다. 누가 시키지 않아도 스스로 노래를 불러와 평소에 말이 없던 이도 입을 열었다. 미를 품은 단풍이 심연의 서정을 자아내니 관광은 절정이다. 끼리끼리 둘러앉아 마시고 즐긴다. 그러다보니 일행이 따로 없다. 모두가 즐거운 한마음이라 웃음꽃을 피운다. 이것이 술의 묘수이다. 부끄러움을 없게 하고 용기를 북돋워 주는 역할을 해 이해의 폭이 넓어져 누구나 할 것 없이 제 나름의 빛과 소리를 내고 있었다. 가볍게 취해 약간 흐느적거리는 상태였다.

그때다 곱게 물든 나뭇잎을 요리조리 쳐다보기도 하고 작은 입새를 흔들어보기도 하면서 단풍을 얼굴에 묻는 여인이 있었다. 나도 단풍에 시선을 보냈다. 나뭇잎은 내 주량만큼이나 취해 즐거움에 젖어 있었다. 술기가 하나도 없는 그 여인은 가을 정취에 만취 상태로 흠뻑 취해 감탄의 표정을 짓고 있었다.

"그렇게 좋습니까?" 하고 말을 걸었다.

"그럼요, 얼마나 예쁘고 아름답습니까?" 한다. 나도 마음속으로 곱게 물든 황홀한 단풍을 가져가 보고 싶을 때마다 꺼내 두고두고 즐기고 싶었다. 그래서 그녀에게 물었다.

"어떻게 하면 저 단풍을 집에 가져 갈 수가 있나요?" 하고 묘안을 물었다.

"방법이 있습니다." 하고 그녀는 내 얼굴을 그때야 직시하며 눈인사를 보낸다.

"작은 미물에도 관심을 가지고 애정을 쏟으면 마음에 포장을 할 수 있다"고 했다. 그렇게 하여 짧은 시간이지만 유익한 대화를 주고받았다.

그렇다 무심히 흐르는 시냇물도 때에 따라 쉬어가야 할 괴로움도 있을 것이고, 긴 세월 청청이 홀로 서 있는 낙락장송도 지는 해가 아쉬운 때가 있고, 아침에 피었다가 저녁에 지는 이름 없는 무명초도 알고 보면 벌과 나비를 불러들여 지고지순한 사랑을 불 태웠으리라.

마음으로 세상을 읽고 보고 느끼면 바위에 귀를 달고, 입을 붙이고, 눈을 그려 넣어 정성들이면 우리가 숭앙하는 미륵이 아닌가! 이것이 마음에 포장이다. 마음으로 세상도 포장할 수 있다. 그날 나는 그녀의 도움을 받아 마음으로 오색찬란한 가을을 포장하여 왔다. 집에 와서 포장을 열어보니 아름다운 그 색깔은 이미 빛이 바랬다. 안타까워 펴보지도 않고 그대로 묶어 놓았다. 농익어 채색이 되어 피어나도록….

돌이나 나무에 입을 빌려주고 귀를 달아주자, 그러면 저들은 어느 때엔 대화를 할 것이다. 온갖 사물에다 느낄 수 있는 심장을 붙여주면 비록 미물일지라도 제 속을 대변할 사연들을 품고 반겨줄 것이다.

몇 년 전 지리산 단풍이 짙어 가을이 깊어갈 무렵 그녀의 도움을 받아 마음 주머니에 포장한 만산홍엽으로 불타오른 그 단풍은 얼마나 많은 세월이 흘러야 곰삭아서 헐어진 포장을 비집고 아름다운 본래의 제 모습을 들어내 줄까?

그녀가 말한 돌덩이에 붙여진 편린이, 나의 습작에 밀알이 되어 말문을 틔울 날을 기다린다. 인생의 기로에는 끝없는 미로가 꿈속에서 꿈틀거리며 헤매는 것과 같을 것이다. 나는 그 미로의 길을 밝혀줄 등불을 찾아서 아! 아! 언제일까? 기약 없는 그 하 세월을 얼마나 헤매야 될까?

달맞이 고개

외출을 하고 싶을 때가 있다. 잔잔한 가슴에 미세한 바람이 인다. 내가 나를 주체할 수 없는 먼 시선을 의식하는 동요가 일어선다. 삶의 소용돌이가 몸부림치는 세월을 잠시 비켜서자. 잠시라도 밀집密集을 벗어나 한적하고 근사한 곳에 식사를 하며 심신의 세진을 씻고 싶어서다. 마음도 내 것이고 육체도 내 것이지만 몸과 마음이 서로 맞는 경우가 잘 없는데 오늘은 혼연일체가 되었다. 차도 가고 나도 가고 마음도 가니 벌써 목적지가 보인다.

해운대 동백섬의 대한팔경이 한눈에 비치는 달맞이 고갯길이다. 고갯길을 오르며 바라보는 해운대 백사장 모래는 황금빛으로 장식을 하여 티없이 깨끗하다. 밤낮 없이 바닷물로 포말을 일으켜 허구한 날 수없이 헹구고 있으니 말해 무엇하랴? 해운대 백사장은 한 편의 시처럼 서정적으로 수려하다. 동백섬도 저녁노을에 곱게 화장한 미모의 여인처럼 예쁘다.

달맞이 고개는 숲을 배경으로 서구식으로 지어져 이국의 정취를 풍겼다. 십수 년 전만 해도 이곳은 집 한 채 없고 나무들도 미처 자라지 못해 숲도 없는 그야말로 황량한 지대였다. 바람이라도 불기나 하면 을씨년스런 그런 곳, 삭풍이 불어오는 겨울에는 불모지라 고독을 즐기는 연인마저도 찾아오는 이 없는 쓸쓸한 변방이었다. 그런 곳이 이렇게 잘 꾸며 개발을 해놓으니 그윽한 풍경화처럼 꿈에서나 본 듯한, 서구의 명소를 이 달맞이 고개에 그대로 옮겨놓은 것 같다. 달맞이 고개는 정확히 말하면 부산의 명소이다. 그러나 나는 명소보다 명물로 하고 싶다. 그것은 경치도 좋지만 명물처럼 잘 꾸며놓았기 때문이다. 그리고 명소보다는 명물이 더 세련되게 그래서 달맞이 고개는 부산의 명물이다.

달맞이 고개 정상에 오르니 막혔던 가슴이 탁 트인다. 솔솔 불어오는 솔바람이 그랬고 한없이 펼쳐진 바다가 속 시원했다. 달밤을 즐길 구경꾼도 많았다. 나이가 많은 이보다는 젊은이가 더 많았다. 청춘남녀들의 싱그러움은 7월의 녹음이었다. 이들은 활짝 핀 꽃이다. 희열에 활짝 웃는 사람이 꽃보다 아름답다. 코가 큰 서구인도, 곱슬머리에 흑인도, 작은 키에 가무잡잡한 얼굴도 가끔 보였다. 세계화가 달맞이 고개에 꽃을 피웠다. 땅거미가 채 찾아들기도 전에 화려한 조명과 수은등이 달맞이 거리를 밝혔다. 야경에 불빛은 낮보다 더 황홀했다. 멋진 건축이 주연이라면 불빛은 조연이다.

해월정에 달이 떴다.

우거진 녹음에서 뿜어내는 향기와 운치는 그 어느 곳에서도 즐길 수 없는 좋은 맛이다. 정자에 올라가 바다를 본다. 황홀한 달빛에 수평선은 은가루를 뿌린 듯이 은은한 신선들의 무대다. 달맞이 길의 그윽한 풍경은 산수화 병풍을 그려놓은 듯하다. 고고한 달빛이 빼어난 산과 아득한 바다에 만 포장으로 펼쳐져 있는 달밤은 연인들의 가슴을 설레게 한다. 젊은이는 호연지기를 펼칠 원대한 꿈의 바다다. 동해의 낭만을 실은 열차가 손을 흔들고 시간마다 기적을 울리며 지나가고 있다. 이 열차는 갯가를 달리면서 이동하는 그림을 보여주는 움직이는 화가이다.

바람이 물러간 바다는 달을 어루만지며 쉬고 있고, 자욱한 운모에 싸여있는 창공은 심상의 처녀림이다. 정지된 바람은 달빛의 은여울까지 잠들게 하고 바다는 잘 닦아진 길이 되었다. 여행하는 크고 작은 배들은 가는 듯 서는 듯 유유자적하다. 낮에는 갈매기가 먹이 찾아 노래하고 밤에는 달빛어린 풍경이 된다. 티끌하나 구름 한 점 없는 하늘중천에 새하얀 보름달이 솟았다. 고고한 청솔은 은잠을 자고 가슴 넓은 바다는 달을 품고 별빛 하늘을 속삭이고 있다. 천지는 달이 살포시 포옹을 하고 해월정은 그 달을 맞아 희롱을 한다. 이 밤의 주인공은 달빛에 젖어 사색하는 구경꾼들이다.

청풍명월에 연인까지 갖췄는데 술이 빠질 수야 없지. 잔치라도 열어보자. 금강산 구경도 식후경이라 했다.

달맞이 고개에는 먹 거리가 많다. 입에 맞는 것은 다 있다. 한정식, 중화요리, 일식, 양식, 한차韓茶, 커피 등등 멋있고 맛있고 분위기 좋다.

우리는 달맞이 집에 식사를 했다. 저녁으로 냉면을 시켰다. 달을 바라보며 대작도 했다. 주기가 얼근했다. 모두가 달덩이가 되어 싱글벙글한다. 달빛이 스며드는 창가에서 시원한 냉면을 후룩 후룩 마셨다. 달빛은 별미로 양념대신 은가루를 냉면에 뿌렸다. 냉면 국물에 일렁이는 달도 함께 마셨다. 달을 띄운 냉면은 별식이다. 별미에 기분도 좋아 날아갈 듯하다. 태몽을 꾸는 것 같았다.

별을 따는 꿈이 희망이라면 달을 마시는 꿈은 태몽이다. 냉면을 먹은 것이 아니라 태몽을 마셨다. 태몽에 달을 품으면 아들을 점지해 왕자를 낳고, 복숭아를 먹으면 예쁜 공주를 낳는다고 하지 않았던가. 태몽에 달을 삼켰으니 보통 꿈이 아니다. 궁중에서나 혹은 사대부집에서 가문을 빛내고 대를 이을 경사스런 꿈을 단돈 몇 천원에 얻었으니 냉면 값은 공짜다.

달은 만인의 임이다. 필부도 영웅도 추녀도 절세미인도 달을 흠모하며 누구나 사랑을 하고 소원을 빌기도 하고 간절한 사연으로 그리움을 달래기도 한다. 이별한 사랑을 그리워할 때 달을 보고 넋두리를 한다. 그러나 달은 대답이 없다. 달은 절실하고 간곡한 사람에게는 때론 쌀쌀하기도 하고 냉정하기도 하다. 달은 하늘이 뚫린 곳이면 어디라도 외면하지 않는다. 봉평의 메밀밭에도, 허생원이 첫날밤인 물방앗간에도, 춘향이의 고향 남원에도, 나의 창가에도 수은등 불빛처럼 황홀경으로 비친다. 그러나 모두가 나 홀로 짝사랑이다. 좋아하면 웃고, 미워해도 성내지 않고, 불러 바도 대답이 없는 변하지 않는 모두를 사랑하는 그리운 임이다. 가까이 가도 기다리지 않고 달아나도 거리를 두고 따라오는, 변하지 않는 지고지순한 임이다. 그래서 달을 임으로 사랑하는 것은 누구나 자유다. 달맞이 고개의 달은 더 더욱 순박하다.

하늘 중천에 뜬 저 달은, 너 임도 아니고 내 임도 아닌 우리 모두의 객관화 된 그리운 임일 줄이야 나는 미처 몰랐다. 그래서 야멸차게 굴었는지 누구에게 하소연을 할까? 등 돌린 달님도 내 편은 아닌 유야무야 하는 거동이었다.

그날도 달은 만삭이 되어 꽉 찼다. 달빛은 가슴이 미워지도록 기가 차게 밝았다. 밤마다 울던 부엉이도 달빛이 하도 밝아 대낮인 줄 알았는지 숨소리 하나 들리지 않았다. 첩보 비밀보다 더 위험한 만남, 단둘이 마주 서있는 그녀와 나는 달빛보다 더 마음이 콩닥콩닥한… 잊혀지지 않는 …. 지난날의 흘러간 청춘의 토막이다.

흘러간 그 시절을 생각할 때마다 저 달이 가끔씩 내 마음을 울적하게 한다. 흘러가는 물결처럼 사랑도 청춘도 세월가면 그만인 줄 알았는데 그리움으로 사념 속에 남아 저 달처럼 회상하는 추억의 임으로 형상화 되고 있다.

달이 사랑을 부른다. 그리고 연인을 부추긴다. 과거를 돌아볼 줄 모르고 후회하는 슬픈 미련 같은 것은 무심히 흘러가는 구름에게 맡기어 띄어 보내고, 청청 하늘을 불러 자웅을 겨룬다.

부산의 명물은 해운대 달맞이 고개 해월정이다.

사랑을 아무나 꿈 꿀 수 있고, 추억의 달밤을 누구나 맛 볼 수 있는 사랑의 무대가 여기에 있다. 높지도 않고 깊지도 않고 멀지도 않다. 손 뻗으면 잡히는 곳 해운대 달맞이 고개다. 왁작 지껄한 도심에 숨바꼭질 하듯이 얼굴만 돌려 숨어있는 공원이다. 비경은 공짜로 보고 임이 있고 태몽에 별식이 있는, 부산의 명물 달맞이 고개에 달구경 가자.

약산

– 자성대공원

오늘도 노곤한 잠의 유혹을 뿌리치고 어둠을 헤치며 발길을 내 닫는다. 싸한 새벽 공기가 향이 나는 양념처럼 몸속으로 들어온다. 머리가 맑아지고 마음이 상쾌하다. 밤새 잠에 젖은 둔한 몸피도 차츰 활동에 익숙해진다.

새벽에 손님을 맞이하는 이곳은 자성대공원이다. 면적이 좁아 좋은 위치에 있으면서도 명소로는 각광을 받지 못하는 것이 현실이다. 그렇지만 자성대는 잘 가꾸어놓은 동구의 안마당이다. 부산의 역사가 숨 쉬고 우리의 얼이 배어있는 보배 중에 보배이다. 조선시대에 일본과 첫 외교사절을 맞아 영접의 행사를 연 거리였다. 그간 잊고 있었다가 다시 찾아내 몇 년 전부터 연가대의 행사가 봄마다 열려 우리의 관문으로 자리매김하고 있다.

자성대공원은 부산시 동구 범일 2동의 중심에 고분처럼 우뚝 솟은 작은 산이다. 여백 없이 나무들로 꽉 들어찬 도심 속에 블랙홀 역할을 하는 중요한 곳이다. 작아도 있을 것은 다 갖춰 공원으로 옹골차다. 공원 전체에 소나무와 잡목들이 빽빽이 들어차 싱싱함과 푸르름을 자랑한다. 그

푸름이 건강이다. 그래서 그 속에는 언제나 젊음과 건강이 흘러넘치는 듯하다.

건강은 행복의 원천이다. 그래서 건강한 몸은 보배 중에 보배다. 그 누가 말했던가? "삼천리 금수강산이 제 것이라도 건강을 잃으면 모두가 무용지물이라고" 지극히 옳은 말이다. 하나뿐인 건강을 지키려고 또는 병마에서 탈피하려고 고가의 보약을 먹는다. 보기만 해도 혐오스러운 지렁이도 뱀도 먹어치운다. 그렇게 해서라도 건강을 지키고 찾을 수만 있다면 어느 누군들 못하랴. 같은 병에 같은 약을 먹어도 모두 낫는 것은 아니다. 열에 한두 명이지 말처럼 쉽지는 않다. 그런 분들은 여기로 오십시오. 돈이 없어도 즐거운 마음으로 건강을 지키고 찾는 곳, 부잣집 정원 같은 자성대공원으로 봄, 여름, 가을. 겨울 어느 때라도 환영을 합니다.

자성대공원은 약산이다.

수림 사이로 산책하는 나이테 같은 보행코스가 있다. 산책하는 사람들을 위해 동洞에서 카펫같이 폭신폭신한 것으로 길을 잘 닦아놓았다. 여러 사람들이 건강을 위해 이른 아침부터 산을 여러 바퀴를 빙글빙글 돌고 있다. 산을 빙빙 도는 것이 아니라 보약을 마시는 것이다. 산책으로 힘이 남아돌면 등산을 해야 한다. 산이 낮아 등산이라고 칭하기는 조금은 쑥스럽지만 잘 보면 등산코스도 있다. 정상까지 계단길이 사방 X자로 닦여 있어 이쪽에서 올라가 저쪽으로 내려가고, 반대로 저쪽에서 올라와 이쪽으로 내려가도록 사통팔달로 길이 나있다. 이 길을 여러 번 반복하여 오르내리면 높은 산을 오른 효과가 난다. 대여섯 번 오르내리면 다리가 확 풀리고 몸에는 끈끈한 땀이 베어든다. 약 효과가 나는 현상이다. 당장에 밥맛이 당겨 반찬투정을 안 할 것이다.

등산길과 산책코스에는 보약만 있는 것이 아니고 쏠쏠한 재미도 있다.

연민의 정을 지니고 봄을 알리는 개나리가 어김없이 여린 꽃봉오리를 일제히 터트리는 그들의 사연이 애잔하다. 추위에 움츠리고 있던 우리들도 약동하는 저들을 본받아 새로운 힘을 낸다. 꽃을 보고 새들도 용기를 얻었는지 쌀쌀한 날씨에도 지저귐이 상쾌하다. 가을에 벗은 나목에 실오라기 하나 가리지 않고 수줍어하며 하얀 꽃망울을 부풀어 올리는 목련은 언제 보아도 사연이 숙연해 보인다. 남편 잃은 청상과부가 동지섣달 긴긴밤이 지겨워서 이른 봄을 재촉하는 넋 같기도 하고 한편으로는 미와 지혜를 겸비한 우아한 자태를 뽐내는 여인으로 느껴져 심연의 가슴을 감동시켜 마음을 설레기도 한다. 꽃물결의 하일라이트인 벚나무도 수십 년 된 수령이 있어 눈꽃 같은 만개의 절정과, 휘날리는 낙화의 꽃물결에 "아!" 하는 감탄사가 절로 흘러내리는 기쁨을 만끽할 수 있는 곳이다. 자연은 이렇게 신의 도움을 받아 계절 따라 사물의 특성을 살려 화려한 화장도 하고 감격할 멋진 연출을 하기도 한다.

쉼터에는 운동기구가 갖춰져 있다. 우리들은 그들을 붙들고 매달려 못살게 괴롭혀야 한다. 등 굽혀 펴기를 하면서 기름에 절인 뱃살을 빼 체중을 조절하면 갑자기 세상이 가벼워진다. 역기를 들어 올리면서 자신의 기량을 짐작하고, 몸통 돌리기와 철봉을 하며 몸의 유연성을 조절한다. 그래도 불만이라면 지형지물을 이용해도 좋다. 손을 떨고 다리를 들어올려 춤을 춰도 아무도 간섭을 않는다. 아름드리 은행나무에 등을 비비고 배를 툭툭 부딪쳐도 흉을 보지 않는다. 건강을 위한다는데 누가 이유를 달 것인가. 자연의 변화에 마음도 정화시키고, 운동을 해 건강도 찾으니, 일석이조를 얻는 참으로 유익한 곳이다.

새벽잠의 유혹을 한 시간만 이길 수 있다면 아침 등산과 산책 장소는 그저 그만이다. 삶의 노고도 있고 끈끈한 정이 묻어있는 향수도 있다. 늙은 노구도 있고 이팔청춘도 있다. 새들의 파티도 있고, 벌레들의 조깅도 있어 삶의 형태가 다양함을 체험할 수도 있다. 도심 속의 휴식공간이다. 작은 간이 운동장도 있다. 구령만 들어도 힘이 불끈불끈 솟는 에어로빅이 있고 그 곡조에 따라 배드민턴의 백구가 하늘을 수놓는다. 남녀노소 함께 어우러져 건강 놀이를 하는 곳이다.

산은 약탕기이고 등산과 운동은 보약이다. 자성대공원은 모든 사람들이 쉽게 사용할 수 있는 질 좋은 약탕기다. 그래서 동구민의 보배다. 너무나 자랑스럽다. 예쁘게 보면 아름다운 여인의 유방 같기도 하여 많은 사람들의 사랑을 받는다. 그러나 아직도 많은 사람들이 이런 좋은 곳을 눈앞에 두고도 모르는 사람이 많아 안타깝다.

자성대공원은 작년부터는 발 마사지 하는 것까지 만들어놓고 타간 객지에 간, 아들의 금의환향을 바라는 어머니 같은 마음으로 산책객을 기다리고 있다. 뜨겁지도 않고 차지도 않고 마시기가 좋도록 잘 데워진 약을 약탕기에 가득 채워놓고 있다. 몸이 부실하다고 몇 백만 원하는 보약 먹으려고 하지 말고 일단 한 번 올라와 보시라니까요. 숲이 안아주고 바람이 어루만져 주고 각종 운동기구들이 온몸을 시원하게 안마해 주고, 산새들이 노래를 부르며 정답게 인사하고 꽃들이 미소지으며 반겨할 것이니까요.

눈雪

아침 7시 부산발 서울행 새마을 열차를 타기위해 어둑어둑한 새벽에 길을 나섰다. 아들의 대학 입학시험 응시 때문이다. 허공에 한 두 방울씩 떨어지는 가는 비에 옷이 젖고 있었다. 예매한 차표를 아들과 나는 각각 나누어 쥐고 개찰구를 지나 기차를 향해 종종걸음을 걸었다. 모처럼 타보는 기차라 길고 우람한 등치에 얼떨떨하기도 하고 한편으로 기쁘기고 했다. 자리를 찾아 앉자 출발 시간이 되어 문이 닫히고 열차는 정확히 정시에 출발을 했다. 제 시간에 약속을 지키는 열차가 마음에 들었다. 세상사 모두가 이렇게 약속을 잘 지켜 가면서 살면 얼마나 좋을까?

약속이란 서로의 시간을 예약하는 것이다. 시간이란 삶의 귀중한 자원이다. 시간이 없는 사람은 생활이 없는 것과 같다. 그래서 시간은 모든 사건의 흐름이다. 이런 인간의 귀중한 자원을 지키지 않아 많은 시간을 공으로 흘려보내고 있다. 지키는 사람이 언제나 손해를 보는 불리한 것이 약속 시간이다. 선진국으로 갈수록 약속을 잘 이행되고 있다. 열차는 비록 인간이 만든 조형물이지만 우리를 리드하고 있다. 택시나 버스처럼 약속을 어기지 않고 시간을 지켜서 정말로 기분이 좋다.

이런 아침이라 그런지 기차는 기적도 울지 않고 이별의 부산역을 뒤로 한 채 철거덕 철거덕 등치에 비해 작은 신음을 토하며 달린다. 구포를 지나 물금에 이르니 붐한 아침이다. 부산역과 물금역은 지척의 차이인데 비 대신 흰 눈이 흩날리고 있었다. 기온의 변동이 시골과 도시가 이렇게 다르다는 것을 눈으로 보여주고 있다. 우리의 느낌으로는 거기나 여기나 같은 것 같은데 자연이 신의 속성으로 바로 우리에게 사실대로 비쳐주는 것이다.

차장 밖에는 온 천지가 하얀 색으로 변해가고 있었다. 산비탈 고속도로에는 쌩쌩 달리던 차들이 미끄러워 엉금엉금 거북이걸음을 하고 느릿느릿 신음하는 것 같았다. 그러나 기차는 아무렇지도 않은지 신나게 강변으로 들판으로 언덕길로 철길 따라 낭만을 싣고 가는 곳마다 새로운 설원과 설화를 그리며 철거덕 철거덕 잘도 달린다. 날은 밝아오고 함박눈은 갈수록 펑펑 쏟아지고 있다. 가슴에 응어리처럼 쌓였든 온갖 잡념들을 훌훌 날려 보내고 있다. 소리 없이 온 천지를 백색의 순수로 덮고 있다. 마음이 감동을 할 정도로 세상을 하얀 솜으로 덮고 있다. 각막에 맺힌 현상이 신선할 때 마음이 움직이어 희열의 감동을 일으킨다.

아! 기분이 좋다. 이것이 서설이다.

꿈속에서 북극의 설원을 달리는 기분이다.

협곡을 지날 때 기찻길 옆에 사뿐히 앉아 있는 눈꽃 송이는 얼굴에 미소를 그리는 전도사이다. 그 설경은 갓 그려놓은 한 폭의 그림 병풍을 쳐놓은 것 보다 희고 깨끗했다. 거짓 없이 가식 없이 순수하게 있는 그대로 보여주니 눈이 내린 천지는 목화솜을 피운 것처럼 한없이 청결하다. 백설이 뒤덥인 저 넓은 들판 환희에 가슴이 울렁이고 있다. 하얀 지붕 위로 저녁연기가 모락모락 날 것 같고 시골 마을은 근방이라도 아이들과 개들이 뛰어나와 날듯이 좋아하며 까불어 댈 것 같다.

소리 없이 사뿐히 내려앉은 함박눈이 내 마음 속 깊이 행복감에 젖게 한다. 자꾸만 희열에 잠긴다. 환호성이라도 소리 높이 치고 싶다. 그러나 눈은 펄펄 내리지만 숨소리 없이 달빛보다 더 희게 별빛보다 더 빛나게 세상에 쌓인다. 세상이 언제나 이렇게 맑고 깨끗한 곳이라면 좋으련만….

설경에 이렇게 행복감에 젖어 본적은 생전 처음이다. 몇 날 며칠이라도 그치지 않고 달려 보았으면 마음이 갓 목욕을 한 것처럼 항상 깨끗할 것 같다. 서울이 가까워 온다. 아이들처럼 좀 더 즐기고 싶다. 이럴 때는 서울이 많이많이 멀었으면 하는 생각이 간절하다.

어린 시절 고향에서 밤새 눈이 내려 대나무가 눈의 무게에 못 이겨 허리가 터져 툭툭 소리를 내며 갈라지는 것을 어렴풋이 생각날 뿐 지금처럼 목화송이 같은 함박눈이 하염없이 내리는 기억이 없다. 특히 오늘과 같이 달리는 기차 속에서 골골마다 변화무상한 설경을 보는 것은 참으로 내 인생에 멋진 추억이 될 것이다.

눈이라고 다 기분 좋고 즐거운 것은 아니다. 세상만사가 그렇듯이 내리는 현상에 따라 기분과 즐거움이 다르다. 비와 눈이 섞이어 내리는 눈을 '진서'라고 한다. 이 눈은 보기에도 별로 눈 같은 기분이 안 들지만 느낌도 즐겁지 않다. 이런 눈은 차라리 안 내리는 것만 못하다. 땅에는 쌓이지도 않고 바로 물이 되어 땅이 질척질척하는 것이 마음에 거슬린다.

그런가 하면 좁쌀처럼 소리를 내며 작은 양으로 내리는 싸락눈이 있다. 아무 곳이나 가리지 않고 그저 촐랑거리는 미운 시누이 같아 썩 기분이 안 좋다. 그렇게 평가를 하는 것은 그래도 눈이라는 그 이름 때문에 좋게 평가를 하는 것이다. 밉게 보면 싸락눈은 악질 같은 그런 눈이다. 싸락눈이 오는 날은 날씨도 더럽게 차다. 착한 며느리 누명을 씌어 쫓아내는 표독한 시어미처럼 쌀쌀한 바람과 함께 몰아치는 눈이다.

자욱한 하늘에서 선녀처럼 목화송이같이 사뿐사뿐 내려 쌀가루처럼 소복소복 쌓이는 함박눈은 하늘에서 내려오는 천사와 같다. 마음 한가운데서 함박웃음이 만면에 가득하여 사람마다 활짝 웃는 꽃으로 변한다. 눈이 우리 인간사에 큰 도움도 되지 않는데 어째서 이렇게 짙은 감동을 주어 희열에 젖게 하는가? 함박눈이 송이송이 내려 소복이 쌓이는 것을 보는 것만으로도 행복이다.

그렇다. 아무 조건도 없이 무조건 좋다. 아무 조건도 없이 무조건 좋은 것은 우리들 범부가 미처 생각지 못하는 심오한 경지가 들어 있음이 아닐까? 사랑을 베풀어 천당으로 인도하는 예수님, 자비로 중생을 구하는 부처님, 도덕으로 인류를 교화시키는 공자님인들 한나절 동안 무슨 설교로 온 천지를 하얗게 물들일 수 있을까? 싫고 좋은 것도, 더럽고 깨끗한 것도 밉고 예쁜 것도 가리지 않고 천지만물을 하얀 양심으로 깨끗이 변화를 시키는 그 능력은 신의 경지가 아니면 감히 그 누가 본을 보겠는가. 이렇게 움직이는 자연은 변화무상하다.

하얀 설경은 조선시대의 곧은 선비의 상이 연상된다. 하얀 두루마기에 의관을 하고 꼿꼿한 수염을 달고 진리를 깨닫기 위해 학문을 닦는 그 모습과 같다. 그들은 곧고 바른 절개를 가진다. 옳지 않은 일에는 절대로 타협하지 않고 청렴결백한 일에만 동조를 하여 선비의 기개를 높인다. 순백으로 세상을 덮어버리는 정의에 사도가 아름답고, 눈처럼 기개를 가진 백의민족인 우리들이 오늘 따라 존경스럽다.

시험 치러 가는 길에 복덩이같이 함박눈이 송이송이 온 천지에 내리니 행운이 올 것만 같은 기분이다. 눈부신 하얀 눈을 바라보며 내 아들에게 희망을 주는 서설이 되어 주길 은근히 빌어본다.

보리암

춘색이 무르익어 가는 오월의 첫 공휴일이다. 어느 보살의 소개로 남해 금산 보리암에 구경을 갔다. 한나절이 되었는데도 안개는 걷히지 않고 우리의 눈을 가리고 있었다. 무슨 비밀의 무대를 꾸미는 듯 하드니 곧 내리쬐는 햇볕에 안개구름은 견디다 못해 서서히 사라지고 아름다운 비경이 눈앞에 펼쳐진다.

금시 하늘은 눈이 취하도록 파랗고 날씨는 청명했다. 안개가 걷힌 사이로 우뚝우뚝 솟아오르는 신비의 기암괴석들이 푸른 청솔과 어우러져 심금을 설레게 했다. 참 좋구나! 하는 희열이 나도 모르게 온 전신을 자극하며 흘러내려 금산의 신비에 걸렸다. 겨우내 헐벗은 나목은 새 잎으로 단장을 했고 바위 틈새에 고통스럽게 서 있는 허리 굽은 노송은 절을 지키는 수장처럼 노익장을 과시하며 푸르름을 더했다. 천 년 세월의 앙금, 이끼 낀 때 씻지도 못하고 그대로 새봄을 맞이하는 순수 무구한 저들의 너그러움이 마음에 든다.

법당과 기도실, 절의 규모는 크지는 않아도 우람한 산 험준한 바위 속에 자리 잡아 엄숙한 운치가 감돌아 좋다. 두 채의 청기와 집, 정교히 조각한 관세음보살이 불자를 끌어들인다. 돌탑과 석등이 요소요소에 잘 세워져 있고 공해 없는 약수가 돌 속에서 마음 비우는 부처의 도심을 깨달았는지 주야장천 한결같이 송골송골 솟는다.

독경을 실은 솔바람 소리는 무대의 배경 음악처럼 은은히 들려와 중생의 어리석은 탐진치를 비우게 하고 절을 지키는 사천왕 형상을 한 기암괴석들은 불경을 탐독하여 득도하려는 도승의 목탁소리에 잠이 들었는지 숨소리 없이 절을 에워싸고 있다. 고요한 밤이면 달빛도 보리암과 어울려 하얀 은세계를 그리며 유유자적 불심을 낭독할 것이다. 언제 보리암의 밤 비경을 느껴볼까? 나의 마음은 문득 금산에 녹아든다.

아늑히 보이는 잔잔한 남해바다 청정해역에 금산을 배경으로 암자처럼 고요히 떠 있는 작은 섬들은 해무의 이동에 따라 하늘이 되었다가 구름이 되기도 하고 해무가 사라지면 다시 섬으로 환생을 한다. 환생한 섬들은 기도를 마치고 보리암의 수제자처럼 금산 우르르 몰려와 득도를 닦는 듯하다.

절을 위시해 제자리를 지키는 바위는 조연이고 먼발치에서 사라지기도 하고 다시 나타나기도 하는 얼굴 없는 저 선경 같은 섬들은 보리암을 주연으로 한 조연들이다. 영화의 한 장면 같은 명산고찰의 빼어난 배경은 도심을 닦는 도인의 선견지명이라 생각하니 고고한 불심에 마음이 숙연해진다.

자비의 부처님이 영험을 주시고 무아의 경지에 오른 스님의 지혜가 심신의 안정을 주는데 신선 같은 비경까지 정서를 맑게 해주니 마음을 수양하는 도량으로서는 금상첨화다. 보리암菩提巖의 보리는 불타의 정각의 지혜를 깨닫기 위한 수행의 최고의 이상인 불가를 지칭한 것이고 암巖은 바위에 둘러싸인 절집의 배경을 살려 절의 이름을 보리암으로 명명을 한 것이다. 이름 그대로 금산의 보리암은 남해에서 이름난 절이다.

절간 뒤 깎아 세운 듯 우람하게 서 있는 병풍바위는 금산의 역사가 새겨져 있는 듯 멀리 바다를 조망하며 위엄을 과시하고 서 있다. 옆에 붙어 있는 용바위는 여의주를 물고 하늘을 승천하는 모습이고 좌측의 호랑이 상을 한 범바위는 사나운 용맹을 떨치듯 협곡을 노리고 있다.

사랑의 전설이 묻어 있는 상사바위는 밝은 날에 보는 이의 눈이 부끄러운지 속살이 보이지 않은 먼 곳에서 정을 나누고 있고 우측에는 이 산을 금산이라 이름 지어준 조선의 태조 이성계 왕이 공부를 하고 국태민안의 기도를 드렸다는 돌집이 전설처럼 눈에 어른거린다. 그 외에도 이루 헤아릴 수 없는 크고 작은 바위가 절을 에워싸고 잘 그려진 동양화의 병풍을 펼쳐놓은 것처럼 절경의 정취에 가슴은 젖고, 눈은 아름다움에 취해 연신 미소를 지으며 희열에 젖는다.

보살은 타오르는 그윽한 향 냄새를 풍기며 흘러나오는 독경소리에 맞추어 절을 하며 불심에 잠긴다. 기도를 드리고 지성으로 빌면 한 가지 소원을 들어준다는 보기만 해도 인자스런 관세음보살 전이다. 백팔염주를 한 알 한 알 돌리며 속세의 백팔번뇌를 비우는 절을 한다. 그래도 미흡한지 옆에 있는 돌탑에 머리 조아리며 기도 드리는 모습은 지극정성 감탄스러울 지경이다.

인간은 미완성의 작품이라 했던가. 인생의 미로도 역시 불확실하다. 당장에 불어닥칠 코앞의 운세를 몰라 전전긍긍하지 않은가. 그 암흑의 미로의 길을 밝히는 것이 종교의 믿음이라면 중생의 자구책은 저 지성어린 보살의 모습이리라. 나무아미타불 관세음보살 나무관세음보살….

목탁소리가 바람을 따라, 계곡을 따라, 인파를 따라 흘러넘친다. 부처님의 령이 돌 속에도 나뭇잎에도 땅에도 삼라만상에도 다 들어간다.

미우나 고우나 말이 없는 돌은 부처다. 돌이 부처를 좋아하는지 부처가 돌을 사랑하는지 아무도 아는 이 없다. 물어도 대답이 없으니 그 저의를 감히 그 누가 알까? 그러나 돌의 조각에서 부처의 흔적이 발견되는 것을 보면 예사로운 사이는 아닌 듯하다. 돌과 부처의 사이는 절과 스님의 사이보다 더 끈끈한 정이, 한 없이 서려 있으리라.

부처가 "나는 돌이로 소이다" 한다. 돌은 "나는 부처로 소이다" 하여 서로 얼굴과 몸체를 두고 각각 자기주장을 할 것이라는 생각을 가끔 해본다. 그러면 큰스님은 법문으로 설법을 하며 "돌은 돌이요 부처는 부처로다" 라고 중생의 입을 봉할 것이다.

불국사 석굴암은 세계에서 제일 으뜸가는 예술품이라 한다. 우리민족의 귀한 유물이다. 무념의 돌이 세계의 이목이 쏠리는 걸작품이 되었다. 돌 속에서 조상의 얼이 살아서 숨 쉬고 지나온 삶의 흔적이 묻어 있어 돌은 역사다. 당대의 공적을 새겨놓은 비석이 곳곳에 널려 있다. 나라의 큰 인물이나 가문의 위업을 빛낸 업적을 후세까지 전하기 위한 인위적인 역사의 산물이자 세상의 초석이 되는 뼈대다.

귀갓길 차가 터널 안으로 들어섰다. 소음이 고막을 찔렀다. 그 소리는 자동차의 기계음도 있었지만 정작은 바위의 신음 소리로 들렸다. 차도를 만들기 위해 돌의 뼈에 구멍을 뚫은 것이다. 이 얼마나 모진 고통을 참고 있는 것일까? 돌은 이렇게 부처의 인내를 닮았다.

돌 속에는 부처의 얼이 들어 있다. 사람의 발길이 닫지 않은 심산유곡에도 살을 들어낸 기암괴석의 바위는 세월의 풍상에 할퀴고 깎여도 굴하지 않고 더 더욱 굳센 자태로 세인의 감동을 자아낸다. 외로운 고통을 묵묵히 붙들고 고행과 자비로 중생을 교화하고 있다. 바위 돌에 둘러싸인 보리암의 불심에 감복하여 반야바라밀다심경을 외워본다.

보리 타작

"문둥아 반갑다". 이 말은 경상도 여인들이 반가운 사람을 만났을 때 하는 말이다. 특히 경상도 지방에는 보리가 잘되어 보리밥을 먹고 살았다. 부자나 돈을 잘 벌이는 몇 집을 빼고는 전부가 보리가 주식이었다. 6.25 난리에 경부선 열차를 타고 남하한 서울 양반들의 한 많은 피난살이에 보리밥과 사투리에 정이 들어 경상도 사람을 '보리문둥이' 라고 애칭을 쓰기도 했다.

도리깨는 보리를 떨어지게 하는 농기구다. 재료는 대나무로 만들어 손잡이와 열(보리를 두들기는 부분)이 있고 손잡이와 열을 연결하는 연결 고리로 세 부분으로 만들어져 있다. 보리를 쳐서 떨어지게 하는 열 끝 부분은 대 뿌리에 닿은 아주 단단한 부분을 이용한 것이 특색이고 열과 열을 묶는 끈은 한지의 재료로 쓰는 질긴 닥나무 껍질로 감는다. 단단해서 아무리 딱딱한 흙 마당을 힘껏 쳐도 떨어지거나 부서지지 않는다. 견고하게 만든 것이 그 당시 선조들의 지혜라고 보아야 할 것이다.

도리깨를 사용하여 보리를 탈곡하는 그 과정은 원시적인 농경 사회와 하나도 다를 바 없다. 지혜와 꾀를 쓰는 머리와 가슴은 접어두고 힘과 힘으로 몸과 몸으로 보리와 한판 승부를 보는 보리 타작을 하는 장면이다.

망종芒種이 지나면 보리를 벤다. 베지 않아도 대공이가 말라 들어간다. 그때 베는 것이 가장 적기다. 보리를 베어서 3, 4일 말리면 가슬가슬하게 말라 볕이 난 한낮에는 조금만 충격을 가해도 보릿대에서 보리가 떨어진다. 모든 준비는 미리 다해놓고 마지막으로 논 한가운데 타작 마당을 닦으면 된다.

타작하는 전날은 마음이 설렌다. 한 해의 농사가 판가름 지어지기 때문이다. 큰 행사의 전야제 같은 날이기도 하다. 부지런히 일해 농사를 잘 지은 사람은 기쁜 마음으로 기분이 좋을 것이고, 게을러빠지다 실농한 농부는 우수가 드리운 착잡한 날이 될 것이다.

6월 염천의 이글거리는 햇볕 아래 밀짚모자를 푹 눌러 썼지만 얼굴은 일에 찌들인 황동색 구릿빛이다. 일꾼들은 막걸리를 한 사발씩 들이킨다. 하루 종일 도리깨를 휘둘러 보리를 수확하기 위해 너 안 죽으면 나 죽기로 보리와 한판 사투를 벌려야 한다. 그러니 술의 기운이 들어가야 고통을 잊고 신명나는 타작을 할 수 있기 때문이다.

술의 힘은 대단하다. 특히 농주의 주기는 농부의 힘과 직결 된다. 막걸리 한 사발 쭉 들이키면 없던 기운이 새로이 난다. 농사는 허리와 뱃심으로 한다. 배가 출출한 새참 때도 술을 한 잔 마시면 배가 부르고 허리가 쭉 펴진다. 농주는 먹고 놀자는 술이 아니고 마시고 신명나게 일하자는 곡주다.

그늘에 그대로 앉아 있어도 땀이 줄줄 흐르는데 불볕에 타작을 한다고 생각만 해도 땀이 흐르는 느낌이다. 구름이 가린 날에는 보리 짚이 눅진해서 아무리 도리깨로 보리를 두들겨 패도 보리가 떨어지지 않기 때문에 구름 한 점 없는 태양이 작열하는 청명한 날에 타작을 하는 것이 제일 좋다.

시원한 바람이 부는 날은 순풍에 돛을 단것과 같아 더욱 좋은 날이다. 보리를 한마당 가득 깔아놓고 도리깨로 전신의 힘을 모아 휘두르며 팬다. 타작도 요령이 있다. 힘만 주어 도리깨를 세게 친다고 보리가 잘 떨어지지는 않는다. 힘의 탄력을 이용하여 도리깨 열을 넘겨야 한다. 도리깨를 힘껏 높이 들어 올려 열이 뒤로 넘어 갈 때 힘을 역이용하여 내리친다. 그러면 도리깨는 역회전을 하면서 탄력으로 땅에 힘차게 떨어질 때 낙착의 힘이 배로 불어나 보리알은 추풍낙엽처럼 떨어진다.

한마당 타작을 하고나면 온 몸에는 땀이 범벅이 된다. 마당에는 황금빛 보리가 넉넉하게 쌓이고 한마당 가득한 소출을 보는 희열에 고된 피로도 없어진다. 이때 시원한 바람이 한줄기 지나가면 세상을 다 얻은 것보다 기분이 좋다. 이럴 때 불어오는 바람은 자연이 인간에게 주는 최대의 선물이다. 지금은 기계로 인위적인 바람을 낼 수 있어 자연적인 바람이 오히려 작업에 방해가 되겠지만 그 시절의 타작마당에는 불어오는 바람은 풍로와 같다. 바람에 가래질을 하면 쭉정이와 잡물을 제거되고 알 보리만 남는다. 타작마당에 부는 바람은 일꾼들의 땀과 피로를 씻어주고 풍로 역할을 해 일의 한몫을 담당하는 필수적인 존재였다.

고된 타작마당에도 흥이 있다. 사람이 들끓고 재물이 많이 있는 곳에는 흥이 나고 노래가 흘러나오는 것은 자연적인 현상인 것이다. 부잣집 타작 마당이다. 큰 머슴, 작은 머슴, 품을 더는 일꾼 장장한 장정들이 우글우글하다. 맛있는 좋은 음식이 있고 흥을 돋우는 농주가 있다. 진수성찬에 배 불리 먹고 막걸리 두어 사발 덤으로 걸치면 평소에 무거웠던 도리깨도 가볍다. 땀이 나고 힘이 들어도 흥이 절로 나고 힘도 배로 난다.

흥에 젖어 고통도 괴로움도 잊고 도리깨 소리에 발을 맞추며 소리를 낸다. 타작마당에 도리깨 소리는 모내기처럼 노래를 부르는 것이 아니고 목도하는 사람처럼 도리깨를 두드리는 소리에 장단 같은 호흡을 맞춘다. 노출된 부분의 보리를 두들겨서 떨어뜨리고 밑에 있는 부분을 뒤적이며 달려있는 남은 보리를 두들겨 마지막 마무리로 뒤집어 낸다. 타작은 절정에 들어간다. 흥이 난다 "어-야" 하고 큰 머슴이 앞소리를 지른다.

"어-야"하고 모두가 따라 소리를 지른다.

"때리라" "어-야" 반복을 한다.

"여기도" "어-야" 이쪽 보릿대에 떨어지지 않은 보리알을 보면서,

"저기도" "어-야" 저쪽 보릿대를 보면서,

"발을 들고" "어-야" 흥이 나서,

"내리쳐라" "어-야" 흥겨워서 다시 또,

"어-야" "어-야" 하며 한마당 끝날 때 까지 도리깨 소리에 장단 맞춰 흥얼거린다.

어느새 한마당이 끝나고 황금색 누런 보리는 마당에 쌓인다. 넉넉함은 빛이 나고 아름답다. 말이 신나는 타작이지 6월 염천의 태양 아래 보리 타작은, 너무나 덥고 힘이 들어 죽지 못해 하는 일이다.

도리깨가 사라졌다. 도리깨가 없는 세월은 정말 살맛나는 세상 이었다. 원시시대가 물러나고 기계문명으로 바뀌었다. 도리깨가 등장하고 원시시대가 거론되니 전설의 고향을 한 토막 듣는 감이 느껴진다. 그런데 나는 지금 옛날 옛적 이야기를 하는 것도 아니고 또한 전설은 더 더욱 아니다. 40여 년 전 직접 경험한 일을 이야기하는 것이다. 그러면 나의 얼굴은 흰 수염이 드리우고 서릿발 같은 백발이 휘날리는 신 같은, 그런 존재라야 실감이 날것인데…. 좋은 세상을 만나서 그런지 아직도 청춘이고 싶다.

도리깨의 이야기를 알고 모르는 세대가 한 생활권에서 같이 살고 있다. 그러나 생각의 사고는 천지 차이다. 한 세대는 도리깨로 보리 타작을 하던 가난에 점철된 춘궁기를 생각하고 또 한세대는 기계 만능 시대의 컴퓨터로 세상일을 다 처리하려고 한다. 그런 정신으로 같이 살고 있으니 복선의 철길처럼 부닥치지 않고 인생의 평행선을 유지하고 동행하기는 어렵다.

도리깨로 타작을 할 때는 힘의 지배 시대였다. 여자보다는 남자를 우대했다. 힘이 없으면 농사를 짓지 못했기 때문이다. 노동력이 있고 근실하면 어디를 가도 일할 곳은 많았다. 그러한 시대가 급변하는 컴퓨터 문명으로 벤처기업이 생기면서 직장을 상실하여 삶의 터전을 잃고 말았다. 가만히 생각해 보면 어이없는 일이다. 잘살아 보자고 밤과 낮을 가리지 않고 노력하여 고도의 발전과 건설을 했는데…. 유래 없는 많은 실직으로 사회가 큰 혼란 상태라니 꿈에도 생각하지 않았다. 첨단 기계의 등장으로 힘의 시대는 끝이 나고 남자의 우위시대와 권위는 상실되고, 세상은 여자 상위시대로 변했다.

첨단 기계에 노동력을 빼앗겨 직장을 상실한 이는 도리깨로 보리타작을 하던 춘궁기의 그 시대를 찾아서 휴경된 농촌을 보아야 한다. 조용한 시골 들녘에 달달대는 경운기의 불만 없는 소리를 귀 기우려 들어야 할 것이다. 시도 때도 가리지 않고 주인이 이끄는 대로 가자면 가고 서자면 서고 불평이 없다. 논과 밭을 갈고 하루 종일 무거운 짐을 날라도 피곤을 느끼지 않는다. 꾀를 부리지 않고 민첩하게 일을 잘한다. 기계가 아니면 그 누가 내 마음같이 해줄까. 그러니 어느 주인인들 이런 일꾼을 환영하지 않을 자 없을 것이다.

그 광경을 보고 힘이라면 천하장사인 황소도 끽소리 한 번 못하고 작업 전선에서 물러났다. 소들은 조상 대대로 이어오던 일자리를 족보에도 없는 경운기의 등장으로 하루아침에 실직했지만 그들은 몸값으로 그래도 명맥은 이어가고 있다. 글재주로 대필을 하면서 대우받으며 지식인 또는 예술인처럼 행세하던 그들은 컴퓨터의 등장으로 무용지물과 같은 몰락의 신세가 되었다. 과학은 인간을 유리하게 하는 것이 아니라 유능을 무능으로 대열에서 떨어지게 하고 있다. 컴퓨터의 자막에서 직장 잃은 우리들의 처지가 '전설 따라 삼천리' 처럼 TV로 시청할 날이 얼마 안 남았지 싶다.

"에라, 모르겠다." 탁주나 한 사발 쭉 마시며 인고를 낙으로 삼자구나. "그래도 탁주 맛은 안 변했네!"

인생의 노정

IMF를 당한 후폭풍이었다. 경제가 불황이다. 이구동성으로 너나 나나 하는 말들이다. 사실이 그러하다. 몇 해 전에 비하면 눈으로 보일 정도로 쓰임새나 행동에서 절약을 한다. 택시 잡기가 수월하고 병원에 입원수속이 쉽다. 유원지에 가보면 친절의 정도가 만족에 가깝다. 이런 상황들이 불황에 빚어진 결과라면 호황보다 불황이 생활에 더 안정된 사회로 변한다는 결론이다. 비약적인 악평일지 염려는 된다.

하지만 거짓말은 아니다. 흥청망청 먹는 것보다 버리는 음식이 많았다. 돈을 쓴다는 것이 아니라 뿌린 것이다. 식구끼리 3사람만 있어도 빈 택시인데도 세워주지 않았고 몸이 아파 입원을 하려고 해도 백back이 있어야 응급실의 신세를 질 수 있었다. 어찌 이런 후진국보다 못한 행위를 해 놓고 부끄럼이 없는지 선진국에 들어선 부자나라 OECD 가입국으로서 생각할 대목이다.

신문지 상에는 보도가 되지는 않았지만 IMF(외환위기)가 있기 전의 사건이다. 학생이 뺑소니 교통사고를 당했다. 학생이 다쳐 도로에 방치되어 있는데도 차들이 구제하지 않았다. 마침 지나가는 개인택시 기사가 발견하여 병원 응급실에 실고가 치료를 요구했다. 피가 범벅이 된 학생의 얼굴을 식별하기가 어려웠다. 병원에서는 환자를 보고는 보호자를 불렀다. 택시기사가 뺑소니차에 사고를 당한 환자라 보호자가 없다고 말을 하니까 병원에서는 받아주기 않았다. 그래서 택시기사는 사경에 처해있는 학생을 살리려고 다른 병원으로 갔다. 거기 역시나 거절을 당해 기사는 그래도 환자를 포기 할 수가 없어 다른 병원으로 갔다. 거기에서는 응급치료를 하려고 하는데 환자가 시간이 너무 많이 경과되어 과다출혈로 치료를 하기도 전에 사망을 하고 말았다.

죽은 후에 학생의 신상을 알아보니 처음 간 그 병원에 이 학생의 아버지가 의사로 과장의 직위로 근무를 하고 있었다고 했다. 그 사고를 들은 학생의 부모 마음은 어떠했겠는가? 참으로 억장이 무너졌을 것이다. 하지만 이 사건을 두고 시사示唆하는 바가 크다. 세상에 돈도 중요하지만 그래도 돈보다는 생명이 더 귀중하다. 응급치료는 해놓고 보호자를 불러야지 어떻게 사경에 처한 환자를 그대로 방치해 놓고 흥정을 하느냐는 것이다. 과장으로 있는 그 의사가 자기의 아들임을 알았다면 그렇지는 않았을 것이 아닌가? 지인이면 봐주고 모른 사람이면 방치를 해도 좋다는 말인가? 이런 상황을 두고 누구를 원망할까? 되돌아보면 자업자득이다.

삶은 긴 여행이다. 여행을 하다 보면 따뜻한 봄도 있고, 무더운 여름도 있고, 아름다운 가을도 있고, 눈보라가 휘날리는 혹한의 겨울도 있다. 그때그때 변화에 따라 활동하면 적응이 되는 것이 사람의 인체다. 그렇지만 죽고 싶다고 금방 죽고, 살고 싶다고 몇만 년을 마음대로 살 수 있는 것은 아니다. 이를 일러 공자는 인명은 재천이라 했다.

수십만의 인파가 들끓는 해운대, 광안리, 송정, 싱그러운 낭만과 젊음과 희망과 꿈이 파도에 넘실대고 아름다움의 극치는 밤까지도 불야성을 이룬다. 이렇게 멋진 피서지를 문전에 두고, 우리 일행은 계곡과 그늘을 찾아 나섰다. 외국인들까지도 많이 즐기고 있는데 왜 가까운 곳을 두고 후진 곳을 택할까? 북적대는 것이 싫고 세월의 인고가 더덕더덕 붙은 육체미의 부끄러움 때문에 제동이 걸렸다. 이것이 먼 선택을 한 인생노정의 쓸쓸한 모습이 아니겠는가?

멋은 잠시의 열정이고 안정은 긴 안주다. 어느 한쪽만의 일방통행은 또 다른 자만을 부른다. 길어서 좋은 것도 있지만 짧아야 좋은 것도 있듯이 얽히고설키어 사는 것이 인생사다. 좋고 싫은 것은 자신의 마음에 있다. 오복을 다 갖추는 경우는 하늘도 시샘을 한다고 했다. 정도를 알고 분수대로 질서를 지키며 살아가는 것은 인생 행실의 근본이다.

그늘이 짙은 정자나무 밑으로 우리는 짐을 내리고 자리를 잡았다. 나무 밑에는 시냇물이 흐르고 있다. 그늘 좋고 물 좋은 곳이다. 제일 좋은 장소는 다른 팀이 먼저와 자리 잡아 그 옆에 나란히 잡았다. 폭염이 절정인데 바람마저 한 점 없어 가지 많은 나무도 미동도 않았다. 가끔씩 시원한 바람이 불 때마다 반갑다는 듯이 나무들은 가지를 흔들며 잎을 나풀거리며 미소를 지었다. 대화 대신에 몸짓으로 수화를 하고 있음이다.

정자나무와 그늘 시냇물과 바람은 사람을 모이게 한다. 광고를 내거나 초대하지 않아도 스스로 모인다. 와도 크게 반기지 않고 떠나가도 외로워하지 않는다. 혹은 나무를 못 견디게 고통을 주어도 원망하지 않는다. 세상을 오래 살다보면 이런 일 저런 꼴이 있음을 예상이라도 하는 듯하다. 좋은 일도 슬픈 일도 매일 매일 겪다보면 중도 보고, 소도 보는 것이 세상사이다. 나이를 백 년도 더 먹은 풍진 세월을 보낸 느티나무는 희로애락을 침묵으로 인내했을 것이다. 다리 뻗고 그늘에 누워 하늘을 보았다. 짙은 나뭇잎 사이로 파란 하늘이 보였다. 여기저기 뚫어진 구멍으로 햇볕이 빗살을 그리고 있었다. 그곳은 아무도 눕지도 앉지도 않았다. 순간에 지도자의 포용이 생각났다.

이 정자나무는 이곳을 찾는 모든 사람을 포용하는 지도자다. 100년이 넘게 오직 침묵으로 몸을 불리고 잎을 틔어 고을의 수호신으로 훌륭히 잘 자랐다. 하지만 하늘의 빛을 막을 정도로 짙은 그늘은 못 만들었다. 겹겹으로 쌓인 둥치 옆에는 소름이 날 정도로 짙은 그늘로 자신의 몸을 보호를 했지만 곁가지 사이사이에는 햇볕이 노출되었다. 백 년 세월에도 자신의 주위도 못 살리는데 사회를 이끌어 가는 지도자가 짧은 인생의 여정에 많은 업적을 남겨 세인들에게 윤택함을 주는 행위는 큰 음덕이다. 이렇듯 아무 조건 없이 평생을 두고 그늘을 만들어 사람들을 쉬어가게 하는 느티나무도 사람처럼 음덕을 베푼 것이다.

경제는 불황이라도 건강약품은 날개 돋친 듯 팔린다. 그 틈새로 가짜약이 기성을 부리니 가관이다. 건장한 육신으로 오래오래 장수하는 것은 인간의 본능이다. 육신의 건강보다는 마음의 건강이 더 중요하다. 굶주려 죽은 삶보다는 마음에 상처로 세상을 포기한 사람이 많다. 마음에 자책으로 자살한 자, 실연에 정사한 자, 사업 실패로 세상을 등진 자, 삶의 실타래를 풀 수가 없다보니, 마지막 선택의 기로를 일일이 말로 다 할 수 없는 것이, 자살의 원인이자 죽음의 병이다.

자살의 병에는 약이 없다. 과학의 발전으로 생명을 연장하고 건강을 보호하는 많은 약들이 약국에 가득 차 있다. 그러나 자살을 방지하는 약은 어디에서도 찾을 수가 없다. 그렇다 약은 건강을 지켜줄 뿐이지 생명을 지킬 수는 없다. 생명의 탄생과 죽음은 신의 영역이 아니겠는가?

계원들과 동부인하여 4박5일간 피서하는 동안, 희열은 그늘이 주인공이었다. 한 여름에 그늘 없는 풍경과 자연은 향기 없는 꽃과 같다. 향기를 맡으며 꿀을 찾는 벌과 나비가 없다면 그 꽃밭은 얼마나 쓸쓸하고 적적할까? 그늘을 만들어 주는 느티나무와 그 그늘의 품에 안기어 흐르는 계곡은 더운 여름의 아름다운 한 쌍의 꽃이다. 우리는 그 여름 꽃밭에서 신선한 에너지를 받고 새로운 기를 얻어, 이번 피서는 즐거운 인생의 노정이 되었다.

모기 사냥

모기는 지상의 작은 괴물이자 악충이다. 공상만화에서 우주의 화성에 사는 괴물과 같다. 다리가 세 개에 호수처럼 생긴 빨대의 입을 가진 화성인 그것들은 피를 먹고 산다. 특히 지구에 살고 있는 사람의 피를 좋은 음식으로 눈총을 들이고 있다고 한다. 그것들은 지구를 정복하려고 무한한 노력을 하고 있으리라.

하늘의 유령으로 나타나는 UFO 비행접시는 화성인이 우리가 인공위성을 쏘아 올리듯이 저들의 우주선인지도 모른다. 비행접시는 모기의 주둥이처럼 계기판이 없는 빈 접시모양이라 한다. 그것들이 하늘의 괴물이라면 모기는 그와 유사한 이 땅의 괴충으로 우리의 피를 빨아먹는다. 주사기 같은 독침의 주둥이를 가진 깡마른 강도다, 약하고 작다고 방심할 수는 없다.

이 세상에는 영원한 약자도 없고 영원한 강자도 없다. 신기록은 해마다 갱신되고 강자의 순위는 한 해를 못 넘기고 주인이 바뀌고 있다. 덩치가 크다고 안심할 수도 없고 작다고 없인 여기거나 하세 할 수는 더 더욱 없는 때가 작금의 세속이다. 세계의 이목을 끌고 있는 헤비급 챔피언도 작은 주먹의 강타에 돈도 명성도 일순간에 끝이 난다. 천하를 통일하고 만리장성을 쌓은 진시왕도 50세를 넘기지 못하고 병에 걸려 저승사자의 오라를 받았다. 그에게는 세상사 무소불위였다. 그러나 불로장생은 무리였다. 죽기가 싫어 불로초와 불사약을 캐려 많은 신하를 삼신산에 보냈지만 그런 약초는 그 아무 곳에도 없었다.

병사를 통솔해 천하를 굴복시키는 장수는 있지만 만병의 원인이 되는 미세한 충과 균을 박멸하는 장수나 묘사는 이 땅에는 없다. 자신의 생명을 연장하는 것을 군사를 통치하는 것과 같은 맥락으로 생각한 것이 부질없는 허욕이었다.

강한 자의 천적은 약한 자의 속에 있다. 코끼리와 쥐, 고양이, 호랑이, 사자 다섯 마리의 동물이 원을 그려 서로를 대적하면 어느 한 마리도 약한 자를 공격을 못한다고 한다. 덩치 큰 코끼리는 사자를 골려주고 싶지만 쥐가 콧구멍에 들어갈까 겁을 낸다. 사자는 호랑이를 낚아채고 싶어도 코끼리가 버티고 서 있기 때문에 이러지도 저러지도 못하고 호랑이는 자기의 탈을 쓴 고양이를 당장 잡아 죽이고 싶지만 사자의 위엄에 꼼짝도 못한다. 고양이는 쥐를 단숨에 잡아 놀리고 싶지만 호랑이의 맹공이 두려워 입맛만 다시고 있다. 쥐는 덩치만 크지 민첩하지 못한 코끼리 등에 올라가 콧구멍을 후벼주고 싶은데 앙칼스러운 고양이 때문에 오도가도 못하고 움츠리고 앉아 서로 관망만 한다고 한다.

이처럼 지상에서 제일 덩치가 큰 코끼리의 적수는 힘이 센 동물이 아니고 작은 동물인 쥐이다. 이런 천적이 있기에 세상은 굴곡을 지닌 채로 무너지지 않고 수레바퀴처럼 돌고 돈다. 이것이 자연의 순환 질서이다.

명석한 두뇌를 가진 인간의 천적은 과연 무엇일까. 날쌔게 달리는 맹수, 하늘을 높이 비상하는 새, 사해를 주름잡는 물고기, 흐르는 물, 뜨거운 불, 태산준령일까? 모두가 아니다. 이들은 사람의 힘으로 공격하고 부수고 죽이고 다루어 인간생활에 이롭도록 관리되어 보호를 해 우리의 삶을 윤택하게 하는 데 이용되고 있다. 정작 우리 인간의 천적은 크고 힘센 것이 아니고 화려하고 멋진 것도 아니다. 그와는 반대의 미물인 충과 미세한 균이다.

어린 새 생명을 무참히 앗아가는 마마라고 부르는 어시시한 천연두, 고열로 물, 물을 달라고 부르짖으며 탈수현상으로 해골이 되어 24시간 내에 죽어 가는 간담이 서늘한 콜레라 같은 돌림병이 다 그들의 소행이다. 한 번 휩쓸고 지나가면 화생방전을 한 것처럼 골골마다 시체가 뒹굴었다고 한다. 모기가 옮기는 장티푸스 모두가 공포에 질리는 전염병이다. 이런 병들을 옮기는 주범인 이놈들이 사람 사냥을 하는 원수 같은 천적이다.

산골에 사는 맹수는 죽어도 시체가 없다. 그런데도 호피를 주운 사람은 없다. 그들의 시체는 어디로 살아졌을까. 맹수가 사고나 총에 맞아 죽기도 하지만 그 수는 그렇게 많지 않다. 다수는 균과 충의 침투에 병들어 죽고 만다. 맹수의 살점도 역시 목숨이 끊어지면 그 시간부터 부패되어 수천수만 마리의 구들이로 변한다. 그들은 하루 이틀을 지나지 못하고 파리가 되어 산산이 흩어진다.

맹수도 인간도 마지막에는 저들의 영가의 상여를 타야 한다. 해탈한 도승은 자기 몸에서 떨어진 이를 죽이지 않고 머리에 도로 주어 넣는다고 하지 않던가. 죽어 화려한 영가를 타고 싶은 일념에서 그렇게 하는 것이 아닐까. 그렇다고 보면 결국 세상에 제일 강한 것은 눈에 보이지 않는 균과 작은 충이다.

해충들 중에도 모기의 악랄함은 강도와 같다. 이, 빈대, 벼룩은 우리의 피를 빨고 살을 갉아먹지만 그들은 숨어서 몰래 피 도둑질을 하고 있다. 서식하는 반경이 좁아서 약으로 퇴치가 가능하다. 그런데 이 모기는 겁도 없이 이 방 저 방 망을 보며 날아다니다가 불이 없는 침실로 자유자재로 파고든다. 제보다 천 배 만 배나 되는 사람이 눈을 뜨고 빤히 보고 있는데도 얼굴 팔 다리에 예고도 없이 헌혈을 하듯 비수 같은 주둥이를 들이대 피를 빨아낸다. 소리를 치며 제 멋대로 물어뜯는다.

모기 사냥을 해야 잠을 잘 것 같다. 요놈은 침투 방법이 잔인해 전쟁을 선포해야 할 지경에 이른다. 사람보다 군사가 월등하다. 산에도 들에도 강가에도 주택에도 장소를 가리지 않고 기민하게 잘 훈련된 군사가 많이 숨어 있다. 낮에는 어둡고 외진 곳에 잠복해 있다가 밤이면 활동을 한다. "앵 앵 앵"하며 내가 간다. 길을 비켜라. 하는 식으로 선전포고까지 한다.

모기에 물린 자리가 가렵다. 살점에는 빨간 흠집이 생겼다. 모기와 사람은 같은 혈통이 아닐 것이다. 그런데 수혈을 받은 모기란 놈은 멀쩡하고 수혈을 한 내가 부작용이 난다. 모기와 나의 조상과는 혈통이 전혀 다를 것인데 저놈의 모기가 부작용이 없다니 이상한 현상이다. 아니다 조금 있으면 이상이 생길 것이다. 우선 배가 고파 피를 뽑아 먹었지만 아마 수분 내 사망 아니면 미칠 것이다. 그런 생각이 끝나기도 전에 "앵 앵"하고 신경을 건드리며 귓전을 날아간다.

"에라 미친놈 맛 좀 봐라" 하고 허공 반, 귓전 반에다 손바닥을 휘두르며 "죽어봐라 죽어봐야 저승 맛을 알지"하며 손으로 모기를 쳤다. 모기는 없는데 나 혼자 극성이다. "그래 좋다 네가 죽나 내가 사나 해보자" 하고 성질을 부린다. 생각해보니 미친놈은 저 모기가 아니고 나다. 이러다간 모기에 뜯겨 한잠도 못 자겠다. 작전을 바꿔야 되겠다.

모기의 전술은 전혀 다르다. 미풍에도 몸이 가벼워서 바람을 타고 날아가고 날렵해서 동에 번쩍 서에 번쩍 하니 힘이나, 빠른 속공으로 공격할 대상이 아니다. 이열치열의 '눈에는 눈, 이에는 이'라고 했다. 공격만이 능사가 아니다. 자신을 지키는 최후의 방법은 공격보다는 방어다. 모기 앞에 힘 자랑하고 폭력으로 덤비는 것은 공자 앞에 문자 쓰고, 도사 앞에 요랑 흔드는 격이다.

날렵한 모기를 오기로 잡으려고 덤비지 말아야 한다. 모기와 같이 가늘고 약한 망으로 진입을 차단하는 것이다. 천방지축 달라드는 모기의 침입을 그물로 방충망을 쌓는 것이다. 닥치는 대로 피를 빨아먹고 사는 모기도 제 몸보다 좁은 그물 구멍을 들어가는 길은 속수무책일 것이다. 닭 쫓던 개처럼 만들어보자.

서툰 공격보다 방어가 묘수임을 모기장을 통해 알 수 있다. 얼굴에 붙은 작은 모기 잡으려고 우악한 손으로 제 뺨을 제가 치는 우를 범하는 일은 머리통 없는 모기의 IQ보다 못한 인간이 된다. 그런 인간되기 전에 가벼운 모기장을 들고 즐거운 마음으로 살생 없는 모기 사냥의 침실로 가자.

제 5 장

차라리 만나지나 않았더라면

3학녀4학도三學女四學徒

3학녀4학도는 무슨 말인가? 익은 밥 먹고 생뚱맞은 소리다. 모두 다 그렇게 생각할 것이다. 이 말은 사전에 있는 단어도 아니고 일반적 상식에 비유적으로 쓰는 문장은 더더욱 아니다. 그렇다, 이 말은 내가 스스로 지어낸 말이다. 3학 여는 수필 공부를 하는 세 여인이고 4학 도는 세 여인과 한 남자라는 뜻이다. 무리 도徒자는 한 남자가 섞이었기 때문이다. 세 여인은 현재에 이름자만 대면 내로라는 그러한 훌륭한 수필 작가들이다. 그런데 무리 도徒 나는 택(턱)도 아니게 또도 개도 아니면서 수필 공부를 한답시고 어중이떠중이처럼 눈치 없이 따라다니는 한 남자다. '나' 라는 남자가 없으면 3학 여이고 나가 들어가면 남녀 혼합의 4명이 되니까 동물의 무리처럼 네 무리 4학도가 되는 것이다. 이 정도면 눈치 채는 사람은 그 반 알지 않을까 생각을 한다.

3학 여는 수필을 주업으로 삼는 것은 아니지만 수필이라면, 먹던 밥도 뒤로하고 말하고자 하는 제재는 무엇이며 주제는 무엇인지 소재의 수입이 국산인지 외제인지 또는 남의 문장을 도용해 페인팅으로 변조나 안 했는지 관심에서 벗어나 궁금증을 유발하는 실력인들이라, 가정에서 살림이나 하는 여인같이 아줌마라고 부르기는 민망하여 요모조모 신중히 고려한 끝에 '3학 여' 라고, 붙인 기발한 아이디어로 명명한 창의적인 언어인 것이다.

오늘 3학녀4학도는 지금까지 간직한 접시를 깨뜨리기로 했다. 접시를 깨는 것은 평소의 틀을 엎고 새로운 정신을 부각시켜 혁신을 하는 것이다. 첫째는 항상 가졌던 고정관념을 깨고 새로운 세계를 꿈꾼다. 평소에는 음식점에서 모임을 가졌지만 오늘은 시야가 넓은 야외로 관광을 가기로 했다. 둘째로 접시를 깨는 것은 헌것을 버리고 새것을 취함에 시장경제 원리로 경제성장에 도움을 준다. 깨어버린 빈자리에는 새 그릇을 취미 대로 사 채울 것이다. 셋째로 새 접시 속에 그려져 있는 새로운 도안에 새 그림을 보면서 새로운 문화와 예술을 향유하며 신문화를 즐길 것이다.

3학 여는 이심전심으로 차의 향취를 맛보다, 분위기에 젖어 들 줄 알며, 찻잔을 윤이 나도록 닦을 줄 알고, 이빨 빠진 접시를 버릴 줄 알고 다도의 예절을 아는 여인들이다. 3학 여와 4학 도끼리 나눠 먹는 커피 맛은 별미 중에 별미다. 일회용 종이컵에 1/2담긴 커피를 반으로 나누어 꿀꺽 마시면 한두 모금 뿐이고 상상의 나래로 맛을 음미해서 마시면, 여러 모금이 된다. 흔들리는 찻잔 속에는 수많은 스토리와 사연들이 모여들어 인생의 물결을 이룬다. 방금 커피를 따라 준 3학 여도 보이고 차창 밖의 무심히 스쳐가는 풍경들도 아쉬움을 지닌 채 휙휙 지나쳐 가고 있다. 남은 한 모금의 커피는 아까워서 맛으로 여운을 만끽해 보기로 하고 입술에 찻잔을 기우려 본다.

세 여인은 각각 특질이 있다. 그래서 그 특질을 밝히고자 차례로 알파벳 A, B, C로 해야 될 것 같다. 그리고 무리 도徒인 나는 D로 표현하기로 한다.

A여인은 유순하고 진국이다. 지어온 글을 보면 세상사를 통달한 것처럼 그 숨은 철학이 유순한 또순이 같은 그의 유정한 뜻이 함초롬히 묻어 있게 하여 그 수필은 인생담론이다. 좋으면 좋은 대로 미우면 미운 대로 모가 없이 둥글둥글한 자갈마당에 소리 없이 구르는 몽돌 같은 문장력을 가진 여걸이다.

B는 순한 토끼 같다. 자신의 처신에 너무나 신경을 쓰며 매사에 실수가 없는 꼼꼼이다. 가진 것도 남보다 적지도 않은데 욕심인지 돌다리도 두드려 보고 건너는 완전 제일주의인지 지나칠 정도로 인색하다. 문장도 역시 학구파처럼 저력이 있으며 총기는 너무나 좋아 기억력의 사전이다. 머리카락을 홈을 파는 것처럼 좀체 흩어짐이 없는 것이 흠이다. 여백이 미덕이다, 라고 충고하고 싶다.

C는 가을 여인처럼 너무나 새침하다. 성정이 꼿꼿하여 서리 맞은 가을 국화처럼 고고하게 군다. 어떤 때는 그 꼿꼿한 기질 속에는 가시가 돋아날 것처럼 자신의 조신에 인생을 걸어 세인의 범접이 어렵다. 유리알처럼 작은 충격이라도 와르르 쏟아질 것 같이 먼지 하나 없는 투명한 하늘같은 여인이다. 맑은 물에는 고기가 놀지 않는다고 한다. 고결함은 존경을 받지만 두루 어울리지 못하는 것이 흠이다.

한 선생님 밑에서 강의를 들었지만 듣고 보고한 서술이 각각이다. A는 훈풍으로 봄바람이고 B는 순풍으로 도덕풍이고 C는 한풍으로 겨울바람이다. 세 여인은 제 각각의 소리를 낸다.

D학도 나는 매사가 튼튼치를 못하다. 그러면서 튼실한 척 허풍이 아닌 정풍을 고집한다. 그런 환경이 도지면 투덜이로 변신을 한다. 원래의 DNA는 맑고 깨끗했지만 세풍에 중성이 되어 갈피를 못 잡아 안타까운 제 살을 꼬집는 우를 범하지만 치유할 방법을 모색할 길이 없어 호랑나

비의 날개처럼 갈피를 잡지 못하고 비틀거리고 있다.

3학 여는 평소의 여성스러운 면모가 생활 속에서 가끔씩 배어나온다. 오늘은 접시를 깨고 춘풍을 만나 매화축제에 고매한 자신들의 끼를 부려 보고자 길을 나섰는데 4학도인 들놀이가 한통속이 되어 새로운 에너지를 공급하려고 애를 써보지만 별 효력이 없다. 오늘의 분위기는 내 마음 길 따라 저들은 꽃이 되었다가 나비가 되기도 하고 때로는 화초로 변신하여 종일 청초한 향기를 풍기리라. 어쨌든 나도 접시 같은 유사한 고정관념의 전통을 깨고 세 여인의 기쁨조가 되어야 한다. 생각만 해도 가슴이 설레는 혁신적인 시대의 허물을 허는 장벽이다.

안타깝게도 매화축제는 많은 관광버스의 막힘으로 들어가지 못하고 우회를 하여 우리는 금오산 향일암으로 행선지를 바꾸었다. 여수 세계문화축제의 우람한 건축들의 겉모습만 관람을 하고 향일암으로 달렸다.

향일암은 출입문을 오르는 돌계단부터 급경사가 되어 절의 지경이 험난함을 알 수 있었다. 지금이야 절에도 관광객과 신도들이 많이 와서 시주를 하니까 절을 운영하는데 어려움이 없겠지만 옛날에는 이 경사진 돌 층층대를 스님들이 오르내리며 시주를 얻어 부처님께 공양하고 절을 지키느라 얼마나 많은 고행을 하였을까? 하는 생각이, 급경사 층층대를 오르는 숨찬 호흡이 말해 준다.

아니나 다를까 깎아 세운 듯한 바위 사이로 통로가 나 있고 바위가 서로서로 얽히고설키어 계단이 되고, 길이 되고, 통로가 되었으니 기암괴석 속의 암자의 관경은 정말로 뛰어난 풍광이었다. 삼월 하순인데도 나목은 아직도 겨울잠을 깨지 않고 스케치한 그대로 나무의 실핏줄만 앙상하고, 간간히 서 있는 소나무는 암자의 눈썹처럼 청빛으로 전체의 조화를 이루어 한 폭의 그림처럼 아름답다.

아래로 내려 보니 암자가 청정해역 바다 위에서 거북등을 탄 것 같고, 위로 보니 하늘을 얼싸안고 있어 대자대비하신 부처님의 성지는 비경 중에 비경이로다.

고풍스러운 암자의 풍경들은 세파에 얼룩진 중생의 얼굴을 어루만져 주고 스님의 독경소리는 삶에 찌든 중생들의 마음을 씻어 주고, 부처님은 자비로 모든 중생을 구제해 주시니, 3학녀4학도도 부처님께 경배를 드리고 불전을 바치니 몸과 마음도 한결 가뿐하구나. 마음 같으면 이 공기 좋고 풍광 좋은 곳에서 부처님의 불경을 음미하며 한없이 머물고 싶지만 우리의 인생길은 그러지 못하다. 불도와 중생의 그 연의 관계는 우리 몸의 때와 살처럼 어디까지가 살이고 어디서부터가 때인지 구분이 없듯이 마음먹기에 달렸다지만, 부처님 세계와 중생의 세계는 평화와 전쟁이다. 사찰을 뒤로하고 여생을 찾아가는 그 길은 부귀빈천을 막론하고, 한 걸음 한 걸음이 귀소본능의 고행이리라.

구경도 성불도 귀가하는 것보다는 중요하지는 않은 것 같다. 모두는 종종걸음으로 정신없이 관광버스의 안내 대로 따라다니다 보니 몸과 마음도 지쳤다. 목도 컬컬하고 배도 허전하다. 그런데다 독한 소주에 회를 한입 넣으니 해는 서산에 뉘엿뉘엿 지고 아리한 정신은 한 뼘쯤 남은 오늘의 하루를 아쉬워하며 남은 여정을 재촉하고 있다. '3학녀4학도' 4인방, 썩 잘 어울리는 사이는 아니지만 수십 년을 문文으로 언쟁을 하다 보니 어느새 우리는 죽마고우처럼 막역한 사이로 되고 말았네. 두어 달 후, 또 전화로 "오늘은 어디서 만날까?"라고 말이다…….

차라리 만나지나 않았더라면

연육교를 건설하여 육지와 섬이 하나로 이어진 비 내리는 남해대교의 모습은 참으로 아름답다. 오월의 신록이 온 산야를 덮어 눈부시게 싱그러운데 비까지 촉촉이 내리니 청초하기 그지없다. 아카시아 꽃향기와 풀꽃의 향훈이 코끝을 간질인다. 아! 가슴에 닿는 이 아스라한 설렘 이것이 낭만인지 감회에 마음이 싱숭생숭하고 만면에 환희의 미소가 꽃처럼 피어난다. 파도 한 점 없는 수평선 바라보이는 파란 물빛의 청정해역이다. 바다를 지키는 초병처럼 우뚝우뚝 솟은 작은 낙도가 금방이라도 물안개 따라 날듯이 선경처럼 떠있다.

오늘 우리의 행선지는 남해 리조트호텔, 코흘리개 옛 친구들이 모이는 초등학교 동창회 가는 길목의 풍경이다. 초록의 들녘을 가로지르며 질주하는 차창 밖의 풍경에 눈이 즐겁다. 창문을 열어 맑은 공기를 가슴 가득 들어 마신다. 스쳐가는 겹겹이 이어지는 산들의 싱싱한 푸르름 속에 안개는 연막탄을 터뜨린 듯 산을 자욱이 에어 쌓다가 비상하며 사라진다. 거듭되는 그 광경들은 움직이는 자연이 산을 무대로 쇼를 하며 막을 내렸다 올렸다 하는 것 같아 더욱 신비스러웠다.

1박 2일의 여정으로 동창회에 목적을 두고 왔다. 그러나 실은 나의 목적은 다른 곳에 있다. 동창회에 온 친구를 꼬셔 친구의 여동생을 만날 예정이다. 그녀와 나는 인근 마을에 같이 자란 또래의 처녀 총각이었다. 서로 먼빛의 거동만 보아도 좋아했다. 간혹 소 먹이러 산에라도 가면 아이들의 노는 곳을 몰래 빠져나와 둘만이 만나기도 했다. 아무도 없는 데도 그때마다 왜 그렇게 가슴이 뛰는지 그것이 사랑이었을까, 눈빛만 마주쳐도 좋았고 생각만 해도 즐거웠다.

그러나 우리는 터놓고 마음대로 사랑하지 못했다. 그때만 해도 우리 마을에는 봉건주의 사상이 농후한 곳이라 처녀 총각이 동석하여 노는 것을 금기했다. 몰래 만나서 밀담이라도 나누었다가는 누가 언제 어디서 보았는지 이틀이 넘어가지 못하고 소문이나 부모들이 호통을 치고 크게 꾸중을 했다. 그날부터 처녀는 금족령이 내리고 남자는 부모들의 감시 대상의 인물로 낙인찍혀 근신할 수밖에 없었다. 황금 같은 사춘기 시절이 부모님들의 감시망에서 벗어나지 못했다. 사랑하는 연인을 지척에 두고 가슴만 애태우다가 부모님의 명령대로 짝을 지어 떠나갔다. 그녀와 나 역시 마찬가지였다. 착하고 순박함이 이별의 씨앗이 되었다.

그런 내 생의 살아온 삶은 가난에 쪼들린 인생 그것 외엔 아무것도 없었다. 웅비의 나래를 펴는 청운도 없었고 꿈과 낭만을 즐기는 청춘의 희망도 없었다. 좌절된 삶의 몸부림, 오직 잘살아 보겠다는 일념에 옆도 뒤도 돌아보지 않고 숨 가쁘게 흘러온 고달픈 인생살이였다.

어느 날 인편에 들은 소식에 그녀 역시 기구한 팔자인지 부잣집으로 시집을 갔는데도 남편의 지병과 과음으로 일찍 사별을 했다는 것이다. 친정은 못살아 호강은 받지 못했지만 시집을 좋은 곳으로 갔으니 부를 누리고 떵떵거리며 행복하게 살 것이지… 전생에 무슨 악업이 있기에 가난의 굴레를 벗지 못했을까! 마음이 아파온다. 지난 시절의 연민 때문일까 늘 마음 한구석에 그녀의 사념이 사라지지 않는다.

친구로부터 전화가 왔다. 다른 친구에게 수소문해 안부 전화를 했다고 한다. 이런저런 말미에 심중에 있던 그녀의 이야기를 내비쳤다. 그래 너도 알고 있었구나. 사는 형편이 딱하다는 말도 곁들었다. 기회 있으면 동생과 함께 만나기로 우리는 약속을 했다. 차일피일 기회를 본 것이 바로 이 모임을 택했다. 안타까운 이별의 인연을 이어보는 것이다. 만남의 가교 사뭇 기대가 크다. 지금까지 모든 것을 잊고 삶에 지쳐 생각할 여지도 없다가 젊음의 청춘은 다 지나가고 황혼의 노정에 돌아올 수 없는 인생의 회춘을 기대해 본다.

친구와 나는 모임을 파하고 그녀의 집을 들렸다. 오빠의 음성을 알아듣고 반기며 나오다가 낯선 남자인 나를 보고 걸음을 멈춘다. 나도 그녀를 보았다. 보는 순간 변한 모습에 실망이 컸다. 그녀는 낯익은 다른 사람으로 변해 있었다. 홍안의 소년 소녀 시절에 우리들의 만남의 파수꾼처럼 감시하던 그녀의 어머니가 그대로 서 있는 것 같았다.

그때 우리들은 한창 피어나는 꽃봉오리 같은 얼굴이었고 그녀의 엄마들은 삶에 찌든 5,60대의 초노의 그 모습들이 아니던가. 바로 그때의 그녀 어머니 얼굴로 변신하여 나타날 줄이야 꿈엔들 생각이나 했으랴! 모든 기대가 한순간에 좌절이다. 두 시선이 마주치는 순간 영화 속의 '해피엔딩'의 장면처럼 서로 얼싸안고 그리움의 환희를 만끽할 줄로 나는 생각했다. 그녀는 나를 절망시켰다. 또, 세월은 나를 속였다. 아! 아!

'차라리 만나지나 않았더라면' 내내 그리워하며 작은 아쉬움을 간직하고 늘 지는 해에 아름다운 노을처럼 그리움에 살아갈 것인데…. 참으로 허망하다. 허탈한 내 가슴은 그리움을 앓으면서 그녀 앞에 가깝게 다

가섰다. 마음을 가다듬고 나에게는 보이지 않은 그녀의 눈에 비칠 나의 자화상도 그려본다. 그녀 역시 나를 확인한 후에는 나와 똑같은 느낌을 받을 것이다. 상봉한 것이 큰 후회가 된다. 인생 여로에는 후진기어가 없다. 그런 줄 뻔히 알면서 50대의 이 나이에 인생의 회춘을 기대했으니 지나가는 소가 들어도 웃을 일이다.

그녀의 모습 홍안의 예뻤던 얼굴은 삶의 세파에 빛이 바랬고 섬섬옥수는 노고의 둔덕이 져 마디의 굴곡이 깊었다. 부끄러움이 많아 듣기만 하고 눈으로 말하던 그녀의 입에는 고난의 풍파에서 떨어진 듯한 언어의 편린들이 쉼 없이 흘러나와 나를 더욱 슬프게 했다. 순진과 송구함을 상실한 그녀의 당돌함이 삶의 수단이 되었겠지만 여성의 매력인 미소 속에 순수성을 잃어버린 앙칼진 음성은 나의 심사를 더욱 비틀어 놓았다. 누굴 원망할까! 청춘을 훌쩍 뛰어넘은 세월이 야속할 뿐이다.

우리는 별빛 없는 도심의 그날 밤 늦은 시간까지 독주를 들이키며 다시 올 수 없는 과거의 비애를 아름다운 추억으로 삼고 끝 간 데 없는 인생 여정의 징검다리를 건너기 위해, 나는 나 대로 그녀는 그녀 대로 무거운 발길을 돌렸다.

선거에 임하면서

재료가 좋아야 양질의 제품이 나온다. 사람도 마찬가지다. 불량한 사람들이 살기 좋은 사회를 만들 수는 없다. 설마가 사람 잡는다는 말이 있다. 설마 했는데 이 나라 국회의원님들이 설마로 탄생했다.

국회의원 선거를 회상해 본다. 선거 유세는 겸손이 없는 것이 특징이다. 너는 안 된다. 내가 당선되어야 이 지역이 어쩌고저쩌고 많은 발전이 될 수 있다. 너는 허물이 많아서 안돼 깨끗한 내가 적임자야 하며 인신공격으로 떠들썩하다.

육성으로는 유권자들을 동원 할 수가 없어 확성기로 로고송을 틀어놓고 청중의 이목을 끈다. 후보들의 허울이 칼라로 확대되어 마음씨 좋은 이웃사촌처럼 추파를 보낸다. 평소에는 의정에 바쁘다 무슨, 무슨 핑계로 콧잔등도 보이지 않더니 선거 때만 되면 잘 알고 지내는 척 하며 철면피가 되어 나타난다. 심지어 좁은 시장 통 골목길과 다닥다닥 들어붙은 빈민촌까지 누벼 아침을 떨며 한 표를 애걸한다.

선거가 끝나면 다시는 찾지 않을 자들이 몸을 45도 낮은 자세로 굽히며 가면을 쓴 인간 본연으로 돌아간다. 선량한 주민은 웃는 낯에 침 못

뱉는다고 미워도 내색 않고 청하는 악수에 속으로는 "속물 같은 위선자" 하지만 겉으로는 미소를 흘린다. 우리 민족성의 아름다운 미덕이다. 흑백 논리가 아닌 인정이다.

선거 때마다 행해지는 진풍경은 예나 지금이나 가관이다. 깨끗하고 똑똑한 인물을 국회로 보내자는 것이 입에 발린 소리다. 작금에 국회의원 입후보자들의 비리를 열거한 신문을 보면 국회의사당은 탈세자, 범법자, 병역미필자, 파렴치 족, 흡사 이 나라의 사고 뭉치자 들의 집합장소 같기도 하다. 그런 자들이 내가 아니면 안 된다고 뻔뻔스런 구호를 내걸고 있다. 어느 만평에는 나를 국회로 보내 주시면 안낸 세금 몽땅 내겠습니다. 세금 낼 기회를 한번 주세요. 하는 공약 아닌 만평에 어이없는 웃음이 새어 나왔다. 지난 제00대 총선의 모습이다.

이들은 선거 때만 잠시 지역의 참신한 일꾼인 듯하다. 당선만 되면 국민의 혈세를 빨아먹는 모기로 둔갑을 한다. 모기는 어둡고 칙칙한 곳을 좋아한다. 야행성 동물이라 약삭빠르고 밤눈이 밝은 것이 특징이다. 눈을 피해 특별한 곳을 공격하는 것이 아니고 짐승이고 사람이고 가리지 않고 불특정 다수를 공격하므로 온갖 못된 짓을 해도 모기를 원수로 삼는 이는 없다.

그렇듯 저들은 임자가 따로 없는 공금에 혀를 쳐 박고 피를 빨아 배를 채운다. 그래도 배가 들찰 때는 죽을 줄, 살 줄 모르고 아무 곳이나 주둥이를 들이댄다. 혹자는 그런 겁 없는 모기에 물려 억울해 모기를 치다가 약삭빠른 모기는 "앵" 하고 어디로 달아나고 찰싹 자기 뺨만 때려 데러 봉변을 당한다.

모기를 쫓기 위해 모깃불을 놓아도 저들은 날아가면 그만이고 국민들만 모깃불 연기에 목만 아려올 뿐이다. 이놈의 모기들이 극성을 부리면 전염병이 창궐하여 무고한 어진 백성이 건강을 해치고 심하면 목숨을 잃는다. 이 무리는 함부로 범접할 미물이 아니다.

보통 사람은 잘 잘못을 시비하다 실수로 밀치거나 손찌검을 해도 경찰이 쏜살같이 와 잡아가서 정도에 따라 온갖 형벌을 주고 심하면 감옥소로 보낸다.

그런데 이 모기란 놈은 사람의 목에 칼을 들이대 피를 빨아먹어도 감옥은 고사하고 구류와 구금조차 않는다. 그러니 영장 체포도 없다. 원체 날쌔고 민첩하고 눈 밝고 날렵한 몸매에 탈출을 잘하니까 영어囹圄의 몸이 되지 않는다.

같은 하늘밑 땅에 살아도 이렇게 삶의 모습과 형체가 각각 다르다. 토끼나 사슴같이 풀만 먹고사는 연약한 동물도 있고 여우나 호랑이 같은 영리하고 용맹스러운 맹수가 있는가 하면 또한 소와 같이 덩치 큰 우직한 동물도 있다. 짐승이라도 다 같지 않듯이 사람이라고 다 같은 사람이 아니다. 나라를 걱정하며 우국충정 하는 국회의원도 많이 있다. 모두가 다 그런 것은 아니다. 이런 분들이 있기에 이 나라도 이 국민들도 충분치는 못하지만 나름대로의 행복을 누리고 산다. 이분들이 울울창창鬱鬱蒼蒼 하지 못함이 안타깝다. 또한 옥석을 가리지 못함을 고개 숙여 고백을 드린다.

그런데 국회의원이 하필이면 많고 많은 짐승과 벌레 중에 악랄한 모기를 닮았을까?

이 세상 살고 있는 사람 중에 잘나고 못나고 선악을 가릴 것 없이 모기한테 물려보지 않은 사람은 하늘 아래는 없을 것이다. 성웅 이순신 장군이 난세에 이런 말씀을 하셨다. “나라에 충성을 다해도 옥고를 치렀고 부모에게 효도를 다 했지만 어버이를 여의었다” 고 하셨다. 바르지 못한 세태를 꼬집어 한탄하는 말이다. 예나 지금이나 인간 삶의 형태는 비슷했던가보다.

그렇다고 내가 사는 이 땅에 모기가 극성을 부려 전염병이 창궐하도록 강 건너 불 보듯 국민의 한 사람으로 방치해 둘 수는 없지 않은가? 낮에는 숲 속이나 하수구 밑에 숨었다가 어두운 밤에 활동하는 모기를 힘으로 혹은 잔꾀를 부려 잡으려고 생각해서는 안 된다. 모기는 깨끗한 것을 제일 싫어한다. 그러므로 첫 째 내 환경이나 주위를 깨끗이 해야 한다. 집 주변에 하수구나 구정물이 고이는 곳은 고랑을 쳐 오물을 흘려보내고 잡풀을 뽑아야 한다. 그러면 모기의 서식처가 없을 것이다.

이렇게 하면 나부터 몸도 마음도 깨끗해질 것이다. 그리고 숨은 양심도 바로 될 것이다. 이런 마음가짐으로 너도나도 선거에 임해 깨끗한 표를 던지면 세비를 축내는 모기가 아닌 참신한 인재가 등용될 것이리라.

우리나라는 참 좋은 나라다. 기름진 땅일수록 잡초가 잘 자란다. 그러하듯 우수한 국민이라 비리도 많이 생긴다. 이럴수록 부지런히 잡초를 뽑는데 소홀하지 말아야 한다. 제00대 국회의원선거 우리 모두 투표를 합시다. 돌아서서 이러쿵저러쿵 하지 말고 4년 만에 행사하는 소중한 국민의 권리를 행사합시다. 많은 사람이 한마음 한 뜻으로 마음먹으면 안 될 일이 없다. 짐승인지 사람인지를 분별 못하고 마구 피를 빠는 모기 놈의 서식처를 없애듯 주인을 몰라보고 온갖 비리를 일삼는 이자들은 뽑을 때 잘 골라 범접을 못하게 해야 한다. 정파의 파문이 일고 민심이 흉흉할 때 국난을 극복하는 길은 이 길 밖에 없지 않은가?

신호음

“띠웅, 띠웅”하고 숨이 넘어가는 듯 신호음이 급하게 들려온다. 아내의 발걸음이 빨라졌다. 나는 무의식중에 무엇 때문일까 하고 의아하게 바라보았다. 아내가 세탁기 앞에서 열린 문을 닫고 버튼을 반복해 몇 번을 누르는 순간 신호음은 그치고 기계음이 둔탁하게 나오기 시작했다. 미안한 소리지만 그때까지도 나는 솔직히 신호음이 왜 울리는지 몰랐다.

“방금 들리는 소리는 무슨 신호음인데” 하니 “그것도 아직 몰라요?”하며 나를 한심하다는 눈으로 쳐다보며 “세탁기가 당신보다 훨씬 기능이 좋아요.”한다. 기억력도 좋고 시키는 대로 잘하고 똑똑하다는 표정을 지으며 나의 무신경에 질책 비슷한 말을 기어이 내뱉는다.

그런 소리를 들어도 나는 유구무언有口無言이다. 어떤 남자는 아내가 외출을 하면 일찍 귀가해 밥을 짓고 빨래도 깨끗이 하여 햇볕에 잘 말려 예쁘게 개어서 들여다 놓고 아내가 오기를 기다린다고 했다. 아내와 같이 식사를 하면서 오늘 밥 고실고실 맛있게 잘 되었고 찌개도 맛있게 끓였지. 내 솜씨 어때 당신보다 낫지 하고 자랑을 한다는데 나는 무심통이 되어 세탁기 신호음도 식별 못했으니 미운 시어미 잔소리처럼 들어도 싸지…

듣고 보니 그렇다 띠웅띠웅 하는 그 신호음은 세탁기에 물이 찼으니 세탁을 하게 문을 좀 닫아 주세요. 하는 소리다. 그리고 때를 빨고 맑은 물로 헹구고 탈수까지 다하고는 그때는 "삐삐"하고 조금은 부드러운 신호음을 울린다. 이제는 빨래를 다 했으니 가져 나가 햇볕에 말리라는 명령같이 들렸다.

똑똑하다. 하루 삼시 세 때 꼬박꼬박 밥을 챙겨먹고 배우고 듣고 책을 읽고 온갖 잔머리를 굴려도 보통사람은 상상도 하지 못한다. 그런데 가전제품들은 밥 한 톨도 축내지 않고 평시에는 죽은 듯이 있다가도 버튼만 누르면 힘들고 정교한 일들도 척척 해내고 있으니 말이다. 누가 연구를 하여 만들었는지 옆에 있으면 술값이 들지언정 내 머리도 손을 좀 보았으면 좋겠다. 자동은 기대 못하더라도 수동이라도 실수 없게…

요즘 내 기억력과 건망증이 정도가 심한 것 같아 걱정이 된다. 기억의 필름이 녹이 슬었는지 알고 있는 일도 얼른 생각이 떠오르지 않는다. 얼굴을 알고 면식이 있는 사람도 이름이 생각나지 않는다. 작은 아들의 이름을 부르려면 큰아들부터 다 불러 내려와야 맨 나중에 작은 아들의 이름을 부른다. 그러니 내 머리가 세탁기 보다 못하다는 말에 수긍이 간다.

우리는 집집마다 말 잘 듣는 귀신 통 한두 개 사다놓고 달콤한 재미를 보고 있다. 세상사를 눈으로 직접 생생이 볼 수도 있고 듣기도 하고 온갖 상식과 지식을 배우기도 한다. 그 귀신 통은 텔레비전과 컴퓨터다. 이것 때문에 다정했던 이웃이 단절되고 인정이 메말라졌다. 이야기꽃을 피우던 사랑방이 없어졌고 정을 나누던 대화의 장이 없어졌다.

암만 생각해 보아도 신비롭다. 어느 귀신이 저렇게 온 세계를 손바닥 들여다보듯 자상하게 알고 신속 정확하게 빨리 알려 줄 수 있을까? 눈도 코도 귀도 없는 것이 노래도 잘 부르고 이야기도 잘 하며 남의 흉내까지 잘 내는 만능 재주꾼 텔레비전은 사람이 만든 귀신 통이다. 귀신은 사방팔방은 물론 밤과 낮을 가리지 않고 천지를 무풍지대처럼 쏘다니며 마귀가 되는 것이 특징이다. 그런데 인간의 두뇌로 만든 이 인위적인 귀신은 밖에 튀어나오지를 않고 통 안에 갇혀 있는 착한 귀신이다. 시키는 대로 스스로 알아서 척척해내는 총명한 귀신이라 우리는 마음 놓고 서양의 코 큰 귀신도 아프리카의 검은 귀신도 동양의 누런 귀신도 온갖 괴물이 많이 들어 있는 그들을 더욱 선호하여 고가를 주고 사들인다.

편리하고자 하는 인간의 욕구는 한이 없다. 집에 귀신 통을 몇 개 두고도 그래도 속이 허한 우리들은 귀신같은 몸종을 가방에 넣고 허리에 차고 다닌다. 스마트폰은 이몽룡과 춘향이가 손발 같이 혹은 입안에 혀같이 부려먹던 방자와 향단이 역할을 한다. 요즘 이것을 가지지 못한 사람은 신세대의 축에 끼이지도 못한다.

가는 곳마다 방자의 호출음과 향단이의 응답 음이 때와 장소를 가리지 않고 다양한 소리를 내고 있다. 주변에 처해있는 상황은 아랑곳하지 않고 주저함도 없이 분위기를 흐려놓아 신경이 거슬린다. 그래도 내색은 하지 않는다. 신문물의 유행이니까, 언짢아도 참는다. 유행과 신세대는 겸손과 부끄러움이 없다. 청바지가 헤어져 무릎이 나오고 엉덩이 살이 보여도 유행이란 미명하에 꼴 볼견도 자랑으로 생각하는 것이 요즘 신세대의 사고다. 피라미가 뛰니 망둥이도 따라 뛴다고 철없는 아이들은 그러려니 하지만 나이깨나 든 어른들이 간혹 상식에 벗어난 유행병은 애교로 봐 주기엔 곱지 않는 얼굴이다.

그러나 나는 중도 소도 다 가지는 내 마음을 전해 줄 호출기도 파트너의 소식을 받을 휴대폰도 가지지 못 하면서 이러쿵저러쿵 말이 많다. 유행에 아둔해 발등의 불도 끄지 못하면서 달아맨 돼지 누워있는 돼지 흉보는 격이다.

그렇다. 이 바쁜 세상에 청춘 남녀가 방자와 향단이를 거추장스럽게 데리고 다닐 수는 없지 않은가. 그렇지만 마음껏 자유스럽게 비밀을 보장한다고 만나고 싶을 때 만나고, 보고 싶을 때 다 보고, 하고 싶은 말 다 하면, 기다리는 그리움, 참고 견디는 설렘. 말 대신 얼굴 붉히며 옷깃을 여미는 미소 같은 부끄러움, 그런 은은한 사랑의 신비가 없지 않는가!

비밀폭로나 하고 말이나 주서 오며 이 도령과 춘향이의 가슴만 두근거리게 해 놓고 뒷전에서 눈치 볼 것 없이 정작 재미를 보는 것은 미열에도 짤짤 끓는 방자와 향단이의 냄비 같은 사랑이다. 모두들 좋아하고 즐거워 하지만 부러워하지는 않는다.

그런 사랑은 아무런 가치가 없다. 남의 이목을 두려워하지 않고 예절과 언약도 없이 쏟아버린, 진정한 애정의 그리움이 결핍된, 적석 사랑이기 때문이다. 노래도 그렇다. 빠르고 감미로운 유행가 보다 가락이 긴 창이 더 무게가 있고 여운이 깊다. 그러니 어찌 빠르고 직설적인 것만 좋아하리.

좋은 세상이다. 호출기 허리춤에 차고 호주머니에 들어가는 휴대폰 하나만 가지면 양가 댁 와가 열두 대문 별당 안에 섬섬옥수로 난을 치는 별당아씨에도 남원의 광한루에도 비 내리는 고모령에도 신호음은 울려 아릿아릿한 애정 어린 밀담을 보낼 수도 있고, 받을 수도 있다. 이런 신호음의 기능은 수백 수 천리를 혼을 이어주는 맥과 같다. 즉 허공을 이어주는 보이지 않는 선 정보문화다.

세상이 하도 복잡하여 시도 때도 없이 길이 막혀 약속을 지키기가 어렵고 예측 못하는 사고가 곳곳마다 도사리고 있어 연락의 끈 휴대폰은 꼭 필요하다. 그렇지만 그런 일은 어쩌다 가끔 있는 일이고 그 신호음의 끈으로 인하여 잠시도 포위망을 벗어나지 못하고 얽매여 사는 사람도 많다.

귀한 손님과 대화중에도 기분 좋게 술을 마시는 중에도, 깊은 사색을 할 때도 신호음이 울려 기분을 망쳐놓는 수도 있다. 시시각각 변하는 것이 인생사다. 희비가 기다리다 언제 어느 때에 호출의 신호음이 되어 울릴지 아무도 몰라 항상 긴장 속에서 세월을 보낸다.

편리한 반면에 또 다른 속박으로 자유롭지 못한 부작용을 감지해야 할 것이다.

그러고 보면 이 눈치 저 눈치 볼 것 없이 무자식이 상팔자라는 말처럼 가진 자보다 안 가진 자가 감시망을 벗어나 자유를 오리려 많이 누려 한가로운 인생이리라.

각종 정보를 알려주며 다양한 소리로 신호음을 내는 생명 없는 저 물질들은 어쩌면 우리조상들 중에 원한을 풀지 못한 구천에 떠돌아다니는 넋의 소리가 아닐는지?

밑 빠진 독에 물 붓기

햇볕이 났는데도 빗방울이 뚝뚝 떨어진다. 하늘을 쳐다보니 멀뚱멀뚱한 구름이 떠있다. 이런 날에는 호랑이가 장가가는 날이라고 한다. 무슨 의미를 함축하고 있는지를 알 수가 없다. 예정도 없는 황당한 일이 있다는 말일까? 비를 머금은 구름은 아닌 듯 한 데 하늘은 비를 뿌린다. 말짱한 하늘을 믿었다가 노상의 물건과 옥상에 빨래를 널어놓은 사람들은 갑자기 치우느라 바빠 혼 줄이 난다.

믿는 도끼에 발등 찍히는 것처럼 매사에 잘 살피지 않았다가 큰 곤욕을 치를 때가 많다. 거금을 들여 새집을 지어 이사를 했는데 벽면에 빗물이 줄줄 샌다. 벽지가 더럽혀지고 걸어놓은 액자나 옷이 젖어 버리게 되는 경우도 왕왕이 있다. 새집이라는 것만 믿다 낭패를 당한 것이다. 이렇게 말 못하는 사물들도 가끔은 믿는 주인을 속이는 일도 있다.

그 약수터는 물맛이 좋았다. 새벽잠을 설치고 오염이 없는 식수를 받으려고 많은 사람들이 땀을 뻘뻘 흘리면서 올라온다. 약수터 이름은 칠공주, 누가 지었는지 물맛처럼 잘 지었다. 아쉽다면 약수터가 산 정상 가까이기 때문에 물의 양이 적다. 바위틈에서 나오는 물을 PV파이프에 연결해 놓았다. 물이 어린아이 오줌줄기처럼 쨀쨀 흐르고 있다. 받을 사람은 많고 물이 적으니 물맛이 더 좋다. 오늘 따라 물줄기가 더 가늘어 보인다.

약수터에도 준법질서 같은 것은 없지만 도덕을 준수하는 질서는 있다. 물을 먹고 받으려고 새벽잠을 참고 흑흑대며 올라온 사람들이다. 마시는 물은 마음대로 마시게 하고 받아가는 물은 양이 적더라도 모두 고루 받아야 한다. 그래서 누가 정한 것도 아니지만 먹는 사람이 제일 우선순위이고 받아가는 것은 2순위이다. 한 사람이 사이다 팩 하나, 혹은 둘 이상은 못 받게 되어 있다. 꼭 지켜야하는 법규나 의무가 아니다. 우리에게 맑고 깨끗한 물을 아무 댓과 없이 흘러 보내는 자연처럼 우리도 등산하는 신선한 정신으로 아름다운 도덕심을 스스로 지키는 보편적 준리이다.

그런데 그날은 그 준리의 가치를 반칙을 하는 이가 있었다. 나이로 보아서는 거탐을 할 나이는 지난 듯한 인생훈장증 얼굴을 보기에는 5학년 몇 반 쯤 되어 보였다. 한 말들이 통을, 반 되짜리 통 사이에 끼워놓았다. 개밥에 홀대 받는 도토리처럼 크게 보였다. 오는 사람마다 경우 없는 짓이라고 한마디씩 한다. 뒤에 기다리는 이는 어떻게 받으라고 저렇게 큰 통을 들여대 놓고 있을까 노골적으로 쏘아 붙이는 이도 있었다. 그러나 그 사람은 입 닫고 막말로 '너들은 씨부릴 라면 씨부리 보아라 욕이 배뚫고 들어가니, 나는 차례가 되면 가득 채워 갈기다' 하는 투다. 보기보다 낮 두터운 속물 같았다. 경계하고 조심해야지 방귀 낀 놈이 성낸다고 할 말은 많으나 모두들 침묵하며 참는다.

드디어 그 사람이 물을 받을 차례다. 모두들 언제나 찰까하며 체념하는 식으로 기다렸다. 하마나 하마나 하고 기다리는데 너무나 많은 시간이 지나갔다. 그러나 깜깜 무소식이다. 이상해서 모두들 통을 쳐다보았지만 하얀 통에 때가 묻어서 물금이 보이지 않았다. 성질 급한 이가 기다리다 못해 통을 들어보았다. 맙소사! 조금 채워진 물이 줄줄 새고 있었다. 이 사람 저 사람 물통처럼 큰소리로 욕심을 부리다 잘 되었다고 빈정대고 있었다. 엎친 데 덮친 꼴이 된 물통주인은 얼굴이 아침노을처럼 발갛게 물들었다. 큰 통을 가져와 한마디 미안하다는 말도 없이 미련하게 자기 배만 채우려다. 욕은 배터지도록 얻어먹고 물도 못 받아가는 몰골이 되었다. 그는 구멍 난 통 때문에 신중치 못한 근성까지 들통이나 이중으로 무안을 톡톡히 당했다.

빈 항아리나, 빈병, 빈 물통은 보기는 멀쩡해도 숨은 결함이 있다. 그것들은 그 속에 물이라도 꽉 차 있어야 희망이 있고 제 구실을 한다. 비어있는 통은 물이 새서 담지를 못하든지 아니면 이미 다 써먹고 필요치 않는 실업자 신세나 마찬가지인 것들이다.

망신살이 든 그 통에 내 인생이 그려진다. 겉은 말짱해 가지고 속은 텅 비어있는 것이 나를 닮았다. 빈속이 허전해서 채우려고 이것저것 닥치는 대로 잘 먹어치우지만 보이지 않은 뚫어진 구멍 때문에 언제나 속은 차지 않고 허전하다. 매사에 가만히 있으면 중이라도 갈 것인데 빈 수레 소리가 요란한 것처럼 주제파악도 못하면서 욕심은 많다. 보고 들은 것 흉내만 내는 것이 구멍 난 물통에 물새는 줄도 모르고 채워질 때만 기다리다가 물도 못 받고 주인을 망신만 당하게 하는 물통의 꼴이 나의 처지인 듯 해 예사롭게 보이지 않는다.

그렇다 사물을 제대로 보살펴 보지 않고 겉모양만 보고 대충 대충 살아온 자신을 원망할 뿐이다. 설사 큰 통이라 할지라도 구멍만 나지 않았다면 다른 이 보다 시간만 조금 더 경과 될 뿐이지 결국 가득 채워 갈 것이다. 겉은 멀쩡해 가지고 제 분수를 지킬 줄도 모르고 잘 난 척하는 인생도 결국은 후회를 하는 삶, 밑 빠진 독에 물 붓기다.

헛방이라는 별명을 가진 사람이 있다. 헛방이란 남의 소리를 잘 듣고 허세만 부리고 단단하지 않고 실속이 없다는 언어이다. 귀가 얇아 남의 꾐에 잘빠지고 감언이설에 솔깃하여 그대로 속아서 바가지를 홀랑 뒤집어 써는 그런 부류들이다. 한 마디로 목표물을 한방에 제대로 명중을 시키지 못하고 허방으로 쏘아대는 것을 못 마땅해서 하는 말이다.

그가 왈 어제 밤에 돈 따먹기를 했는데 더럽게 끗발이 없어 돈을 많이 잃었다고 했다. 웬만치만 올라와도 한 밑천을 잡을 것을 놓쳤다고 한다. 왜 그러느냐고 물었더니 상대가 화투가 서툴러서 내가 몇 번을 속였는데도 너무나 글발이 없어 그 쑤시기 판에 그 많은 내 밑천을 다 잃었다고 안타가워 하는 것이다. 다음에 그날 밤 같이 놀았던 소문을 들으니, 헛방이 한 번 속일 적에 그들은 두세 번씩 속였다는 것이다. 소가 들어도 웃고, 여우가 들었으면 가슴을 칠 일이다. 남의 실력은 인정하지도 않고 제 실력만 믿고 있는 바보천지이다. 매구 등신이 따로 없다. 이런 꼴을 두고 하는 말이다. 이 사람의 밑천은 바로 밑 빠진 독에 물 붓기다.

나는 큰 통을 가지고 물을 받은 그 사람의 처지를 생각했다. 이 몰골을 지인이나 보지 않아야 될 텐데 정말 재수 되게 나쁜 날이다. 잠 잘 자고 식구들에게 좋은 물 먹일 생각까지는 좋았는데 그 놈의 통 때문에 사람 하나 바보 되기는 식은 죽 먹기다. 살다보면 저런 실수 한 두 번씩 안 당한 사람 있으면 나와 "보라 그래"

하지만 그 미련한 인사가 바보스럽다. 물을 많이 받으려는 욕심은 배짱으로 견딜 수는 있지만 대중의 충고가 들어있는 세상인심이 결핍된 근성은 지금이라도 하루빨리 버려야 한다. 무시했다가는 이다음 무슨 큰코다칠 일이 생길지 아무도 모를 일이다. 아니나 다를까 밑 빠진 물통으로 인해 뒤통수를 맞아 무참해 홍당무가 되었다. 그런데도 왜, 그 사람이 가련해 보이지 않고 나는 그 생각만 하면 무엇이 좋은지 혼자서도 낄낄하고 앤돌핀이 솟아날 웃음이 빚어 나올까?

궁하면 통한다

물은 지극히 자연적이다. 높은 곳에서 낮은 곳으로 흐르고 막힌 곳은 머물고, 차면 넘치고, 적으면 있는 그대로 환경에 순응을 하며 흡수되어 사라지기도 한다. 물은 갇혀 있을 때에는 아무른 힘이 없지만 흐를 때에는 큰 힘을 가진다. 물은 겸손하게도 높은 곳에서 낮은 곳으로 흐른다. 그렇다가도 급경사를 만나면, 우리에 갇혔던 맹수들이 탈출을 한 것처럼 사력을 다하여 스스로 몸을 던진다. 협곡에서 내리 쏟아지는 물은 서로 부딪치면서 우렁찬 경음을 내기도 하며 빠르고 힘차게 달린다. 이렇게 큰 힘을 과시 하다가도 그칠 줄도 안다. 수평선을 만나면 바로 죽은 듯이 고요히 흐르며 순한 양으로 변한다. 몸에 맞는 옷을 찾아 헤매는 것이 아니라, 환경에 따라, 맞는 옷이 되려고 흐름을 조절한다.

물속은 보이지 않는 절벽이다. 소리 없이 잔잔히 흐르는 것 같지만, 물은 잠시도 쉬지 않고 소용돌이를 치며, 절대로 거짓을 용납하지 않는다. 거짓으로 헤엄을 못 치면서 친다고 허풍을 치고 강물을 건너려고 한다면 백전백패다. 물은 아이도 약자도 그 어느 누구에도 용서는 없다. 인정사정도 없다. 진실만이 통하고 거짓은 불통이다. 수작을 부려 변화를 할 줄 모른다. 아주 낮은 자세로 고지식하다.

지금도 나는 수심 깊은 물을 들여다보면 생사의 찰나가 아련히 떠오른다. 어린 시절 앞 냇물에 멱을 감다가 수영 미숙으로 물에 빠져 익사할 뻔 했던 그 기억 때문에 바닥이 보이지 않는 강물이나 파도가 넘실거리는 바다를 보면 어른이 된 지금도 두렵고 겁이 난다. 작은 배를 타고 파도에 출렁일 때는 간이 콩알만 해 지는 것을 느낀다.

어린 시절 고향마을 냇가에서 물놀이를 하면서 여름을 보냈다. 아랫도리는 허리춤에 고무달린 반바지를 입었다. 지금 같으면 쳐다보지도 않을 검은 고무신, 그것도 혹시나 물에 떠내려갈까 두려워 집에 두고 맨발로 물가로 뛰었다. 6월의 한낮 태양이 이글거리는 어느 날이었다.

벌써 몇몇 아이들은 물가에서 한참 물장구치고 장난질하며 신나게 놀고 있었다. 나는 아이들이 놀고 있는 모습을 물끄러미 쳐다보며 한참을 구경했다. 누가 작은 고추 볼까 쑥스러워 남의 눈을 피해 얼른 바지를 벗어 돌 팍 위에 던지고 첨벙첨벙 물속에 들어갔다. 날씨가 뜨거우니 물도 차지 않고 미지근했다. 그래도 우리는 물속이 좋았다. 물가에 가지 말라는 엄마의 심심당부도 잊은 채 신나게 놀고 있는데….

헤엄을 잘 치는 친구가 나를 부르며 깊은 물속으로 유인했다. 깊어서 땅 끝이 보이지 않은 시퍼런 곳에서 친구는 양손을 나불거리며 가만히 서있는 형용으로 머리만 물 위에 내 놓고 있었다. 나를 꼬드기고 있었다. “여기 한 키 깊이도 안 된다”하고 들어오라고 손짓을 계속 하고 있었다. 거짓말에 속을 줄 알아 하면서도, 나도 모르게 한 발 두 발 수마에 빨려들었다. 물이 배꼽밖에 오는 곳이 아니라서 “별로 깊지 안 네”하며 무심코 한 발 들어놓는 순간 풍덩 몸은 물속으로 빨려들어 갔다. 나는 물속에서 어푸어푸하며 허우적거렸다.

무엇이던 잡히면 붙들려고 두 팔을 쉼 없이 저어도 아무것도 잡히지 않는 허공뿐이었다. 내가 물에 빠져 허우적거리니, 그 때에야 친구는 죄책감에 나를 건지려고 나에게 접근을 하였다. 내가 가만히 있었더라면 건질 수 있었을 것을 살아나려고 친구의 팔을 꼭 붙잡아 친구도 헤엄을 못 치게 했다. 그러나 용케도 친구는 나를 뿌리치고 저만 헤엄쳐 나갔다. 후에 친구도 죽을 뻔했다고 말했다.

그런 죽음의 순간에도 마음에는 어떻게 하면 살까? 짧은 시간이지만 생각들이 오고갔다. 수영 잘하는 친구까지 구조를 포기하고 달아났는데 이제는 어린 가슴에도, 내가 이렇게 하여 물에 빠져 죽는구나 싶었다. 어른들은 산으로 들로 일하러 가고 아이들만 놀고 있었으니 그 때는 엄마 생각도 아버지의 도움도 떠오르지 않았고. 오직 죽는 생각밖에 나지 않았다. 어떻게 하면 살까? 하는 절망의 찰나에 물에서 헤엄을 배우는 모습이 보였다. 언젠가 헤엄 못 하는 형아(형님)들이 물속에 머리를 쳐 박고 물장구를 치니, 몸이 앞으로 조금씩 나가는 것을 본 적이 떠올랐다. 옳지 살길은 이것이다 하는 순간, 지금까지 머리를 물 밖으로 나오려고 한 것을 반대로, 몸에 반동을 주어 머리를 물밑으로 쳐 박으니 다리는 물 밖으로 떠올랐다. 가다가 죽더라도 내가 할 수 있는 방법은 이것 밖에 없다 하고, 죽을힘을 다하여 투덩투덩 물장구를 쳤다. 얼마나 시간이 지나갔는지는 나도 알 수가 없었다. 한참동안 물장구를 치니 머리에 무엇이 닫았다. 손에도 무엇이 부딪쳤다. 부딪치는 것을 붙들고 고개를 들며 참았던 숨을 크게 몰아쉬고 눈을 뜨니 물가 봇돌이었다 아! 살아났구나! 아무의 도움을 받지 않고 내 힘으로 헤엄을 하여 살았다. 생각은 그랬지만 말 그대로 저승 문턱에서 살아난 것이다.

몇 초 몇 분을 다투며 사느냐 죽느냐 하는 생사의 순간은 나 홀로의 궁함이었다. 그때 만약 내가 헤엄을 배우는 형아들의 모습을 예사로 보고 마음속에 관직하지 않았다면 지금의 나의 인생은 없었을 것이다. 작은 관찰도 궁하면 써 먹을 때가 있다. 이렇게 생각이 나 요행이 써 먹어 목숨을 건진 것이다. 그 후에 그런 궁한 일이 없어, 어린 시절의 그 체험을 하얗게 잊고 살아온 것이다. 관찰과 체험 우리의 삶에 재산인데 그 체험들이 있었는지 없었는지는 알 수 없지만 지금까지 한 번도 어렵고 궁할 때 써먹지 못했다. 역시 사물을 대하면서 예사로 보아 넘긴 나의 생이 후회막급이다. 그때 만약 내 힘으로 헤어 나오지 못했더라면 어떻게 되었을까, 지금 생각해 보아도 아찔하여 더 이상 기억하기 싫지만, 그것은 내 생의 절대절명의 고비였다.

이런 말이 있다. 사흘을 굶고 담을 뛰어넘지 않는 사람이 없다고 한다. 밥을 먹지 않으면 살 수가 없기 때문에 밥을 훔치려고 남의 담을 뛰어넘어 가는 것을 말한다. 배가 고파서 사경에 헤맬 지경을 당한다면 살기 위해 우선 무선 수단이라도 생각해서 실행에 옳길 것이다. 들키어 도둑이 되든지 아니면 죽음보다 더 한 뭇매질이 당연한 줄을 알지만 가만히 앉아서 죽을 수는 없는 것이다. 절실한 삶의 의욕이 있으면 가감한 용기를 내게 된다. 갈증이 심하게 나면 해골에 담긴 물이라도 먹어야 산다. 아기의 최종적인 외침이 바로 울음이 듯이. 참을 수가 없도록 고통이 심하면 아기도 자지라질 정도로 운다. 그러면 부모는 혼비백산을 하여 만사를 재껴 놓고 아기를 돌본다. 이것이 궁하면 통한다는 말이다. 궁하지 않으면 새로운 발상이 나오지 않는다.

낮은 곳으로 흐르는 물처럼 경계하고 겸손한 삶을 배우자. 흘러가는 물은 흔해빠진 것이라는 말은, 그야말로 호랑이 담배 피우든 옛 말이다. 물에 대한 속성을 알면 무궁무진한 삶의 지혜가 얼마든지 존재해 있으리라. 귀중한 물을 잘 이용하고 잘 다루어 삶에 보탬이 되려면 물에 뜨는 방법을 익히도록 할 것이다. 이번 방학 때는 물에 빠져 궁함을 당하지 않는 요령, 몸이 물위에 뜨는 방법, 수영을 배우라고 아이들에게 꼭 말해줄 것이다. 헤엄을 못 쳐 물에 빠져 죽는 심정, 배가 고파 굶어 죽게 된 형편, 아기가 급난에도 말 못하는 애로들은 절박하고 궁한 심사다. 이럴 때 우리는 마지막 정신적 육체적의 혼신의 능력이 다 동원된다.

문학의 창작에도 "궁하면 왜 무엇 때문에"하면서 문제의식을 던지면 영감이 떠오르게 마련이다. 배부르고 걱정이 없는 자에게는 밥도 물도 정의도 그렇게 귀치도 않다. 배부를 때에 먹는 밥, 장마 때에 솟는 물, 소통이 잘 될 때에 바른말은 있으나 없으나 매 한가지가 아니던가?

선진국에 어느 소설가가 비상에 대하여 글을 한번 쓰 보려고 하였지만 체험해 본 사람도 못 보았고 그 약에 대한 서책도 없어 실마리가 떠오르지 않아 자신이 직접 체험을 하기 위해 비상(사약)을 시험 삼아 조금 먹었는데 그 비상이 목구멍에 채 내려가지도 못해 그의 목숨은 절명하였다고 한다. 글을 쓰는 작가에게는 체험이 그렇게도 소중하다는 것이다. 글을 쓰는데 궁한 것도 체험하는 것도 좋지만, 지금처럼 살기 좋은 세상에 그렇다고 궁함을 위해 위기를 선택할 필요는 없다. 넉넉함 위에 궁함을 상기하면 첨단의 영감이 떠오를 것이다. 그렇다. 궁하면 통한다.

흘러가는 물도 떠주면 적선

이맘때면 들녘이 푸르다. 곡식들이 저마다 알을 살찌우려고 준비를 하고, 본격적인 여름을 발산하는 하늘은 짙은 구름을 불러 모아 비를 뿌리려고 이리저리 분주하다. 농부의 들에는 물을 찾는 푸른빛이 가득하고 밭에는 고추 감자 고구마 콩 등 등 각종 곡식들이 무럭무럭 자라고 산에는 나무들이 열매를 맺고 녹음은 그것들을 살찌운다. 모두가 자연의 변화로 계절과 농부들의 노고들이 결실로 이루어지게 하는 형상들이다.

아버지는 곡식을 보시면 늘 좋아하신다. 잠자고 밥 먹는 시간 외에는 늘 논밭에 나가서 흙과 곡식들을 심고 거두고, 파고 묻고, 몸싸움을 하다시피 한다. 일을 하시는 것이 몸에 배였기 때문만은 아닐 것이다. 곡식은 눈이 없어 보지도 못하고 귀가 없어 들리지도 않는다. 그래서 소리도 없고 미소도 없고 눈물도 없다. 그러나 그들은 몸짓으로 말한다. 아버지는 그것들을 무심히 대하지 않고 자식처럼 정을 주어 사랑과 정성을 다하여 가꾼다.

가뭄 끝에 단비가 내리면 곡식들이 새 세상을 만난 듯이 생기가 나, 춤을 추듯이 자라는 것을 본다. 흠뻑 물을 먹은 곡식들은 싱그럽기 그지없다. 그것을 보는 아버지의 마음도 빙그레 웃으시며 '잘 자라라 오냐! 착하다' 하며 자문자답으로 고개를 끄덕이며 말을 주고받는 듯했다. 진정한 농부가 아니면 누가 저렇게 할 것인가? 아버지는 정직한 곡식들은 뿌린 대로 거두고 가꾼 대로 결실을 맺는다는 것을 알고 있기 때문이다.

아무리 산업이 발달을 해도 곡식이 없다면 먹을 것을 구할 수는 없다. 컴퓨터와 인터넷이 연결되어 온 지구를 하나로 하는 글로벌 시대 즉 제3의 물결이라고 칭하는 그야말로 귀신이 곡할 시대가 도래 했지만 땅에서 나는 곡식은 흙을 떠나서는 생산할 수가 없는 것이다. 산업의 발달로 키우고 재배하는 방법을 쉽고 용이하게 할 뿐이지 농사천하지대본이라는 그 근본은 신이 아니면 그 누구도 모방할 수 없는 것이다.

그렇게도 곡식을 사랑으로 키우면서 아버지는 다른 사람들 앞에서는 우리 곡식은 별로고 다른 집 곡식이 더 좋다고 부러워한다. 아버지는 또 집에서는 우리 형제들을 꾸짖고 언제나 못 한다고 나무라시며 못내 마음에 들지 않은 표정을 지어 신다. 그렇지만 밖에 나가서 친구들과 이야기를 할 때는 자식 자랑을 입에 침이 마르도록 하신다고 했다. 속담에 곡식은 남의 것이 좋고, 자식은 내 자식이 좋다고 해서 일까, 아니다, 말 못하는 곡식에도 정을 듬뿍 주는데 자식을 키우는 정성이야 무엇에 비하랴.

인정이란 너와 나의 정이 오고가는 것이다. 그 정 속에는 성의가 들어 있어야 한다. 그 성의가 많이 들어 있으면 정성이 갸륵하다, 라고 말을 한다. 다정한 사람들끼리는 정을 주고받는다. 즉 서로 마음을 주고받는 것이다. 그 마음이라는 것이 물질적이 아니어서 눈으로 보이지 않는다. 그 마음의 정표로 약속을 한 것이 선물이다. 선물은 마음 대신으로 준다. 그 선물이 크든 작든 마음이 들어 있어야 한다. 아무리 크고 값진 물건이라도 소중한 마음이 들어 있지 않으면 선물이 아니라 뇌물이다 비록 작은 선물 일지라도 그 정성이 들어 있으면 무엇보다도 더 귀중한 선물이다.

어린 시절 소 먹이러 산에 가면 산에는 온갖 꽃이 피어 있어 말 그대로 꿈에 그리는 꽃동산을 이루고 있었다. 여름 해가 질 무렵 반 음지 골 깊은 산에는 훤칠한 키에 붉은 꽃술에 까만 점이 먹물처럼 찍혀 있는 나리꽃, 안개꽃처럼 나부끼는 들국화, 청사초롱 같은 도라지꽃, 배꽃처럼 하얀 찔레꽃, 청초한 꽃잎과 꽃대 속에서 만발해 미소를 지으며 제 얼굴을 자랑하듯 날 좀 보아주세요. 하고 피어있는 아름다운, 이름 모를 그 수많은 야생화 지금 생각해도 가슴이 뛴다. 왜 사랑해 주지 않고 무심히 외면했을까? 가난해 정서가 메말라 그런 것인데 누굴 원망할까? 지나온 세월에 꽃을 외면한 것이 아니라 지나쳐버린 그때의 처지가 참으로 슬프다. 지금은 나무가 빽빽이 자라, 야생화들은 사라져 그 모습을 다시 볼 수가 없는 것이 더욱 안타깝다.

어떤 농부는 집에서 키운 꽃을 예쁘게 손질을 해 정성들여 꽃다발을 만들어 아내에게 선물했다. 두 손으로 아내에게 꽃다발을 바치면서 "여보! 당신에게 바치는 선물이요. 그동안 수고 했어 사랑해" 하니까, 집에서 재배한 꽃이지만 정성에 감동하여 아내의 눈에는 감격의 눈물이 흘러내렸다. 농부는 자신이 집에서 키운 꽃으로 사랑하는 아내에게 어떻게 선물을 해 하고, 용기가 나지 않았다고 했다. 그러나 농부는 모든 물질에 정성이 가미가 되면 새로운 느낌으로 마음이 달라진다는 것을 알았다. 많은 세월을 무정하게 보낸 것이 안타까웠다. 자신이 재배를 하니까 꽃이 정성의 징표를 표현하는 귀한 물질인 것을 매일매일 눈으로 보고도 몰랐다.

꽃다발을 받은 부인은 선물에 감동한 것이 아니라, 얼마나 정성에 굶주렸는지 모른다. 농부는 역시 착한 마음씨를 가진 어진 사람이다. 자신이 꽃을 재배하기에 힘이 들어 하찮은 물건으로 보였지만 사람들이 정성으로 주고받는 징표, 마음이 들어있는 선물이 아닌가? 많은 돈을 주고 장만한 선물만큼은 못 할 지라도 내 집에 기른 꽃이라도 성의껏 정성을 모아 마음으로 아내에게 바치자 하고 결심한 그 꽃다발 참으로 훌륭한 사랑의 표시였다. 사랑과 선물은 정성이다.

조선의 태조 이성계 왕은 무인이라 젊은 시절 사냥하기를 좋아했다고 한다. 어느 날 사냥을 하고 오는 길에 매우 갈증이 나서 우물에 물을 길어는 낭자에게 초면불구하고 급하게 "물 한 바가지를 떠 주시요"하고 부탁을 했다. 낭자는 장군의 얼굴을 살피면서 물을 한 바가지 떠서 우물가에 늘어져 있는 버들잎을 주르르 훑어서 물에 띄어 주었다. 장군은 목이 말라 빨리 마시고 싶은데 버들잎 때문에 천천히 마실 수밖에 없었다. 물을 다 마시고 버들잎을 띄어주는 낭자의 태도가 이상해, 물바가지를 돌려주면서 물에 버들잎이 있어서 마시기가 여간 불편하지 않았는데 왜, 맑은 물에 버들잎을 띄었냐고 물었다. 아가씨의 대답이 "장군께서 갈증이 많이 나는데 빨리 마시면 행여나 체할까 싶어서 천천히 드시라고 버들잎을 띄어 드렸습니다. 무례를 해서 죄송합니다."라고 하였다. 낭자의 마음이 너무나 사례 깊고 어여뻐서 애첩을 삼았다고 한다. 그가 조선의 첫 왕비 계비 신덕왕후 강 씨다. 물 한 바가지에도 정성이 깃들면 천민에서 양반으로 인생의 행로가 바뀐다. 이렇게 가치가 있고 아름답다. 그렇다 목마른 이에게 "흘러가는 물도 떠주면 적선"이다.

불국사

"여보 구경 갑시다. 내가 불국사가 보고 싶어서" 하며 가만히 있는 내 마음을 쿡쿡 찌른다. 그렇지 않아도 화사한 봄날을 방구석에서 보낼러니 몸이 들쑤시는데 아내가 나의 춘심을 흔들어 놓는다. 아무렇지도 않은 척 하면서 "그래 갑시다." 하고 집을 나섰다. 숨이 막힐 듯이 빽빽한 찻길을 운전하다 시가를 벗어나니 탁 트인 넓은 시야는 새물을 만나 발랄하게 뛰는 물고기처럼 가슴이 설레고 기분이 좋았다.

눈앞에 다가오는 정경은 또 다른 세계다. 부모님의 얼굴 같은 시골집, 변함없는 옛 산, 계곡물이 휘돌아 흐르는 실개천은 다정한 친구처럼 반가웠다. 나목사이로 미소지어며 방긋 웃는 핑크 빛 진달래와 봄을 부른 샛노란 개나리가 만개해 있다. 갓 시집온 새색시가 연분홍 빛 치마저고리에 연지 곤지를 찍고 곱게 화장한 모습같이 화사하고 아름답다.

한 달 전만 해도 마지막 상영을 끝내고 관객마저 다 가버린 텅 빈 적막같은 쓸쓸한 강산이었다. 그사이 계절은 새봄을 맞았다. 꽃의 향기에 취해 춤을 추는 나비와 벌을 초대해 신춘소를 벌리고 있었다. 자연의 가고 오는 질서 있는 계절의 시나리오다. 그 들의 극본에 관람객으로 울긋불

긋한 상춘의 인파가 되어 세월의 굴레 속에 묻혀 생을 보내는 삶이 오늘따라 즐겁다.

봄은 신의 신비를 탐독하는 계절이다. 온갖 만초가 소생하여 제 모습을 들어 내 심금을 설레게 한다. 유적들도 질세라 함께 어우러져 자랑을 하고 있다.

불국사 입구에 수백 년의 노송과 어우러져 아늑하게 자리 잡은 한옥은 신라인들의 고고함이 배여 있는 듯하다. 와가의 추녀 끝과 우뚝 솟은 용모래 끝이 하늘로 비켜 치솟는 기상은 신라인의 용기와 기개를 간직한 것 같아 더욱 돋보였다.

영상 속에 그림이 아닌 불국사는 토암산에 안겨 더욱 더 아름답다. 석가모니의 사리와 머리카락과 손톱을 모셨고, 다보여래의 사리가 함께 들어 있는 정교한 다보탑은 시들지 않는 불교의 꽃이다. 유구한 세월에도 퇴색되지 않은 그 옛적의 예술의 미에 우리는 감탄한다.

백제의 아사달 아사녀의 잔영이 연못의 물그림자에 어른거리는 듯하고 신라인의 돌 찍는 정의 마찰음이 귓가에 쟁쟁거리는 것 같다. 인생은 짧고 예술은 언제나 잠들지 않고 깨어있음이다. 자손만대에 자랑할 찬란한 천년사직의 문화를 남긴 시대의 영웅, 호걸은 어디가고 산 같은 무덤만 곳곳에 남겠는지? 대답대신 잔잔한 솔바람만 귀엣말로 아~ 신라에 달밤 하고 읊고 있다, 자비한 부처님은 신라 천년의 역사를 반추하며 스님들의 똑,똑,똑,똑 다그르르···하는 목탁소리와 더불어 나무아미타불을 속삭인다.

바위는 역사의 때가 묻어 단단히 굳어진 돌덩이다. 군더더기를 석수의 예리한 솜씨로 쫓고 닦아 시대의 상을 밝혔다. 큰 바위는 미력이 되고, 작은 바위는 정교한 탑이 되고, 둥글넓적한 돌은 사자상이 되고, 방석처럼 생긴 돌은 천년 사는 거북이 되었다. 저들은 절을 에워싸 신라의 찬란한 문화를 가시하고 있었다.

석굴암의 부처는 천 년, 만 년 변하지 않는 신라의 혼이다. 찬란한 빛을 비춰 세인을 놀라게 한다. 석굴암의 부처님은 아직도 부끄러워 동굴 속에 자신을 숨기고 있다. 수도를 하는 돌부처는 생과 사가 없는 도인처럼 자신의 속내를 부동부식하며 천년을 꿈꾸고 있다. 석굴암의 돌부처는 세상에 둘도 없는 보배다. "색즉시공 공즉시색色卽是空 空卽是色"있는 것이 없는 것이요, 없는 것이 있는 것인즉, 대자대비하신 부처님의 유물론唯物論이다. 침묵하는 부처는 유물론이 되어 세계인의 관심을 더욱 끌고 있다.

경주는 담 없는 절이다. 건물과 유물 자연이 전체가 절이다. 길 곳곳에 벚꽃이 흐드러지게 피어있었다. 절간에도 빈터공간에도 꽃으로 곱게 화장을 하고 관람객의 눈길을 끌었다. 꽃은 호객꾼이다. 분 · 연지 · 립스틱을 바른 것처럼 개나리 진달래는 토암산을 물들이고, 목련과 벚꽃은 관광지의 꽃물결을 장식했다. 이곳 경내에 해마다 피고 지는 꽃들은 화장이다, 밤이 되면 지웠다가 낮이 되면 다시 칠하는 여인의 화장같이 일찍 만개한 꽃잎은 밤새 지고 날이 밝자 새 꽃망울로 활짝 피웠다. 꽃이 웃음을 짓는 것은 신의 세계에서 자연이 누리는 특권이다. 미륵과 탑들은 한번 새겨 놓으면 영원한 지혜가 되어 지워지지 않는다. 봄철의 명승지는 지혜의 문화와 행위의 예술이 함께 어우러져 금상첨화다.

불국사의 경내는 신라 유물의 설계도다. 다보탑, 석가탑, 첨성대, 석굴암등 절의 유물들은 사야에 보이는 표면일 뿐이다. 토암산 여기저기의 땅 밑바닥에는 깊은 또 다른 역사가 숨을 죽인 채 갇혀있을 것이다. 묻힌 역사를 찾지 못하는 것은 옛날의 그 근원을 읽지 못함이다. 국력이 융성

하고 예술이 번창하면 머지않아 그것에 걸 맞는 또 다른 유물을 찾을 것이다.

고궁의 예술은 새로운 문화에 조상의 창조한 얼을 계승하는 것이다. 즉 고궁의 문화와 예술은 창조하는 것이 아니라 길이 보존하는 것이다. 옛 것을 찾아내 새로운 문화에 의미를 부여하는 영원히 이어갈 문화의 발상이다. 그래서 만고에 썩지 않고 변하지 않는 보물과 보석은 땅 속에 묻혀서 자손만대의 융숭함을 자랑하며 은둔하고 있다.

천년의 역사의 장을 단 몇 시간에 색인하려드니 되려 가슴 한구석이 저려든다. 이럴 때는 하늘을 집을 삼고 구름을 이불 하여 세속에 연연하지 않는 집시 인생이 되었으면 좋았을 것을 그러지 못하고 삶에 속박되어 저문 날을 핑계로 서둘러 둥지로 돌아오는 분망 하는 나의 허전한 생이 구차스럽다.

민족의 얼과 영혼이 깃든 역사의 땅을 밟으며 시간에 쫓기어 추억의 카메라에 몇 커터 담아 훌훌히 내려왔다. 석양에 벚꽃이 낙화되어 분분히 날고 있다. 내 인생의 여백에 궁금증을 하나 더 달고 또 하루가 저문다.

실향민과 더부살이

마음이 몸 밖을 뛰어 나고 싶을 때가 있다. 그것은 눈앞에 보이는 세상이 아닌 새 천지를 갈망하기 때문이다. 그럴 때는 종이 위에 그려진 지구의 모습을 본다. 좁은 지면에 몇몇 색깔과 선을 그려 지구의 생리를 나타낸 세계가 한눈에 보인다. 인류 민족의 행복이 나라의 땅덩어리에 다 들어있는 듯하다. 누런 황토색과 푸른 녹색이 땅의 질을 표시했고 파란초록의 바다가 복잡하게 얽힌 육지의 답답함을 해소해 주는 심장으로 보였다.

청색으로 얼룩진 땅에는 국경이 꾸불꾸불 얽히고설키어 복잡하다. 주로 작은 나라들이 많이 다닥다닥 붙어 있다. 농경시대의 처절한 삶의 터전이었다. 생령의 살점들이 퍼덕거리는 곳이다. 국경선, 그곳에는 생을 추구하는 먹 거리의 서식지 동물의 보고라 물고· 뜯고· 쫓고· 쫓기며 빼앗은 경계일 것이다.

인류는 과학의 발전으로 눈으로 보이는 열매보다는 보이지 않는 땅 밑에 숨은 보고를 찾는 시대가 도래 했다. 옛날에는 사막과 산악지대와 바다는 쓸모없는 불모지였던 것이 그 속에는 산업생산에 핵이 되는 에너지 석유가 있어 우리의 식탁을 풍성하게 하고 온갖 희귀한 보옥이 들어있다. 버렸던 사막은 검은 진주로 변했다. 소련의 빙하의 땅 알래스카를 헐값으로 사들인 미국인의 선견지명이 돋보인다. 오늘날 미국은 세계를 통솔하는 패권국과 채권국이 되었고 소련은 피폐한 나라로 전락하고 말았다.

작은 나라는 점처럼 박혀 얼른 눈에 보이지 않았다. 인종의 다양한 색깔이나 크고 작은 신장처럼 대국과 소국의 차별이 많았다. 겨우 찾은 대한민국은 너무 작아 한심스러웠다. 나라 이름을 쓸 자리가 없었다. 그나마 세계에서 유일한 분단국가 되어 남북을 둘로 나눠져 반 토막이니 무어라 형언할 빌미가 없다. 나라와 국민과 후세를 생각하지 않고 현실에 안주하며 군주에만 눈이 먼 민족에게는 대국의 주인이 될 수 가 없다.

작금에 세상의 이목이 한반도에 와있다. 지구상에 하나밖에 남아 있지 않은 분단국이 부끄럽다. 타협이 없고 남의 의견과 뜻을 수용하지 못하고 내가 아니면 안 된다는 이기주의적작태로 빚어진 결과다 얼마나 답답하면 세계의 여론이 분분할까. 우리는 그들의 민감한 반응에 우려를 해야 할까, 쌍수를 들고 박수를 해야 할까?

여론에 못 이겨 둘이 하나로 되는 포즈를 두 정상은 어색하게 짖고 있다. 남북 정상회담은 오랜만에 첫 만남의 악수라 이해가 된다. 무엇이 그렇게 좋은지 한 사람은 너털웃음을 짓고 있다. 가면을 쓰고 뒤통수를 치는 위선이 숨어있는 너털웃음, 이젠 식상하다. 새움이 터는 파란 새싹 같은 새 정치를 국민은 원한다. 묵은 잎은 떨어뜨리고 빈 마음으로 서있는 겨울나무 나목처럼 내년의 잎을 틔우기 위한 곧고 투명했으면 하고 기대한다. 늦은 만남이 어색하지만 그래도 통일의 가교가 될 첫 몸짓이라 7천만 국민은 뜨거운 박수를 보낸다.

그 와중에 통한의 눈물의 꽃을 피우는 한의 얼굴이 있다. 그 이름 이산

가족이다. 우리는 그들의 울음을 미화시켜 환희의 꽃으로 착각을 한다. 그리움에 쌓이었던 회한의 눈물인데 영화 속의 해피엔드 인양 눈시울을 적시면서 박수를 보낸다. 통일로 가는 첫 만남이니, 끊어진 50년만의 혈육이니, 정이니 하며 기뻐한다. 진정한 위로와 축하는 통일이다. 그렇지 않고는 진정한 위로는 없고 한만 겹겹이 쌓일 것이다.

동족상잔의 겪은 민족의 상처 6.25는 한스럽다. 서울의 피난민이 맨 처음 정착한 곳이 게딱지처럼 대청동 산비탈에 다닥다닥 붙어 있는 판자촌이 그들이 내린 메마른 땅에 첫 뿌리다. 생사를 모르는 일가친척이 생각나고 연민의 정이 잊어지지 않는 누이의 안부에 눈물지었다. 꿈같은 희망 북진통일 그날이 오면 얼싸안고 춤도 쳐보자는 애 끊는 전쟁으로 빚어진 저 유명한 흥남부두의 피난민의 유행가, 금순아 굳세어라. 노래는 그들의 애환이 되어 방방곡곡을 메아리로 사무치고 피난민의 종착역 부산역은 이별의 정거장이었다. 노래도 삶도 문화도 모두가 전쟁이 모티브가 되었다. 그것은 전쟁이 남긴 상흔이고 우리민족의 뼈아픈 교훈이기도 했다.

3년이라는 긴 세월을 같은 민족끼리 피를 뿌렸던 전선의 총소리는 멈추었다. 그렇지만 평화가 아닌 나누어 먹기 식으로 나라의 허리를 잘라 두 동강이를 만들었다. 여기서부터 정전이라는 선이 하나 더 그어졌다, 작은 실개천을 끼고 오순도순 살아가든 산간 마을에는 철주가 꽂히고 국토의 가슴 38선에 철조망으로 가로막혔다. 이념에 물들지 않은 새들은 오고 가지만 아무생각 없이 이산 저 산을 떼를 지어 뛰어 놀던 짐승마저 길이 끊겠다. 뜰 앞 나무 가지에 앉아 까,까,깍, 하며 길손을 맞이하든 텃새는 주인 잃은 산 까치가 되었고 남과 북의 의념이 달랐던 그들은 영원한 실향민이 되었다.

그 시절의 실향민은 그들뿐이 아니었다. 남남 갈등의 이념의 올가미에 걸려 이웃사촌에게 같은 피가 흐르는 형제 친척에게 무참히 희생된 가족들은 그들보다 더 큰 고통이었다. 붉은 딱지의 누명을 씻지 못해 방황하는 신세, 황량한 벌판에 버려진 천애의 고아였다. 가난보다 더 무서운 것은 이념의 갈등이었다.

나라 전체는 궁핍한 살림에 전쟁의 후유증까지 겹쳤다. 소수의 지배층을 제외하고는 누구라 할 것 없이 끼니를 근근이 이어왔다. 얼마나 집 잃고 밥을 굶는 사람이 많았으면 걸인도 자기의 영역이 있어 거지생활도 아무 곳이나 자유롭지 못했다. 그들의 소원은 크고 원대한 것이 아니었다. 열심히 일해 밥이나 마음대로 먹고 살아가고 싶은 것이 그 시대의 희망이자 꿈이었다. 두 축을 갈등의 미끼로 정쟁을 한 위정자들의 행위가 개탄스러울 뿐이다.

고향이 멀어질수록 그리움은 가깝게 다가온다. 추억 하나 하나가 새롭다. 평소에 잘해준 기억은 뜨거운 눈물이 되어 흐르고 '가난하지 말고 잘 살아' 라는 듣기 싫은 꾸지람은 애정으로 승화되어 느껴지는 것이 그리움이다. 헤어져 생활하지 않은 사람은 진정한 이별의 정을 모른다. 서러움의 고독을 씹을 때 심연에 그리움이 생성된다. 실향민과 더부살이는 고통과 그리움을 이고 지고 세월을 보낸다.

소년시절에 점원을 했다. 봉급도 없는 일종의 더부살이였다. 끼니를 때우지 못해 무 인금으로 남의 집에 일을 하는 신세들이다. 알바도 아니고 세끼 밥 얻어먹는 남의 집 점원의 신세는 상상과는 달랐다. 새벽에 일어나 자정이 될 때까지 일을 하고도 눈물이 핑 도는 주인의 야속한 꾸지람이다. 듣기 실은 잔소리로 싫어했던 엄마의 얼굴이 눈물 위에 떠올랐다. 꾸중을 해도 서러움이 북받치지 않은 엄마 품이 그리웠다. 배가 고파도 그리운 집으로 가고 싶었다. 어린 마음에도 주인의 꾸중은 채찍이고 부모의 꾸지람은 그리움으로 애정이었다.

전후의 이산가족 꿈에 그리던 고향을 50년만의 만났건만 반겨야 할 부모 형제는 호호백발이 되었고 대신 절차 따라 오고 가는 동정은 가족이 아닌 객식구 대접하듯 한다. 2박 3일의 여정이, 식구로 맞아들일 생각은 꿈에도 없는 것이 마음으로 보인다.

허공에도 메아리가 있듯이 늙은 마음에도 상처는 쌓인다. 하얀 그리움에 먹칠은 하지 말자. 우리 모두 저들의망향의 향수를 달래주자. 타향도 정붙이면 고향이다. 한평생 열심히 일하며 뿌리내린 삶의 터전이 나의 땅이다. 후손에게 물려 줄 정붙인 곳에 깊은 뿌리 내려 살다보면, 실향민과 더부살이도 주인도 한 가족이 되리라. 오늘도 휴전선에서 주인 잃은 외로운 산 까치는 실향민을 기다리며 쓸쓸이 울고 있겠지.

| 서평 |

진술형식으로 본 박홍식 수필세계

–『새는 왜 아침에 파티를 여는가』를 중심으로

유병근
시인 · 수필가

수필은 인간의 마음속에 잠재된 생각과 느낌을 풀어내는 글이다. 이렇게 새삼 풀어놓을 수 있는 길이 수필가 박홍식의 수필을 읽은 소감이라고 하겠다. 하기에 수필을 들어 수필은 어떤 형식의 문학이며 무엇이 담긴 그릇이라는 것을 굳이 따질 일은 아닌 것 같다.

수필집의 표제작인『새는 왜 아침에 파티를 여는가』에서 "새는 신에게 축복 받은 동물"이라며 새의 존재를 드러낸다. 그 첫 까닭을 "날 수 있는 날개를 선물 받은 것"으로 의미 부여를 한다. 그러한 새가 "지저귀는 소리가 경쾌하면 그날의 햇볕이 쨍하고 빛나는 좋은 날"임을 말한다.

이렇게 운을 띈 수필집『새는 왜 아침에 파티를 여는가』는 대개 두 국면으로 해석해도 좋을 것 같다.

그 하나는 궁핍의 시절에 있을 듯하고 또 하나는 마음을 풀어보는 여유로움에 있을 것 같다. 그러니까 살아온 과정에서 때로는 힘들게 세상과 부대낀다. 그것은 한 소시민이 살아가는 길에서 겪는 무력한 존재의 안타까운 표출이다. 이런 표출은 세상을 사는 뜻하지도 않는 고해를 건너는 길이 된다. 하지만 운명은 항상 힘들게만 지어진 것이 아니다. 고진감래는 수필가 박홍식의 길에 아름다운 풋대가 됨을 읽을 수 있다. 이는 물론 수필가의 노력, 수필가의 삶에 대한 의욕에 따른 아름다움임을 읽을 수 있다. "노래하는 새들의 지저귐처럼 스테레오 볼륨 속에서 '토요일은 밤이 좋아' 하는 유행가 곡조가 흘러나온다. 시대의 조류에 맞는 노래다. 샐러리맨들이 은근히 토요일의 퇴근시간을 기다린다. (「새는 왜 아침에 파티를 여는가」 부분)와 같은 구절에서도 삶의 여유로움이 깔려 있음을 느껴 알 수 있다.

살아가면서 누구에게나 어려운 한때, 안락한 한 때 또한 있기 마련이다. 그 어려움을 어떻게 극복하고 어떻게 새롭게 태어나느냐 하는 것은 각자의 정신력이 어떠하냐에 딸린 문제이기도 하겠다. 그런 점을 수필가 박홍식의 경우를 수필을 통하여 읽어보는 것이 삶을 사는 소중한 지혜이며 길이라는 것을 느낀다.

수필가는 누구든 그가 처한 삶의 힘든 고비를 지혜롭게 이겨내는 힘을 갖는다. 그 바닥에 수필이 있다고 하면 지나친 일방적인 언술일지는 모른다. 하지만 우리는 성서를 통해서 그 힘든 고비를 극복하는 길을 배운다.

성서의 「시편」 속에는 다윗David에 관한 이야기가 나온다. 사울Saul왕이 죽이려고 했던 다윗은 어쩔 수 없는 망명의 길에 오르게 된다. 거문고만을 손에 들고 깊은 동굴 속으로 잠입한다. 그에게는 말할 수 없는 위협과 고난이 따른다. 그 고난을 다윗은 힘들 때마다 거문고를 타면서 스스로의 마음을 달랜다. 모든 생활 근거지로부터 버려진 그는 사울과 그의 아들 요나단이 죽은 뒤 망명에서 돌아와 이스라엘의 왕위에 오르게 된다.

다윗의 마음을 달래준 것은 거문고라는 악기였다. 그 악기로 노래를 불렀다. 노래는 어렵고 힘든 망명생활을 다독이는 위안이다. 그러고 보면 노래라고 하는 예술이 다윗의 망명생활을 구제하는 힘이었다. 누구나 다 아는 바와 같이 노래는 예술이다. 그렇게 보면 예술이 다윗을 구제한 셈이다.

수필을 하는 수필가 박홍식도 수필이라는 예술을 통하여 어려웠던 한 시절을 넘길 수 있었으리라 본다.

> 그러나 우리는 터놓고 마음대로 사랑하지 못했다. 그때만 해도 우리 마을에는 봉건주의 사상이 농후한 곳이라 처녀 총각이 동석하여 노는 것을 금기했다. 몰래 만나서 밀담이라도 나누었다가는 누가 언제 어디서 보았는지 이틀이 넘어가지 못하고 소문이 나 부모들이 호통을 치고 크게 꾸중을 했다. 그날부터 처녀는 금족령이 내리고 남자는 부모들의 감시망에서 벗어나지 못했다. 사랑하는 연인을 지척에 두고 가슴만 애태우다가 부모님의 명령대로 짝을 지어 떠나갔다. 그녀와 나 역시 마찬가지였다. 착하고 순박함이 이별의 씨앗이 되었다.
>
> –「차라리 만나지나 않았더라면」 부분

남녀유별부동석男女有別不同席이란 유교사상의 뿌리는 남녀간의 사랑을 끊어버리는 매서운 칼날이다. 그것을 타파하려는 것이 1900년대의 개화기 문학이며 그에 의한 자유연애를 부르짖는 개화사상이 움트기 시작한다.

문학은 정신을 진화시킨다. 이런 점 물질위주인 경제 발달은 생활을 윤택하게 하지만 문학은 정신을 윤택하게 하는 힘을 갖는다. 문학의 한 갈래인 수필 또한 그 몫을 한다. 이런 점으로 보면 수필의 힘이랄까 그

뜻이랄까 하는 것이 자연스럽게 나타나게 된다. 함으로 수필은 세상을 새롭게 하는 길에서 그 값을 한다고 보겠다. 그런 점 수필은 과거 현재 미래를 아우르는 문학임을 새삼 깨닫게 된다.

> 친구와 나는 모임을 파하고 그녀의 집으로 들렀다. 오빠의 음성을 알아듣고 반기며 나오다가 낯선 남자인 나를 보고 걸음을 멈춘다. 나도 그녀를 보았다. 보는 순간 변해진 모습에 실망이 컸다. 그녀는 낯익은 다른 사람으로 변해 있었다. 홍안의 소년 소녀 시절에 우리들의 만남이 파수꾼처럼 감시하던 그녀의 어머니가 그대로 서 있는 것 같았다.
>
> – 상동.

세월이란 이런 것이다. 수필가 피천득의 「인연」에 나오는 아사코[朝子]와의 상봉장면을 이 대목에서 연상할 수 있는 것은 왜일까. 그리워하던 만남이 '보는 순간 변해진 모습에 실망이 컸다' 는 것은 소년소녀 무렵의 아름다움이 깨어진 탓이다.

수필가 박홍식은 많은 그리움을 수필에서 보여준다.

> 유년의 외갓집 가던 모습이 떠오른다. 내 나이 7~8세 쯤으로 기억된다. 어느 추운 겨울 날 나는 엄마 따라 외갓집에 갔다. 혹한이었다. 목과 귀에는 명주수건을 둘러매고 손은 엄마가 꼭 잡아 주었다. 그때의 엄마의 아련한 그 모습은 지금도 생생하여 두 눈에 눈물이 고인다. 막내의 이름을 부르면서 다정히 손잡아 주시며 웃으시던 엄마의 얼굴은 언제 다시 볼 수 있을까?
>
> – 「보고 싶은 얼굴」 부분.

누구에게나 외갓집이 있고 누구에게나 그리운 어머니가 있다. 하기에 만물의 영장이라는 사람이다. '다정히 손잡아 주시며 웃으시던 엄마의 얼굴' 은 영원히 잊을 수 없는 자애로운 모습이다. 이것은 누구나 느끼는 장면이며 그 포근함이다. 이것이 자칫 관습적이며 상투적인 대목이라고 치부하지 말자. 이 문장 속에는 엄마를 그리는 목 메이는 애절한 가슴이 있다. 그 가슴으로 울부짖는 소리가 있다. 그 소리는 때로 바람이 되고 통곡이 된다. 바람이 되어 구만리 장천을 날아가는 가슴이 된다. 가슴으로 욺부짖는 울음이 된다. 하지만 언제나 그리움 속에서만 살 수는 없다. 수필가 박홍식은 스스로의 길을 찾아 학업의 문을 두드린다.

> 대학 캠퍼스는 청운의 꿈을 꾸면서 청춘의 낭만을 만끽하고 인생의 미래를 설계하고자 학문을 연구하고 연마하는 찬란히 빛나는 바로 그곳이 상아탑이다. 상상만 해도 인생 최고의 이상이다. 이런 말들은 내 청춘에서는 언감생심이었다. 그래서 나의 상아탑은 그런 빛나고 찬란한 웅지를 품은 수련장이 아니다. 꿈도 희망도 미래도 없다. 굳이 말을 한다면 하얀 백지로 남아 있는 내 인생여백을 한 줄 메우는 귀중한 증표이다. 거기는 꿈과 희망도 낭만과 찬란한 빛도 없다. 그러나 언젠가는 나도 기회가 오면 못 배운 젊음의 한과 포부를 증표로 당당히 보여주고 싶었다. 나만의 이 상아탑에서 받은 방송통신대학 국어국문학과 졸업장이다.
>
> –「나만의 상아탑」 부분

학력콤플레스를 이겨낸 내용을 거칠게나마 진술한 결미부분이다. 학생들의 가정환경 조사서에 그 가정 부모의 직업, 학력을 기재하던 시절이 있었다. 그것이 해당 학생의 학교성적 학교 적응력 행동발달과 연관이 전혀 없다는 것은 아니다. 하지만 그 가정에 서적이 얼마나 있는지는 묻지 않았다. 피아노가 있느냐 티브이가 있느냐 등 시시콜콜한 것을 질문서랍시고 내밀던 때가 있었다.

수필가 박홍식의 경우 그런 콤플렉스를 극복하려는 의지/수단도 있었지만, 무엇보다 지식을 갖추고자 하는 의욕으로 방송통신대학교에 등록한다. 그리고 주경야독이나 다름없는 노력으로 당당하게 방송통신대학교 국문학과를 졸업한다.

> 책상은 내 유년의 초등학교 시절에 제일 갖고 싶었던 것이다. 그때 제일 부럽고 소유하고 싶었던 것이 내 공부하는 방과 책꽂이에 책이 꽂혀 있는 그런 책상이었다. 엄마 몰래 아버지의 밥상을 놓고 글을 써보기도 했지만, 반들거리는 책상에 앉아서 책꽂이에 꽂힌 많은 책을 요것조것 뽑아 보면서 공부하는 부잣집 아들이 얼마나 부러웠는지 모른다.
>
> –「책상 앞에서」 부분

세월이란 절실히 갖고자 하는 자에게 갖게 해 준다. 그러나 가난은 끝내 그런 탐나는 책상 하나 갖지 못한 채 어린 시절을 보낸다, '그토록 갖고 싶었던 책상을 시기와 기회를 놓쳐 돈이 있어도 자신의 소유로 물품을 떳떳이 구입하지 못하는 내 죄"를 한탄한다. 그런 어려운 환경을 이겨낸 보람은『새는 왜 아침에 파티를 여는가』를 탄생시키는 빛을 갖는다.

수필가 박홍식 또한 삶에서 이런저런 아픈 흔적을 남긴다. 그것은 건강에 이르는 길임을 수필을 통해서 직감할 수 있다. 만약 고난에 그대로 주저앉았다면 수필가의 흔적은 물론 있을 수도 없는 물거품이 된다. 하지만 수필가 박홍식에 있어서 그 삶을 지나오면서 더욱 단단한 정신의 소유자가 됨을 수필을 통해서 읽을 수 있다. 이것은 당연히 지대한 축복 받을 길임을 작품이 말하고 있다. 그 흔적을 더듬어 찾아봄으로써 인생의 새로운 국면을 보는 길이 된다.

> 팔월 추석을 한 열흘 앞둔 어느 날 무면허 오토바이 일제 단속에 중앙로에서 잡혔다. 꼼짝도 못하고 경찰서로 끌려갔다. 촌닭이 경찰서에 들어서니 얼떨떨해 그만 궐석재핀을 받으려고 했는데 갑자기 마음이 바뀌는 것이었다. 시골에 살다보니 고소 고발을 한 적도 없고 남과 송사를 한 적이 없다보니 법정에 서 본 일도 없다. 살아 있는 염라대왕 판사는 임금처럼 곤룡포를 입는지 혹은 사천왕 같이 무섭게 창과 칼을 차고 등장하는지 궁금하여 이참에 그 고귀한 분들의 얼굴이나 한 번 보기로 했다. 그래서 삼만 원 벌금을 예치하고 출석하지 않는 궐석재판을 포기하고 즉결재판을 받기로 했다.

– 「구류를 산 이야기」 부분

구류를 산 이야기가 낯선 풍경처럼 드러난다. 일하지 않아도 먹고 자고 편안한 곳임을 진술한 5일간의 구류생활은 수필의 바탕이 되어 여느 사람 같으면 고뇌가 될 구류생활을 오히려 익살스럽게 진술한다.

> 판사 검사 얼굴을 보려다 내 인생에 불명예가 붙었다. 참 어처구니 없는 상처를 받았다. 그러나 꼭 그렇게 한쪽으로만 볼 것이 아니라 삶을 두루두루 본다면 오히려 그것이 나에게 또 다른 내가 모르는 이러한 세상도 있구나하는 팔자에도 없는 인생사각지대를 체험했다는 것이 일평생에 도움이 되었다고 위로를 하니 입가에는 씁쓰레한 미소가 흘렀다,

– 상동

경험/체험은 인생을 보다 다양하고 풍부하게 한다. 그것이 설령 구류

이더라도 그런 삶을 겪은 것이 살아가면서 몸을 조신하는 밑거름이 된다고 보아야겠다, 수필가 박홍식의 삶의 양상이 이런 면에서도 잘 보인다고 하겠다. 그 양상은 삶을 새롭게 다지는 길이기도 하다. 고난은 새로운 삶을 낳는다. 함으로 고난이 없는 삶은 인생을 살아가는 길에 자칫 나태하기 쉽다. 작가는 그것을 알고 있다. 하기에 일부러라도 고난의 길을 밟아 그것에서 새로운 삶을 찾는 길라잡이로 삼으려 한다.

> 가난한 집은 특색이 있다. 담이 무너지고 울타리가 망가져 집의 경계가 불투명하다. 뚫어진 울타리 사이로 개구멍이 나있다. 도독이 들어도 훔쳐갈 것이 없다보니 장금장치가 허술해 사람은 물론이고 개나 소도 허물없이 집안의 비밀을 들어다 본다. 가족간의 의견 일치가 되지않고 삐걱거린다. 말이 없다. 그런 중에도 딱한 사정도 있다. 가정을 이끌어갈 대주가 남모를 병이 들었거나 무지로 천방지축 제 분수를 몰라 가솔을 돌보지 않고 주색잡기로 집안을 탕진하는 그런 부류들이 대부분이다.
>
> -「무지가 유죄」 부분

가난의 뒤안에는 무엇이 있나. 그것을 수필가 박홍식 나름으로 진술하는 대목이다. 가난한 집의 상황을 정리하면 다음과 같이 가를 수 있겠다.

1) 담이 무저지고 울타리가 망가져 있다.

2) 도둑이 들어도 훔쳐갈 것이 없으니 장금장치가 허술하다.

3) 가족간의 의견일치가 되지 않는다.

4) 대주가 병들었거나 가족을 돌보지 않는다.

5) 주색잡기로 가산을 탕진한다.

이렇게 분류를 해 보면 가난이란 그 뿌리가 어디에 있음을 수필가 나름으로 진술하는 것을 읽을 수 있다.

그러나 세상살이는 그런 불행만은 아니다. 세월 속에는 쓴 것[苦]이 있는가 하면 기쁨[喜]이 있다. 가파른 산길을 지나면 편안한 내리막길이 있다. 함으로 세상은 오르고 내리는 구비로 구성된다고 할까.

> 세월은 흘러서 피고 지는 사랑 속에 아내는 두 옥동자와 한 딸을 낳았다. 갓 낳은 첫 아기의 새근새근 잠자는 모습은 천사와 같았다. 젖살이 올라 포동포동한 두 다리를 바둥거리며 고사리 주먹을 움켜쥐고 쪽쪽 빨아대는 모습은 귀엽다 못해 꼭 깨물어 주고 싶다. 낯을 가리고 얼굴을 알아볼 때는 옆에만 스쳐가도 해맑은 동공을 굴리며 이슬 먹은 꽃처럼 방긋이 웃으면서 좋아라 깔깔거린다. 때론 알아듣지 못할 소리로 옹알거리며 나를 부른다. 우리 옥동자의 귀여움에 웃음 가득 집안에 환하게 꽃을 피운다.
>
> –「나의 꽃」 부분

단란한 한 때의 행복이 사랑스런 아이를 보면서 나타나고 있다. 그러니까 일상은 일상만은 아니다. 그 일상 속에는 미처 알지 못하는 기쁨이 도사린다. 그 도사라는 모습이 아이를 통해서 나타난다. '이슬 먹은 꽃처럼 방긋이 웃으면서' 깔깔거리는 귀여운 아기를 보면서 삶의 희열이 나타난다. 그 아름다움으로 더욱 용기를 얻는다. 하기에 아기는 어른에게 힘이 되어준다.

흔히 천사와 같은 아기라며 아기를 묘사한다. 수필가 박홍식은 '집안 가득 웃음을' 선사하는 귀여운 아기다. '귀엽다 못해 깨물어 주고 싶' 은 아기다. 아기로 하여금 집안에 웃음이 돌고 삶의 힘이 솟는다. 아기를 천사라고 하는 묘사는 이 세상의 모든 힘이 아기에게서 나오고 아기에게서 진정한 행복을 느낀다는 아기 예찬이 아닐 수 없다, 아기는 세계다. 그 세계를 움직이는 힘이다.

그 얼굴은 항상 다정하면서도 근엄한 표정을 하신 나의 아버지시다. 매사에 빈틈이 없으시고 언제나 당당하셨다. 유비무환의 정신이 투철하여 구차해도 남에게 자존심 굽히지 않는 대쪽 같은 성정을 가진 상이었다. 지적인 감각이 뛰어나 대중 앞에 바른말과 유머를 잘 하시던 아버지 근엄하시어 자식들에게 다정다감하면서도 불의에는 불칼 같은 분이었다. 눈동자가 호랑이 같이 노랗고 음성이 커서 화가 나 소리를 크게 지르면 산이 쩡쩡 울렸다. 어릴 때는 겁이 나고 무섭고 미웠지만 나는 그런 아버지가 존경스럽다.

–「액자 속에 호랑이」 부분

시인 서정주의 "애비는 종이었다"와는 전혀 다른 아버지상이 나타난다. 수필가 박홍식의 아버지는 '눈동자가 호랑이 같이 노란' 위엄을 지녔다. '소리를 크게 지르면 산이 쩡쩡 울' 리는 기상이 당당한 아버지다. 그런 아버지 상을 그리면서 아버지의 모습을 사진처럼 드러낸다.

수필 속의 삶은 수필가 박홍식이 살아온 이런저런 이야기다. 그걸 한 묶음으로 엮은 수필집『새는 왜 아침에 파티를 여는가』에 담긴다. 이것은 수필가의 궤적이며 앞으로 나아갈 또 다른 길이다. 그 길을 어떻게 닦고 갈 것인가는 수필가의 노력에 딸린 문제이다. 그 문제를 푸는 길이 하나의 과제로 남는다. 그 과제에 또 다른 희망을 건다.

가을이 오고 있다.

새는 왜 아침에 파티를 여는가

인쇄일 2015년 11월 25일
발행일 2015년 11월 30일

지은이 박홍식
펴낸이 박철수
펴낸곳 도서출판 해암

등록번호 제325-2001-000007호
주소 부산시 중구 백산길 17 삼성빌딩 702호
전화 051)254-2260, 2261
팩스 051)246-1895
메일 haeambook@daum.net

ISBN 978-89-6649-084-4 03810

값 13,000원

*이 도서의 국립중앙도서관 출판예정도서목록(CIP)은 서지정보유통지원시스템 홈페이지(http://seoji.nl.go.kr)와 국가자료공동목록시스템(http://www.nl.go.kr/kolisnet)에서 이용하실 수 있습니다. (CIP제어번호 : CIP2015032010)